◆ 2017 年度浙江省哲学社会科学规划课题（课题编号 17NDJC203YB）

◆ 2016 年度教育部人文社科青年基金项目（课题编号 16YJCZH033）

◆ 2018 年度杭州市哲学社会科学规划课题基地项目（课题编号 2018JD48）

◆ 2017 年度浙江大学城市学院教师科研基金项目（课题编号 JZX002）

★ ★ ★ ★ ★ ★

浙江大学城市学院特色小镇可持续发展研究院

浙江大学城市学院企业社会责任与可持续发展研究中心

本书由　　嘉善县大云镇人民政府　　　　　　　　　　　　　　　　资助出版

　　　　　云澜湾温泉小镇

　　　　　歌斐颂巧克力小镇

甜蜜的机理

走进嘉善巧克力甜蜜小镇

季　靖　顾杨丽
王　艳　江根源　编著

ZHEJIANG UNIVERSITY PRESS
浙江大学出版社

序一

　　自改革开放以来，有两种模式一直在推动中国的区域经济发展。一是以市场力量为主的发展模式，即按照"个体—块状经济—产业集群"的脉络演化；二是以行政力量为主的发展模式，即"开发区—高新技术开发区"的发展脉络。它们时而冲突，时而合作，更多时候纠缠不休，个中滋味是"爱恨情仇"而又不离不弃。不管是产业集群还是开发区，它们都已成为各级政府推动产业发展的主要工具和载体。它们通过相关企业(产业)的集聚，形成规模经济和范围经济，提高产业竞争力。但随着我国经济进入"新常态"，两种发展模式均面临新的挑战：产业集群的低端化，以及开发区的同质化、空壳化等。而特色小镇作为一种产业与区域有机结合并互动发展的新模式，正以新理念、新机制、新载体、新模式重新塑造"产业富有特色，文化独具韵味，生态充满魅力"的经济发展新形态。

　　"十三五"时期是浙江省强化创新驱动、完成新旧发展动力转换的关键期，是优化经济结构、全面提升产业竞争力的关键期，是加强制度供给、实现治理体系和治理能力现代化的关键期，既面临重大战略机遇，也面临诸多严峻挑战。在这样的背景下，利用块状经济、山水资源、历史人文和信息经济等方面的独特优势，率先创建一批特色小镇，不仅符合经济社会发展规律，而且有利于破解经济结构升级和动力转换中的现实难题，是浙江适应和引领经济"新常态"的重大战略选择。2014 年 10 月，时任浙江省省长李强在参观云栖小镇时首次提出"特色小镇"概念。2015 年 9 月，时任中央财经领导小组办公室主任、国家发展和改革委员会副主任的刘鹤一行深入调研浙江特色小镇建设情况。刘鹤表示，浙江特色小镇建设是在经济发展"新常态"下对发展模式的有益探索，这是"敢为人先、特别

1

能创业"精神的又一次体现。2015 年 12 月底，习近平总书记对浙江特色小镇建设做出重要批示，指出特色小镇、小城镇建设大有可为，对经济转型升级、新型城镇化建设都有重要意义，浙江着眼供给侧，培育小镇经济的思路，对做好"新常态"下的经济工作也有所启发。

自 2015 年浙江全面提出建设特色小镇以来，作为产业转型升级的"浙江样本"，特色小镇建设近几年来已在浙江和全国其他地方蓬勃发展。有别于传统的经济发展平台——开发区，特色小镇突破了传统地理行政界限，既可落户乡村，也可以栖息城市，更具有"小空间大集聚、小平台大产业、小载体大创新"的新优势，破解了开发区普遍存在的产业特色不明、土地资源匮乏、体制机制僵化和发展后劲不足等问题。因此，建设具有产业支撑的绿色生态、美丽宜居的特色小镇，对于培育高新产业、激活历史经典产业、搭建创新创业平台有着重要的引领作用。经过几年的实践，由浙江走向全国的特色小镇建设已成燎原之势，文化小镇、旅游小镇、科技小镇、工业小镇、商业小镇、金融小镇等形态如雨后春笋纷纷呈现，中国的特色小镇建设已经进入了快速期，特色小镇规划和建设热火朝天。但放眼全国，目前特色小镇的成功案例并不太多，还存在着一哄而上、旧瓶装新酒和简单复制等问题。即使是被当作标杆的浙江省，仍有许多问题亟待探索、总结和研究，如：在产业定位上如何做到"特而强"，在功能叠加上如何做到"聚而合"，在建设形态上如何做到"精而美"，在供给制度上如何做到"活而新"，等等。这些问题均关乎特色小镇的可持续发展。

浙江大学城市学院自 1999 年成立以来，利用名校名城合作办学的体制机制优势，主动融入地方经济发展，努力推进地方传统产业转型升级，积极培育区域经济社会发展急需的人才，已取得良好的经济效益和社会效益。近年来，学院积极打造"以聚焦区域和城市发展为方向、以前沿理论研究为引领、以为政府咨政和地方服务为目标、以人才资源整合为手段、以培养专业人才为支撑"的新型高校智库，先后与杭州市人民政府合作成立了"杭州公共管理研究中心""杭州市区域经济研究基地"和"杭州市创意旅游中心"等研究机构。2017 年，为加强对特色小镇建设的研究，浙江大学城市学院专门成立了"特色小镇可持续发展研究院"，积极组织专家学者聚焦特色小镇：剖析典型案例，总结经验教训，形成系列研究成果，以更好更及时地服务社会。为此，浙江大学城市学院科研部和"特色小镇可持续发展研究院"联合组织相关学科骨干教师和研究人员，在深入调研和理论分析的基础上，撰写并出版了这套浙江省"特色小镇"主题丛书——"特色小镇建设之路——浙江的探索与实践"。

这套丛书旨在总结、提炼浙江特色小镇建设的成功经验，为浙江乃至全国的特色小镇研究者和政府政策制定者提供有益的借鉴和启示，亦对浙江特色小镇建设中存在的问题进行了剖析，期许后来的建设者少走弯路。

作为本丛书的主编，我惊喜地看到，在短短的一年时间里，这套丛书实现了从策划到实施，到结成果实，更高兴的是看到以中青年骨干为主的丛书编著者们"沉得下去，拔得上来"，在良好的前期积累基础上，心无旁骛，舍得密集投入大量心血到这一非常有意义的工作中。作为阶段性的成果，此次有三本著作出版。这是一个很好的开端，后续还会有更多的研究成果陆续出版，以飨读者。真切地希望这套丛书的出版能为我国特色小镇的建设和健康、可持续发展提供重要的智力支持，也期待浙江大学城市学院的学者们在这一领域中取得更多更好的成果。

吴晓波*

2017 年 11 月 1 日于紫金港

---

*吴晓波教授系教育部"长江学者"特聘教授、国家"万人计划"领军人才、浙江大学管理学院原院长、浙江大学城市学院商学院院长、"特色小镇可持续发展研究院"首席专家。

序二

    嘉善县大云镇，古称蓉溪，因"大云寺"而得名。大云，地处杭州、南京和上海都市圈的中心，是浙江省接轨上海的桥头堡，区域面积为 28.7 平方公里，总人口为 3.5 万人，下辖 6 个村、1 个社区。2015 年 6 月 1 日，位于大云温泉省级旅游度假区的嘉善巧克力甜蜜小镇入选浙江省第一批 37 个省级特色小镇创建名单，规划面积为 3.87 平方公里，核心区规划面积为 0.99 平方公里，涵盖了度假区最具特色的旅游资源。

    地嘉人善，大美云集。从传统的农业小镇，到享誉长三角、闻名全国的甜蜜小镇，大云正焕发出新的生机与魅力，散发着沁人心脾的甜蜜气息。随着国家级旅游度假区和省级特色小镇的创建，大云这座浙北小镇正一步一个脚印，从产业、文化、旅游和社区建设入手，以"甜蜜"为文化内涵，以休闲度假为产业目标，以温泉、巧克力、水乡、田园为产业支点，将大云特有的生态禀赋发挥到极致，在"文化塑心、旅游筑形、文旅融合"的特色发展道路上，持续谱写中国甜蜜度假目的地的产业新篇章。

    在大云省级特色小镇创建的第三个年头，我们有幸遇到了浙江大学城市学院季靖博士、顾杨丽博士、王艳博士、江根源博士等带领的师生团队。他们不辞辛劳，多次探访，深入细致地与相关人员、企业开展访谈、调研，辛勤撰稿，以力臻完美的态度几番修改完善，历经一年有余才完成研究书稿。该书稿充分吸收了嘉善巧克力甜蜜小镇创建的经验，深挖"甜蜜"特色，聚焦产业、旅游、文化和社区四大功能，提炼其作用机制与理论，将特色小镇的创建经验提升到了理论高度。

    在一朵朵杜鹃花、一颗颗可可豆和一眼眼温泉的甜蜜浸润下，甜蜜小镇已将

3 个国家 AAAA 级景区收入囊中，这些甜蜜的"品牌传播者"将与大云一起，让每一个大云人回家都有度假的感觉，让每一个来大云度假的人都有回家的感觉。

在 2018 年初举办的 2018 中国特色小镇博览会上，嘉善巧克力甜蜜小镇荣获全国特色小镇优秀示范案例奖，每个大云人都为此感到自豪。我们也更加深知，在特色小镇的建设道路上，大云仍将任重而道远。

陆　芸

2017 年 12 月

目录

CONTENTS

第一章

走进甜蜜小镇

我们常说：生活很甜蜜，因为有奔头。

在嘉善县大云人看来，现在的生活如蜜甜，工作环境如花园，生活事业有奔头！这一切的改变，全是因为有了"甜蜜小镇"。这"甜蜜"洋溢在歌斐颂巧克力小镇每一块香醇浓滑的巧克力里，也洋溢在云澜湾温泉小镇袅袅升腾的温泉云雾里，更加浮动在碧云花园四季如春的香风花影中。就在一声惊叹下，蓦然回首，这"甜蜜"又悄悄从水乡婚礼的桨声中流淌出来。

嘉善巧克力甜蜜小镇，就是创造"甜蜜"奇迹的神奇乐土。

嘉善巧克力甜蜜小镇于 2015 年 6 月入选浙江省首批特色小镇创建名单，并于 2016 年 5 月被确定为 10 个省级示范特色小镇之一。小镇规划面积为 3.87 平方公里，涵盖了歌斐颂巧克力小镇、云澜湾温泉小镇、碧云花园、十里水乡休闲配套园区、天洋·梦东方传奇世界等，是融生活、生态和生产为一体的特色小镇。

在 2015 年浙江省第十三届人民代表大会第三次会议上，浙江省《政府工作报告》这样描绘特色小镇："以新理念、新机制、新载体推进产业集聚、产业创新和产业升级。"2015年12月，时任浙江省省长李强在浙江省委机关刊物《今日浙江》上发表题为《特色小镇是浙江创新发展的战略选择》的署名文章，首次对浙江省正着力推进的特色小镇建设工作进行全面梳理。文章指出，"为适应与引领经济新常态，浙江今年全面启动建设一批产业特色鲜明、人文气息浓厚、生态环境优美、兼具旅游与社区功能的特色小镇"，因此，特色小镇是"按照创新、协调、绿色、开放、共享发展理念，结合自身特质，找准产业定位，科学进行规划，挖掘产业特色、人文底蕴和生态禀赋，形成'产、城、人、文'四位一体有机结合的重要功能平台"。依据特色小镇的这些发展理念，我们拟重点从产业功能、文化功能、旅游功能和社区功能四个方面解读嘉善巧克力甜蜜小镇，梳理发展思路，归纳特色，揭示机理，并总结相关创建经验。

但在理性思考之前，我们还是先来一场感性的"甜蜜之旅"吧！

手中握着歌斐颂玫瑰巧克力的精致包装纸，嘴里含着浓郁柔滑的巧克力，耳边萦绕着歌斐颂巧克力小镇导游的讲解，我们走进了嘉善巧克力甜蜜小镇。

一、歌斐颂巧克力小镇

"镇上有一位神秘的巧克力爷爷，他会带给孩子们最奇妙的故事，还有最好吃的夹心巧克力！可是，从某天起，巧克力爷爷再也没有出现。直到有一天，巴克特打开了一盒带着奇怪标志的巧克力，发现了不一般的东西！要解开巧克力背后的谜团，只能到巧克力工厂一探究竟了！"许多孩子因为喜欢读《查理和巧克力工厂》，所以幻想着到巧克力工厂来一次神奇之旅……

现在，孩子们的梦想实现了——嘉善大云就有一家"巧克力工厂"。在这里，我们分不清这是巧克力主题乐园还是工厂，除了能参观巧克力生产的全过程，还能变身甜品师在巧克力厨房动手制作各种口味和造型的巧克力。不仅如此，这里还有"可可神奇之旅"，我们可以体验巧克力从一棵树、一粒豆变化而来的神奇旅程……

沿着巧克力大道一路向前，两边是茂密的绿植，清新的空气浸润着肺部，弥漫着巧克力丝丝的甜味。不远处，"歌斐颂巧克力小镇"几个字便映入眼帘。离开了城市的钢筋水泥丛林，穿梭在欧式风格的厂房间，奔跑在布满彩色风车的道路上，耳边传来风铃清脆的碰撞声……我们倘徉在这幅田园牧歌式的乡村美景里，一路欢笑。正如一手打造这座童话城堡的85后"海归"莫雪峰，多年前，他也是大云故土上如此无忧无虑的少年。

进入歌斐颂巧克力能源厂，通过一条阶梯式廊道与一条156米长的暖色调观光通道后，巧克力的浓香开始充溢鼻腔。在这里，我们看到了世界领先的巧克力制作流水线，进一步加深了对歌斐颂巧克力的了解。此外，在一个迂回曲折的长廊，有关可可的历史、种植、运输和加工过程等通过声、光、电等科技手段被展示出来，让我们在轻松有趣的氛围中了解了有关巧克力的知识和文化。

◇歌斐颂巧克力小镇（此图由歌斐颂巧克力小镇提供）

◇ 可可神奇之旅（此图由歌斐颂巧克力小·镇提供）

　　若你对巧克力的私人定制情有独钟的话，你一定不能错过歌斐颂巧克力"市政厅"。在这里你不仅可以自由参观、游览，进一步了解巧克力文化，感受巧克力带来的甜蜜和快乐，还能定制独一无二的巧克力：这里有从瑞士引进的国内最先进的巧克力迷你生产线，你可以在点单机上按个人喜好选择口味、配料，甚至还可以在巧克力上刻名字和祝福语，而这一过程仅仅只需要 30 分钟。

　　在制作专属巧克力之后，世界顶级巧克力大师为我们带来了传统的手工巧克力制作表演。闻着巧克力特有的香味，欣赏大师精湛的制作手法，我们还可以与大师进行幽默互动，品尝大师制作的手工巧克力。在欣赏过巧克力大师秀以后，尤其吸引小孩子眼球的是糖果制作现场表演——对糖果进行揉制，制作出可爱的图案、文字和卡通造型，乐趣犹多。

　　巧克力学院的专业讲师为游客普及巧克力的发展史及相关文化知识，休息时，巧克力西餐厅的美味西餐与点心可以带来片刻的甜蜜。正在筹建的巧克力主题酒店更是值得期待。

　　整个歌斐颂巧克力小镇都让人浸润在浪漫甜蜜的氛围里。走出歌斐颂主题园区向南，一股味道萦绕在鼻尖，似玫瑰的浓郁，也似薰衣草的幽香。香气淡淡地弥漫开来，我们也来到了甜蜜小镇的第二站。

二、碧云花园

步入园区就看到到了一片一望无际的花海中点缀着几幢荷兰风情的建筑。置身花海，低嗅花香，仿佛嗅到了四季的不同味道。这时你可以用相机记录下专属于你的浪漫花海之游。倘若有幸赶上金秋时分，碧云菊花展是不可错过的。菊花展上有中国十大传统名菊：帅旗、绿牡丹、墨菊、西湖柳月、十丈垂帘、玉壶春、黄石公、绿衣红裳、凤凰振羽、绿云。粉丝明球，泥金蝴蝶、云中紫凤更是美得让人眼花缭乱，像是一场盛大的花宴。

若花海还不能满足你对美的追求与欣赏，随着路线牌，可移步杜鹃山，纵览碧云花园全景。这里也是新人们婚纱摄影的好去处：温馨、浪漫、甜蜜，应有尽有。

游完杜鹃山，我们来到了生态休闲区。休闲区分为三个主景观光功能区，即草地运动拓展中心区、特色农业景观区和培训餐饮休闲度假区。生态草地、碧湖流芳、葡萄采摘园、盆景园等景点也是不容错过的。园区的葡萄、草莓、樱桃小番茄、甜瓜等向我们展示了春华秋实。我们可以在这里采摘水果，享受果实的甜美和丰收的乐趣。

从生态休闲区出来后，我们在一片开阔的草坪上漫步。这里可开展露营、真人ＣＳ、烧烤、篝火晚会、放风筝等活动。我想，若有团队拓展训练，我一定会选择这里。

欣赏了花海与各个园区的景点，不如歇息一番，走进仿唐式建筑的接待中心。利用园内建有无公害蔬菜基地的优势，接待中心餐饮部的蔬菜全部自产自销。在这里，游客可以品尝到地道的农家菜，放心地吃上碧云农民亲手种植的无公害绿色食品。

出了接待中心，放眼望去，"碧湖"湖面，更是垂钓、泛舟游玩之地，让人感受到水乡的安宁和恬静。再移步到园区的"云湖"，荷塘月色，好不悠然自得。

◇ 碧云花园游客服务中心（此图由碧云花园提供）

　　既然听闻水乡，不如向西出发，寻找十里水乡，寻找独具江南水乡特色的甜蜜与浪漫。

三、十里水乡

　　"两岸绿树掩映，芦苇灌木丛生，白鹭嬉戏其间，古树盘根错节，枝叶向河面倾斜，风姿绰约如天然盆景。"目之所及，如诗如画，可谓"绿带成荫闻鸟鸣，清波荡漾满舟情。轻风拂柳为垂钓，信步河边皆是景"。

　　泛舟蓉溪，两岸原生态美景尽收眼底——绿荫环河，白鹅戏水，微风轻拂。令人心旷神怡的美景，让人陶醉在对美好大自然的亲近之中。十里水乡沿线汇集了蓉溪拱绿、秋芦飞雪、桃源隐渔、丰钱古韵、荷塘月色等多个景点。那满眼的绿色，那荡于水中的休闲和放松之感，完完全全荡涤了生活的匆忙和烦恼。那河边的埠头、岸上的草垛、忽隐忽现的农家居舍，把人的思绪拉得很远很远……

　　骑上一辆休闲自行车，自由自在地穿行于乡村绿道上，扑面而来的是浓浓的乡野气息。田里稻穗飘香，田边粉蝶飞舞，更有香甜的瓜果任君采撷，这是何等的惬意！途经丰钱桥，这是嘉善唯一一座三孔石拱桥自清代存留至今，为十里水乡的美增添了一份历史的厚重与沉淀。十里水乡的美，美在自然、美在纯朴，更美在那种恬淡闲适的乡村生活氛围。这无疑是一种无法言说、独具特色的甜蜜与浪漫吧！欲问江南何处寻，请到十里水乡游！

　　游玩了前三站后，是否有一些疲惫？那就骑上单车，沿着花香满天的林荫道到甜蜜小镇最浪漫的一站，泡一下来自上亿年前奥陶岩层的温泉水吧，它一定能消除你的疲惫，换来身心的舒适与宁静。

四、云澜湾温泉小镇

　　进入云澜湾温泉小镇，你一定会被这里的异域建筑文化所吸引。整个小镇由一条英伦风情的樱花风情街贯穿，越过一座别致的红桥，有一座古色古香的汉唐风格的宏伟建筑，那就是泓庐精品酒店。厚石板铺设的小路与仿古的建筑搭配和谐，被岁月磨平的石板、石桌、石墩，众多的江南民居老物件，在这里一点一点地衔接在一起，好像慢慢展开的一幅历史画卷。徜徉在汉风唐韵中，心马上平静下来，思绪在宁静中穿越时光……唐风飞檐、博古石柱、古木磐石、万壑松风，一泓清泉在叠石堆砌之间汩汩涌出，顺着光滑的石面倾泻而下。漫步在古石板铺

◇ 云澜湾温泉小·镇泓庐外景（图片由云澜湾温泉小·镇提供）

就的四合庭院长廊下，顿时有一种穿越时空的感觉，让人梦回汉唐。两边景物也是触手可及，清池、苍松、奇石仿佛浑然天成，一步一景，人在景中，景在心中。

酒店客房以"琴道、书道、茶道、香道、花道"五道养生为主题，分别布置对应"金、木、水、火、土"五行理念。这里的每个院子都引入了温泉，一墅一汤。庭院的温泉泡池和游泳池，让人足不出户就能享受私密的泡汤乐趣。

静谧的泓庐，处处透露着"泓文化"的精神内涵。江南的水乡、温泉、园林、国学、养生等文化元素在这里有机融合，让人耳目一新。

出了泓庐，便是两座莲花建筑，这就是被誉为沪杭高铁沿线"窗外最美丽的风景"的云澜湾温泉中心了。它是由迪拜帆船酒店副总设计师、英国阿特金斯建筑事务所的马丁先生亲自设计的。两座以盛开的莲花造型为主体的现代建筑，分别寓意嘉善有着1200多年历史的两座古井："幽澜冷泉"和"云澜湾温泉"。冷热双泉，交相辉映，而莲花既隐喻了大云鲜花之乡的美誉，又传达了云澜湾自在从容的养生理念。两者组合寓意"井"上添花，富有吉祥喜庆之感。

◇ 云澜湾温泉小·镇泓庐外景（图片由云澜湾温泉小·镇提供）

云澜湾温泉中心总建筑面积为3万多平方米，可同时接待5000人泡汤。泉水源自上亿年前奥陶岩层，属于珍稀的偏硅酸锂温泉。国家权威机构检测发现，云澜湾温泉偏硅酸含量极高，是国家标准的2.2倍。泡完之后可以让人的皮肤更加水润，素有"美人汤"的美誉。

依托独特而稀缺的自然资源，云澜湾温泉在品牌打造上，将"更好地服务女性消费的'女人温泉'"概念带入国内温泉市场。2017年，极具中国传统特色的"女人温泉"在世界温泉及气候养生联合会第70届年会暨世界温泉科学大会上亮相，获得了中外温泉界同行的一致赞誉。

云澜湾的"美人温泉"立足于满足女性群体的深层需求，"把你宠上天"的细致服务，在云澜湾温泉体现得淋漓尽致。此外，还结合古法养生之道，围绕女性推出了从美容护肤到健康养生的一系列"女性专属"服务。

云澜湾温泉区由三星九区六十汤组成，一池一汤，一步一景，提供餐饮、休闲、游乐、健身等一站式服务。如果是亲子游，妈妈完全不用担心孩子无聊，因为在这里有配置完善的儿童玩乐专属区域，孩子们可以尽情地嬉戏，妈妈们可以彻底放松泡"美人汤"。

温泉区旁是四季花海乐园。这里一年四季各种花卉争奇斗艳：春天可欣赏千亩郁金香、樱花；夏天可漫步薰衣草庄园；秋天有金丝皇菊和满坡飘香的桂花；冬天万物沉寂，在艳丽的茶花丛中，在暗香浮动的梅海里，雪花飞舞，最是让你流连忘返。

夜幕慢慢降临，四季花海乐园缤纷的彩灯同时亮了起来，花海瞬间变成了灯

◇ 云澜湾温泉中心（此图由云澜湾温泉小·镇提供）

◇ 四季花海乐园（此图由云澜湾温泉小·镇提供）

的海洋。传统工艺和现代科技在这里交汇，共同演绎光的魅力。回望两座莲花造型建筑，更是夺目璀璨、五彩缤纷。在宝蓝色的澄净夜空下，樱花商业街也灯火辉煌。华灯初上，外婆家鲈鱼店门前吃烤鱼的游客已经排起了长队，金狮会酒吧里也传出了极富动感的音乐，老村长、虾吃虾涮、妈妈的味道这些美食的香味让人直流口水。不过既然来到这里，怎么能不品尝一下云澜湾独特的创意佳肴——被誉为"超越米其林"的泓庐上膳房的"一泓花宴"呢？

上膳房的"一泓花宴"，是由国内顶级大厨通过中国传统花馔，创新推出的特色菜品。其以云澜湾温泉小镇种植的鲜花入肴，色香形意俱全，曾被人称赞为

◇ 养生花宴（图片由云澜湾温泉小·镇提供）

"超越米其林的极致盛宴"。一道道菜端上来后，每个人都会忍不住拿起手机拍上一番，菜色精致艳丽，鲜花美艳欲滴，让人不忍下筷。

◇ 养生花宴（图片由云澜湾温泉小·镇提供）

夜深了，不用担心住宿问题，云澜湾温泉小镇目前已有三家酒店开业，超五星的泓庐精品酒店、云澜湾温泉度假酒店的客房都带有豪华的大温泉汤池，还有最适合亲子入住的斯维登温泉度假酒店。入夜，泡在酒店私密的温泉汤池里，听着虫鸣声声，闻着花香阵阵，呼吸着新鲜空气，往日的疲劳和焦虑也随之消失无踪。

◇ 超五星泓庐精品酒店（图片由云澜湾温泉小·镇提供）

◇ 超五星泓庐精品酒店（图片由云澜湾温泉小·镇提供）

不忍离去，不忍再见，留恋云澜湾温泉小镇马尔代夫般璀璨的星空、三星九区多达六十种不同功效的汤池……那就穿着汉服在小镇的星空下看一场云澜湾专业演出剧团的精彩表演吧，去樱花风情街的星巴小屋看看，在琳琅满目的文创产品中，挑上几件心爱的伴手礼，带走薰衣草的花香、金丝皇菊的甘甜，带走小镇的浪漫和甜蜜……

◇ 云澜湾温泉小·镇演出（图片由云澜湾温泉小·镇提供）

在云澜湾的星空下，一轮浩瀚的明月升起，两朵蓝莲花在悠扬的音乐和喷泉中缤纷闪耀，一幅天人合一的美景展现在眼前。满心的喜悦和惬意，让人流连忘返。嘉善巧克力甜蜜小镇呀，你的神韵在这里，你的魂在这里，难忘今天，难忘今宵……

本章参考文献

[1] 李强．特色小镇是浙江创新发展的战略选择 [J].今日浙江，2015（24）：16-
19.

本章作者：张帧曦、季 靖

第二章

探索甜蜜基因

"甜蜜"主题的独特定位，使得甜蜜小镇拥有了"高颜值"的甜美形象，吸引着百万量级的游客。"在大云，空气中都流淌着甜蜜的味道。"有游客如是说。在巧克力工厂体验制作巧克力，在云澜湾泡温泉，在烂漫花海中深深呼吸……人们说，感觉从身体到心灵都体验了一次醉人的甜蜜之旅。

◇ 巧克力甜蜜小镇全景图（此图来源于大云镇政府文件）

地处嘉善县南端大云镇的巧克力甜蜜小镇，像省内其他特色小镇一样，"骨架"很小，规划面积只有 3.87 平方公里，但是自从 2015 年 6 月入围首批 37 个省级特色小镇创建名单后，这片原本相对安静的土地一下子变得热闹空前！那么，它是怎样横空出世的呢？

"巧克力甜蜜小镇"其名源于大云镇上那个"国内首家、亚洲最大"的歌斐颂巧克力项目，但其意蕴已远远超出"巧克力"之"甜蜜"。

一、应"势"而生

巧克力甜蜜小镇的诞生，显然与中国，尤其是浙江独特的经济环境密切相关，这种形势可以概括为以下四点。

（一）供给侧改革的需求

改革开放四十年来，中国经济持续高速增长，中国成功步入中等收入国家行列，已成为名副其实的经济大国。但随着人口红利衰减、"中等收入陷阱"风险累积、国际经济格局深刻调整等一系列内因与外因的作用，经济发展正进入"新常态"。与此同时，也出现了一系列经济方面的问题。供需关系方面的结构性失衡和结构性问题是其中的主要问题。

第一，供需关系方面的结构性失衡。2003 年后，央企生产力变革变得很缓慢，钢铁、煤炭、水泥、玻璃、石油、石化、铁矿石、有色金属等几大行业，亏损面已经达到 80%，产业的利润下降幅度很大，产能过剩很严重。截至 2015 年 12 月初，几大行业的生产价格指数（Producer Price Index，PPI）已连续 40 多个月呈负增长状态，这几大行业对整个工业 PPI 下降的"贡献"占了 70%～80%；与此同时，出现了严重的结构性失衡问题。"供需错位"已成为阻挡中国经济持续增长的最大障碍之一：一方面，过剩产能已成为制约中国经济转型的一个大包袱；另一方面，中国的供给体系与需求侧严重不配套，总体上是中低端产品过剩，高端产品供给不足。此外，中国的供给侧效率低，无法供给出合意的需求。因此，强调供给侧改革，就是要从生产、供给端入手，调整供给结构，为真正启动内需、打造经济发展新动力寻求路径。

第二，结构性问题。中国的结构性问题主要包括产业结构、区域结构、要素投入结构、排放结构、经济增长动力结构和收入分配结构等六个方面的问题。这六个方面的结构性问题既相对独立，又相互叠加，需要通过结构性改革去有针对性地解决。

产业结构问题突出表现在低附加值产业和高消耗、高污染、高排放（"三高"）产业比重偏高，而高附加值产业、绿色低碳产业和具有国际竞争力的产业比重偏低。为此，需要加快推进科技体制改革，促进高技术含量、高附加值产业的发展；需要加快生态文明体制改革，为绿色低碳产业发展提供动力；需要通过金融体制改革、社会保障体制改革等淘汰落后产能和"三高"产业等。

区域结构问题突出表现为人口的区域分布不合理。目前，我国城镇化率尤其是户籍人口城镇化率偏低，且户籍人口城镇化率大大低于常住人口城镇化率。为此，需要加快户籍制度改革、福利保障制度改革、土地制度改革等，推进农民的市民化进程，提高户籍人口城镇化率。区域结构的另一个问题是区域发展不平衡、不协调、不公平。例如，有些地方享有很多"特权"政策，有些地方发展严重滞后。为此，需要推进行政管理体制改革、财税制度改革、区划体制改革等，加快建设全国统一市场，解决不同区域发展不平衡的问题，使人口和各种生产要素在不同地区自由流动、优化配置。

要素投入和排放结构也不合理。中国经济发展过度依赖劳动力、土地、资源等一般性生产要素投入，人才、技术、知识、信息等高级要素投入比重偏低，导致中低端产业偏多、资源能源消耗过多等问题。中国排放结构中废水、废气、废渣、二氧化碳等比重偏高。这种不合理的排放结构给资源环境造成了极大压力。为此，中国必须加快推进技术创新和知识创新以及生态文明制度改革。

经济增长动力结构不合理。中国经济增长过多依赖"三驾马车"来拉动，特别是过度依赖投资来拉动。其实，"三驾马车"只是国内生产总值（GDP）的三大组成部分，是应对宏观经济波动的需求提出的短期策略，只是经济增长的结果而非原因，制度变革、结构优化和要素升级（改革、转型、创新）这"三大发动机"才是经济发展的根本动力。我们要更多地依靠改革、转型、创新来提升全要素增长率，培育新的增长点，形成新的增长动力。

收入分配结构不合理。中国城乡收入差距、行业收入差距、居民贫富差距都比较大，财富过多地集中在少数地区、少数行业和少数人中。因此，有必要加快推进收入分配制度改革、社会福利制度改革、产权制度改革和财税制度改革等，促进收入分配的相对公平，缩小贫富差距。

2015年11月10日，习近平总书记根据中国经济的结构性不合理趋于明显这一问题，提出"供给侧改革"。通过改革制度供给，大力激发微观经济主体活力，增强我国经济长期稳定发展的新动力。在我国经济动力结构中，要更多依靠改革、转型、创新这"三大发动机"，才能更好地激发各类消费潜力与企业活力。

为了助推经济转型升级发展，党的十八届五中全会发出"释放新需求，创造新供给"的号召。深化简政放权改革，促进供给质量，且改革内容也明确指出简政放权应向服务业与小微企业倾斜；浙江省为特色小镇的建设与发展提供了充分的金融支持、土地配给等一系列优惠政策与资金储备，来促进特色小镇发展，解决供给问题。巧克力甜蜜小镇共筹措发展资金13亿元，小镇基础设施建设项目融资10亿元、度假区环境综合整治提升项目融资3亿元，并累计获国家发改委专项建设基金1.32亿元。同时，嘉善大云旅游投资管理有限公司升格为县级国有资产控股平台。

（二）城镇化战略的积极应对

特色小镇的出现，虽然在不同地区具有不同的原因，但是作为一个全国性的现象，则是国家新型城镇化战略的必然结果。

2014年3月16日，中共中央、国务院印发了《国家新型城镇化规划（2014—2020年）》（以下简称为《规划》），明确了未来城镇化的发展路径、主要目标和战略任务，统筹相关领域制度和政策创新，是指导全国城镇化健康发展的宏观性、战略性、基础性规划，明确提出了"有序推进农业转移人口市民化""优化城镇化布局和形态""提高城市可持续发展能力"和"推动城乡发展一体化"四大战略任务。

为了实现这四大战略任务，《规划》提出了一套新型指导思想与基本原则，主要是"以人为本，公平共享"（以人的城镇化为核心，有序推进农业转移人口市民化）、"四化同步，统筹城乡"（推动信息化和工业化深度融合、工业化和城镇化良性互动、城镇化和农业现代化相互协调，以城市群为主体形态，推动大中小城市和小城镇协调发展）、"优化布局，集约高效"（以综合承载能力为支撑，提升城市可持续发展水平）、"生态文明，绿色低碳"（把生态文明理念全面融入城镇化进程，推动形成绿色低碳的生产生活方式和城市建设运营模式）；"文化传承，彰显特色"（发展有历史记忆、文化脉络、地域风貌、民族特点的美丽城镇）、"市场主导，政府引导"（使市场在资源配置中起决定性作用，使政府切实履行制定规划政策、提供公共服务和营造制度环境的重要职责），以体制机制创新为保障，通过改革释放城镇化发展潜力，走以人为本、四化同步、优化布局、生态文明、文化传承的中国特色新型城镇化道路。

《规划》所提出的主要原则和思想，直接转化成为特色小镇的发展原则与指导思想。国务院进一步针对城镇化进行了具体部署，明确提出了"加快培育中小城市和特色小城镇"的要求，主要包括"提升县城和重点镇基础设施水平""加快拓展特大镇功能""加快特色镇发展""培育发展一批中小城市"和"加快城市群建设"。住建部制订特色小镇的发展战略也紧紧围绕这个思想与原则，提出了特色小镇培育的五个基本要求——"特色鲜明的产业形态""和谐宜居的美丽环境""彰显特色的传统文化""便捷完善的设施服务"和"充满活力的体制机制"，基本上等同于把《规划》的思想做了具体化。我们发现，《规划》的特点在于从宏观上提出一些基本原则；国务院则明确了县城、重点镇、特大镇、特色镇、中小城市和城市群的建设需要，也属于宏观原则；但是住建部已经涉及特色小镇的具体建设思路，这个思路在浙江省特色小镇的发展过程中基本演变成为生产、生活和生态"三生"统一的原则，或者是"生产功能""社区功能""旅游功能"和"文化功能"四大功能协调统一的基本原则。

特色小镇是尊重经济社会发展规律、顺势主动作为的大战略；浙江省特色小镇的产生，既是浙江经济社会发展的一大创举，是浙江经济社会发展的逻辑成果，也是省委省政府强力推动的结果；既是政府和市场两者相结合的结果，也是推动浙江经济转型升级应运而生的产物，更是省委省政府在积极响应中共中央和国务院、住建部等建设中小城镇思想的基础上的发展成果。

（三）"浙江精神"在经济领域的成功实践

浙江历来资源短缺，但浙江又是一个文化大省与经济大省，其中一个重要的秘诀就是浙江人民敢为人先、敢于创新。"创新精神"与"创业精神"成为浙江精神的主体内容。

"浙江精神"第一次正式见诸报端，是在1999年12月22日的《浙江日报》，当日的头版头条刊发了《省社联第四次代表大会昨开幕》一文。在该会上，时任省委书记张德江向全省社科界人士提出了新的任务：提炼浙江精神，总结浙江经验，开拓浙江未来。自此，张德江、习近平、赵洪祝等历任省委书记都对浙江精神有所阐述。

习近平主政浙江时，多次提及浙江精神。2003年的一次会议上，他指出，浙江历史上各种文化的交汇融合，在改革开放中孕育和造就了"自强不息、坚忍不拔、勇于创新、讲求实效"的浙江精神，推动了文化与经济的相互交融，成了浙江综合竞争力的重要组成部分。2006年，习近平在《今日浙江》第3期发表《与时俱进的浙江精神》一文。他指出，与时俱进是马克思主义的理论品质，也是浙江精神的内在要求。他进一步指出，我们要坚持和发展"自强不息、坚忍不拔、勇于创新、讲求实效"的浙江精神，与时俱进地培育和弘扬"求真务实，诚信和谐，开放图强"的精神，以此激励全省人民"干在实处，走在前列"。

浙江精神如此重要，当好浙江精神的弘扬者并不容易。浙江大学庞学铨教授把浙江精神概括为"中庸、大气、开放、自强、务实"。他认为，以前"自强不息、坚忍不拔、勇于创新、讲求实效"这16个字概括的更多的是以浙江经济为着眼点。在他看来，精神是文化范畴中更深层次的东西，应该放在比较长的时间维度、比较宽的地域维度和比较深的内容维度来探讨。著名作家李杭育觉得，这100年来，浙江有两件事情在全国都很有影响力。一是1911年的辛亥革命，三千浙军收编沿途的五千游兵散勇，攻下了原本需要十几万人的军队才能攻克的南京城。另一件事就是现在的浙商，他们以一个群体的形象树立了浙江人在全国经济界的地位。李杭育说，这两件事因其集体性，能充分代表浙江的精神。"浙江人的性格比较善于根据环境的变化而转变，说得不好听是见风使舵，说得好听是与时俱进。"李杭育说，浙江精神的实质应该是以人为本，如果说20年前，浙江人的首要任务是脱贫致富，要求尊重人的基本需求和欲望，那么现在，正在构建的精神实质就将转向尊重人的理想。

实际上，一个地方的精神既有复杂性，也有长期的社会历史发展过程中积淀下来的显著的地域特性。浙江地处中国东南沿海，近现代以来一直处于政治与社会的边缘地位，尤其是新中国成立之后，在经济和政治文化地位上，长期受到上海和江苏的挤压而无法脱颖而出。一直到了20世纪80年代尤其是21世纪以来，浙江人审时度势才走出了一条属于自己的道路。因此，纵观浙江上千年的发展史，特别是明清以来近四百年的发展史，有几点可以说是浙江精神的核心："自强"，这是很多浙江人在艰苦情况下仍然奋斗不息的精神写照；"务实"，这在不少创业者身上体现得淋漓尽致，在创业之初，他们可以擦皮鞋、卖快餐，做许多人不屑于做的小事；"创新"，浙江人擅长从无到有，擅长创新与创业。

从这个视角来看，特色小镇虽然不是浙江的首创，但是在浙江省搞得最有声有色，与"浙江精神"和浙江文化的长期熏陶密不可分。

第一，特色小镇的产生与浙江精神中的"以人为本"的人本思想密不可分。改革开放以来，浙江的发展靠的是浙江人的"四千精神"（走遍千山万水，吃尽千辛万苦，说尽千言万语，想尽千方百计），瞄准的是人们各种生活需求和发展经济快速发展的需要。正是浙江顺应了时代需求，满足年轻人大胆创新创业、渴望上进、渴望成功的需求，特色小镇才展示出蓬勃的生机。

第二，特色小镇的产生与浙江尊重基层的创新精神密不可分。例如，特色小镇的首次提出是在 2014 年 10 月 17 日，时在浙江省省长李强参观云栖小镇，审查阿里云开发者大会的梦想大道后，鼓励"让杭州多一个美丽小镇，天上多几朵创新的云彩"。所以，特色小镇是浙江省委省政府看到了产业转型升级发展，以及一些传统产业个性化提升后，提出的一种新态势。

第三，特色小镇的产生与浙江注重发挥市场作用密不可分。"大众创业，万众创新"可以为特色小镇的发展更好地引进优秀的企业，吸引更多优秀人才企业，循环优化创业环境。

（四）浙江省经济社会发展的必然结果

自南宋资本主义萌芽以来，浙江省的市场经济一直是中国的一大特色，民间投资与民营经济一直占据着浙江经济的重要部分。2003 年，习近平主政浙江时，提出的"八八战略"也是建立在浙江省民营经济优势明显的基础之上，这也是历届省委省政府针对浙江经济发展坚持的一个总纲。"八八战略"的主要内容就是，发挥浙江的体制机制优势、区位优势、块状特色产业优势、城乡协调发展优势、生态优势、山海资源优势、环境优势和人文优势。

我们发现"八八战略"的基础就是针对浙江的具体情况总结提炼出来的，这也是发展特色小镇的现实基础。浙江省县域经济比较发达，有全国知名的特色产业，而支撑浙江县域经济的就是各具特色的块状经济。诸暨的袜业、海宁的皮革、桐乡的羊毛衫，等等，原来的一村一品一乡一业提升为企业集中、资源节约、要素集聚的区域性产业集群。浙江民营经济比较发达，有丰厚的民间资本、资金积累。民营企业总量超过 120 万户，平均每 12 人中就有一个老板。在 2015 年全国 500 强民营企业排名中，浙江占了 138 席。

民营经济与县域经济的块状化，以及包括"八八战略"在内的一系列政策都为特色小镇的诞生与发展打下了扎实的政策基础，总结起来集中体现为：浙江体制机制的优势为特色小镇提供了"政府引导、企业主体、市场化运作"的机制经验；浙江民营经济的优势为特色小镇提供了多元的资本来源，吸引了大量人才创业创新；浙江块状经济的特点有利于产业集聚与特色小镇块状经济的转型发展；浙江强化城乡一体化发展的战略为地处城乡接合部的特色小镇提供了发展机遇；浙江的生态优势与山区特色也为特色小镇中的旅游休闲小镇提供了发展的物质基础。

综上所述，"八八战略"是特色小镇的理论基础，而且是习近平主政浙江时提出的绿水青山就是金山银山"两山"理论的雏形。这些理论显然是历届浙江省委省政府创业富民创新强省的基本依据，也是特色小镇所需要的。嘉善大云巧克力甜蜜小镇，也是浙江省委省政府着力推动总结提升的产物，有着深刻的主客观优势。利用浙江的比较优势，努力走出一条具有浙江特色的，找准发展短板、补齐发展短板的新路子。

二、应"地"而生

（一）显著的区位优势

嘉善县是全国综合实力百强县之一，是全国唯一一个"县域科学发展示范点"。嘉善县建于明宣德五年（1430年），隶属浙江省嘉兴市，位于苏浙沪两省一市交汇处，长三角城市群核心区域。嘉善东距上海虹桥国际机场68公里，是浙江省接轨上海的第一站，西距杭州95公里，南距乍浦港30公里，北距苏州92公里，是杭州湾跨海大桥北岸的交通枢纽，40分钟车程即可到达宁波慈溪。特殊的区位使嘉善成为长三角重要的交通枢纽，公路、铁路可通达全国各地，沪杭高铁、沪杭高速公路、申嘉湖高速公路、杭州湾跨海大桥北岸连接线、沪杭铁路、杭申航道甲线穿境而过，并有善江公路连接平湖市。自2010年10月26日沪杭高铁正式通车后，从嘉善站到上海虹桥站仅需16分钟，到杭州东站仅需22分钟，实现了与沪杭"同城"。特别是苏嘉甬高速公路竣工之后，嘉善成为全国为数不多的镇镇通高速地区，确保了每个镇都能在 15 分钟车程之内上高速。除此之外，还有 320 国道和 318 国道穿境而过，上海虹桥国际机场、上海浦东机场、杭州萧山国际机场，嘉兴港、洋山港、上海港和宁波港等均在距嘉善县城一个半小时车程以内。由此，嘉善构起了立体交通网络。目前，嘉善交通在交通运输部、省交通运输厅及市交通局帮助和支持下，全方面大力推进"县域交通运输科学发展示范点"建设，农村公路管养提档升级，信息中心建设初见成效，公交优先发展战略深入实施，"e 路畅优"品牌创建深化推进，被省交通运输厅推荐申报交通运输部十大文化品牌。嘉善交通运输工作获各级领导肯定，2013 年 5 月，时任交通运输部部长杨传堂、副部长翁孟勇等领导到嘉善考察指导，《中国交通报》《交通旅游导报》、中央电视台、上海东方卫视等媒体大力度宣传推广"嘉善经验"。

嘉善巧克力甜蜜小镇位于嘉善县大云镇。大云镇位于嘉善县城的南端，地处沪杭高速公路大云出口处，320 国道、省道纵横交错。嘉善境内沪杭高速公路、省一级公路和杭州湾跨海大桥连接线穿越全县，沪杭高速铁路贯穿大云镇，且设有高铁站，境内 100 吨级内河航线连接京杭大运河，直至上海港，已全面形成大云至上海、杭州、苏州、宁波等城市一小时到达的交通网络，真正实现"一小时经济圈"。

（二）丰富的自然资源

大云镇自然条件优越、资源丰富，具有发展旅游特色小镇的先天基因。

1. 水资源

大云镇的整个生态与水紧密相连。大云古名蓉溪，又名净云，因北宋乾德二年（964 年）建造大云寺得名。

大云地处江南水乡，河道纵横，人们沿河筑屋，聚居成村。大云境内有一条安谧宁静的长达十里多的小河，名叫蓉溪，蓉溪也便因有十里长而被叫成了十里蓉溪，镇也因河得名。后因大云是独特的江南水乡风貌的典型代表，蓉溪便改名为"十里水乡"。

　　"十里水乡"是大云的"母亲河"，以前是连接各村各镇的交通要道，随着交通方式的变革，如今成为一条原生态河道。目前"十里水乡"生态游线路全长7公里。"十里水乡"生态游景区由十里水乡区、生态农业区、生态度假区、大云寺苑三区一苑组成，主要特点是自然和生态。蓉溪保存了良好的原始风貌，两岸植被茂盛，自然环境优良，极富乡村野趣，是不可多得的自然原生态河道景观，有"东方的密西西比河"之称。早在2001年，"十里水乡"就因其富有江南水乡自然风貌和野趣的原生态景观受到广大游客推崇，"蓉溪拱绿""秋庐飞雪""桃源隐渔""丰钱古韵""荷塘月色""云溪迟暮"等自然景观令人流连忘返。溪上以观景为主，溪岸滨水景点以游憩为主，村落以休闲、体验为主，使游客与景区融为一体。一个小时的水路，心情可以非常放松。船家摇动小船，缓缓地在水面前行，两岸的风景像一幅幅淡淡的水墨画，整个行程让人心旷神怡，宛如一次心灵SPA。

　　2. 温泉资源

　　嘉善没有崇山峻岭，却有一口好泉。此泉位于嘉善县魏塘镇，名曰幽澜。早在元代就极负盛名，号称"天下第七泉"。据明正德县志记载，幽澜泉水清澈透明，清冽可口。与其他泉相比，幽澜泉还有三大特点：大旱之年泉水不会干涸；用此泉煮茶没有渣滓；盛暑用此水泡茶，过夜其味不变。

　　1992年，北京大学的几位教授到嘉善考察，重新发现了毁于清代兵燹而被"遗忘"的幽澜泉井。经研究确认，这是地下深循环封存的天然"古泉水"，其绝对年龄已有26000多年，为大理冰期气候寒冷时降水所补给。至此，千年的幽澜泉之谜终得破解。后浙江省地质环境监测总站经调查，认为嘉善一带含有较丰富的优质第四系孔隙承压水，水中含有多种人体必需或对人体有益的微量元素，其中偏硅酸、锶的含量达到饮用天然水国家标准，是优质复合型矿泉水。

　　2006年，浙江省国土资源厅根据杭嘉湖平原地热勘察的初步成果，决定投入3500万元推进"找矿突破战略行动"，在嘉兴城东、王店、嘉善、桐乡等地热异常区约1700平方公里内，进行地热资源勘查。2007年5月18日，被寄予厚望的"嘉热2号"井在嘉善大云镇曹家村开钻。经过近11个月的施工，当钻井深度达到地下 2161.81 米时，地热水喷涌而出。经过 120 天抽水试验，井口水温达到 40℃。经国土资源部杭州矿产资源监督检测中心分析，该地热水储存在距今 4 亿~5 亿年的砂岩中，浓度为 30.7 毫克/升，达到了《地热资源地质勘查规范》中有医疗价值浓度标准，并富含对人体健康有益的锶、锂、碘等优质微量元素及矿物质，属国内少见的偏硅酸·锂温泉。"嘉热 2 号"在杭嘉湖平原首次成功打出温泉的消息，轰动了中国地质界，也引起了媒体界的极大关注，浙江的《钱江晚报》《都市快报》、上海的《东方早报》《文汇报》纷纷跟进采访报道。此前，上海周边的温泉主要分布于浙江武义、江苏南京等地，且这些都属于山区型温泉，钻井深度一般只需 100~700 米，较多见也容易探测。"嘉热 2 号"的深度则达到了 2000 多米，资源稀缺且勘探难度大。2008 年 8 月 15 日，浙江省国土资源厅、嘉善县政府、嘉兴市国土资源局联合召开新闻发布会，正式对外宣布，"这是杭嘉湖地区首次成功打出温泉，也是在长三角地区平原上首次发现温泉"，属于历史性的突破，甚至比发现一座金矿更有意义，弥足珍贵。2009 年年初，嘉善县大云镇编制大云温泉地块整体规划，并开始对外招商引资，大云温泉旅游开发被正式提上日程。

2010 年 9 月，张虹领导的云澜湾公司以绝对优势获得大云温泉地块建设使用权及地热资源采矿权的竞标资格，并最终于 2011 年年初通过招拍挂获得大云温泉的开发使用权。2011 年 5 月 18 日，云澜湾温泉小镇正式奠基开工，大云正式步入温泉时代，大云温泉旅游度假区翻开了历史的第一页。

3. 花卉与果蔬

改革开放以来，大云镇社会经济迅猛发展，已形成了鲜切花、大棚果蔬两大农业特色产业。

鲜切花生产已成为大云镇发展效益农业的一大亮点，全镇鲜切花种植面积达到 3000 亩，全部采用标准钢管大棚及滴水灌溉技术，是浙江省鲜切花种植面积最大的乡镇，年产鲜切花 1.5 亿枝，占中国鲜切花总产量的 3%。品种有非洲菊、百合花、鹤望兰、玫瑰、马蹄莲、剑兰等 10 多种，在上海、杭州、南京等城市设有固定的销售窗口。2001 年，大云镇代表浙江省选送的鹤望兰、百合花在第五届中国花博会上分别荣获金奖和铜奖。此后，大云镇先后荣获"浙江省鲜切花之乡""浙江省十大花卉特色乡镇"之一、"中国鲜切花之乡""中国环境优美乡镇"等荣誉称号。

嘉善杜鹃花栽培历史悠久，最早可追溯到清乾隆年间，栽培最早的造型可以追溯到 18 世纪末 19 世纪初，距今已有 100 多年。目前在嘉善还保留有近百年的原本杜鹃老桩盆景。1987 年，杜鹃花被确定为嘉善县县花。杜鹃花在嘉善人的精神生活中发挥着重要作用。碧云花园作为花卉种植的龙头企业，充分发挥自身的地域优势，明确将县花——杜鹃花作为花文化的主题，积极承担起了发展杜鹃花产业，发扬和传承嘉善杜鹃花文化的光荣使命。

◇ 碧云花园的杜鹃花（此图由碧云花园提供）

大云镇也是浙北地区规模最大的大棚蔬菜、瓜果生产基地之一。大棚面积1.23万亩，主要品种有茄子、地蒲、西甜瓜，粮经比例 25：75，被嘉善县政府列为农业"绿色产业带"建设示范园，素有上海"编外菜篮子"之称。大云镇还建立了大云现代化科技农业园区、碧云花园、华明农庄，注册"大云寺牌"瓜果品牌，"小芳牌"冬瓜酱获"2001 年度浙江省农业博览会优秀产品"称号和"嘉兴市农博会优秀产品"称号。

4.农庄

近年来,嘉善县大云镇缪家村以规划为先导,以农业产业结构调整和产业升级为契机,围绕农家乐休闲旅游这一主题,整合本村旅游资源,丰富旅游要素,全面推动农家乐休闲旅游快速发展,形成了碧云花园、拳王休闲农庄等富有浓郁地方特色、产业特色的农家乐休闲旅游项目。嘉善县农办主任鲍引观说:"缪家村的农家乐,得益于创意农业。比如碧云花园农家乐在上海世博会结束后,引进了几个非洲国家馆和福建土楼等建筑风格,在花园里建造了一个精致的室内建筑与植物大棚,让室内在一年四季都有鲜花盛开,这里也是小孩子学知识和游玩的一个好地方。"此外,大云镇还有建秀家庭农场、桃源仙居生态农庄等多家农庄。

(三)源远流长的"善学"文化

大云镇所在的嘉善县文化传统十分悠久,尤其是"善学"文化更是源远流长。

清光绪《嘉善县志》载:"迁善六乡,俗尚敦庞,少犯宪辟,故曰嘉善。"嘉善境内水网交织,物产丰饶,民风淳朴,素有"鱼米之乡、丝绸之府、文化之邦"的美称。嘉善县是"善文化"传承地。它既有"嘉善"之善名,又有与人为善、惩恶扬善,以和为贵、以善为美的"善文化"的内在基因和历史积淀。

嘉善县干窑镇干窑村农民董纪法,对一副清末对联记忆犹新——上联是"你嘉我嘉他嘉大家嘉",下联是"你善我善他善大家善",横批"地嘉人善"。

在嘉善,"善"是一个流行词。万历年间进士袁了凡,曾任主事、拾遗,提倡使用"功过格",把每日所做之事,按其善恶增减记数,"隐恶扬善""迁善改过",进行道德自律,以此规范自己的行为,达到自我修养、完善人生的目的。

善,是袁了凡一生追求的事业,在他的代表作《了凡四训》中,劝善是全书的重点和宗旨,"积善篇"阐明了善的含义、明辨善恶的标准、行善的道理和方法。全篇用 10 余个事例说明 10 个基本的行善方法:与人为善、爱敬存心、成人之美、劝人为善、救人危急、兴建大利、舍财作福、护持正法、敬重尊长、爱惜物命。袁了凡改进了作为个人道德评价体系的功过格，身体力行并大力推广。在袁家家训中，袁了凡曾祖袁颢说："吾家既不求仕，亦无心富贵……惟愿学问日进，道德日盛，无愧于良民也。"袁颢的这一以积德行善"庇荫子孙"的理想，在袁了凡身上得到实践，这是"善"的家族基础。袁了凡倡导的善文化在嘉善的时间长河里从未消失。一家有难，全村来帮，这是嘉善遗留至今的民风。天凝镇凝北村60多岁的村民徐小娜说，她从小就听着一曲曲嘉善田歌，听老人讲一个个民间故事，从田歌中听出了"劝人为善"，从故事里体会到了"劝恶扬善"。袁了凡所倡导的"善"，深植于嘉善的历史传承与文化基因中，成为嘉善人自觉行善的价值向导。近年来，嘉善县充分依托"善文化"，把弘扬了凡善学思想、传承优秀传统文化与培育和践行社会主义核心价值观有机融合在一起，深入培育打造"善文化"县域人文品牌，初步形成了"善政理念亲民惠民、善商群体创业创新、善德育人快乐成长、善居之地心美人和、善行天下温暖人心、善气迎人幸福嘉善"的新气象。

通过不同的载体弘扬"善文化"，把"地嘉人善、嘉言善行、善气迎人"的传统美德融入人的内心。云澜湾创意推出的"一泓善宴"，即在继承地方传统名菜特色的基础上，巧妙融入嘉善"善文化"内涵，让食客在品尝菜品的同时，寓教于心，构建起一种浓厚的文化氛围，让"善文化"走进每一个人的心灵！

"善宴"因其极大的创新意识和在挖掘地方文化土特产资源上的努力，巧妙的构思和文创精神，得到了嘉善市民的广泛喜爱和欢迎，并成为嘉善餐饮的一张新名片。

善宴分冷菜、热菜、煲汤、点心水果雕花拼盘等整个系列十二道，从文化寓意到食材，以及装盘器皿都深含嘉善地方特色，下面简单介绍其中几道。

菜品一：功过格（椰龟冻）。嘉善历史上对我国善学思想的最大贡献是培育出了著名的善学思想家袁了凡。了凡经云谷点化后，立志行善积德，改变自己的命运。他开始记功过格，所行之事，逐日登记；善则记数，恶则退除。把功过格作为一种道德自律的工具。此菜品选用椰子膏（白色为功）、龟苓膏（黑色为过），可谓黑白功过分明。

◇ 功过格（此图由云澜湾温泉小·镇提供）

菜品二：地嘉人善（虾仁炒地衣）。明宣德五年（1430 年），嘉善因"民风淳朴，地嘉人善"而得名。这道菜正是表达了嘉善建县的历史。餐具是仿明宣德年间的青花大盘，盘边 5 朵装饰性的小花，代表的是明宣德五年这一建县时间。盘中黑色是地衣，白色是虾仁，这正是地嘉人善的谐音。

◇ 地嘉人善（此图由云澜湾温泉小·镇提供）

菜品三：了凡戒子（小米辽参）。袁了凡对我国善学思想的最大贡献是撰写了体现儒道佛三合一善学思想的《戒子文》（又名《了凡四训》），这一善学著作也奠定了袁了凡在中国历史上著名善学思想家的地位。这道菜用谐音表现了袁了凡的这一传世名著。黑绿红三色形象分明、寓意深长。

菜品四：满城行善（腊八粥）。行善有很多种，佛教最讲究行善，腊八节施粥一直是佛教中流传甚广的行善形式。在古代，每年腊八节，嘉善寺院都会由僧人手持钵盂，沿街化缘，再将收集来的米、栗、枣、果仁等材料煮成腊八粥散发给穷人。如今，腊八节施粥作为嘉善人弘扬行善的文化被一直保留下来。腊八节当天，不但寺院施粥，嘉善很多行业人士都会煮粥馈赠有需要的人，送去人与人之间的善意和温暖。善宴中的腊八粥正是代表嘉善人杰地灵"满城行善"的文化。

◇ 了凡戒子（此图由云澜湾温泉小·镇提供）

◇ 满城行善（此图由云澜湾温泉小·镇提供）

历史文化是城镇的核心竞争力之一。云澜湾温泉小镇在建设初期，就开始了挖掘收集"善文化"的研究工作。温泉小镇设计中处处体现"善文化"，将"善"用具象的形式表现出来。温泉中心一楼接待大厅的穹顶之上有两把巨大的"中国折扇"，是因为"扇"和"善"谐音。四周高大的大理石柱上纹饰着水波纹，寓意着"上善若水"。

今日的新嘉善，不再是落后的小镇，而是着眼于"科学发展示范点"建设，唱响"善文化"赞歌，深入实施"融入上海、创新发展、统筹提升、生态立县、民生优先"五大战略，致力于"建设临沪新城、发展品质经济、构筑精致水乡、实现幸福民生"，全力打造"经济转型升级示范基地、主动接轨上海前沿高地、长三角中心区经济重地、城乡一体发展先行之地"，努力建设全面融入上海大都市的现代新城。

（四）发展良好的地方产业经济

嘉善是第一批沿海开放县之一，全县经济保持平稳健康发展。

大云镇工业区共有企业 101 家。其中外资企业 28 家，玻纤厂等 9 家企业通过 ISO 9000 认证。区内企业具有国家级科技项目 7 项，高新技术产品 4 种。区内共有电子企业 34 家，总投资额 4.9 亿元；轻纺服装企业 28 家，总投资额 3.6 亿元。投资额 1000 万元以上的电子企业 11 家，轻纺服装企业 5 家，构筑起符合大云生态环境的以电子、轻纺服装为主的特色工业新格局。2003 年 8 月，大云镇工业区被评为"嘉兴市重点工业区"。

大力开展招商选资，实际利用内外资均创历史新高，全县合同利用外资 5.41 亿美元，增长 7.5%，实际利用外资 3.28 亿美元，增长 33.7%，引进县外内资 23.38 亿元，增长 49.8%。引资质量进一步提升，全年新批总投资 1000 万美元以上的企业达 22 家，总投资 1000 万美元以上的增资达 18 次，引进 5000 万元以上的内资项目达 48 个，新批电子信息、精密机械类外资项目数占全县总量的 50.7%。民营经济取得新发展。全年民资项目实现投资 42.17 亿元，占全县总量的 56.9%。

2015 年上半年，实现地区生产总值 195.2 亿元，同比增长 7.3%；公共财政预算收入 37.2 亿元，增长 8.6%，其中地方公共财政预算收入 19.9 亿元，增长 6.2%；固定资产投资 144.9 亿元，增长 8.7%，其中工业生产性投资 78 亿元，增长 15.6%；合同利用外资 4.3 亿美元，实际利用外资 2.1 亿美元，实际利用县外内资 54.3 亿元；外贸进出口总额 17.3 亿美元，其中出口 13.2 亿美元；全社会消费品零售总额 78.4 亿元，增长 8.2%；城镇居民人均可支配收入 21994 元，农村居民人均可支配收入 15354 元，分别增长 8.4% 和 8.6%。

台资企业占据较大比例。嘉善与上海接壤，距离上海、杭州和苏州均不到 100 公里，因此成为浙江承接苏南和上海地区台资的第一站。1999 年，浙江省人民政府批准嘉善经济开发区正式设立台商投资区。目前，台湾最大民营制造企业、全球三大电子制造服务业（EMS）厂商之一鸿海精密（富士康），亚洲规模最大的家具企业台升集团，全球最大的紧固件企业之一晋亿集团和著名速冻食品品牌龙凤食品等一批台资企业都在嘉善落户。2003 年，嘉善继江苏昆山、广东肇庆之后，成立了大陆第三个县一级的台湾同胞投资企业协会。

工业方面，嘉善的木业家具、五金机械、纺织服装等传统产业不断提升，新能源、电子信息、高端装备制造等主导产业加快集聚，呈现出"木材、钢材、硅材"产业层次不断提升发展的良好态势。

2015 年，全县 695 家规模以上工业企业累计实现产值 1004.5 亿元，嘉善由此成功跨入全省工业县市"千亿俱乐部"。在 2015 年经济下行压力加大的严峻形势下，嘉善规模以上工业企业总产值保持了 7.6% 的平稳增长。其中，大企业带动作用十分强劲，228 家亿元以上企业总产值同比增长 13.1%。光伏产业龙头企业昱辉阳光 2014 年实现产值 100.08 亿元，同比增长 30.6%，成为嘉善首家年产值超百亿元的企业。

据了解，2015 年年初，嘉善以工业强县建设为目标，提出打好"五大战役"来主动适应经济发展"新常态"——规模产出突围战、工业投入翻身战、招商引资排名战、转型升级攻坚战和精准服务持久战。为此，嘉善首先强化政策激励，

2015年5月在全市率先出台支持工业经济发展的"新20条"，技术改造奖励提升2个百分点，提升奖励最高额度，切实加大金融支持。第三产业中优先发展现代服务业，重点发展现代物流、研发设计、服务外包、金融服务等生产性服务业，提升发展商贸、休闲旅游、社区服务等生活性服务业，建设沿320国道现代商贸物流区，打造以嘉善南站周边及开发区科技商务区为主的临沪现代服务业集聚区。

在第三产业中，旅游业发展最为迅速。2014年全年共接待国内外游客1066.3万人次，旅游综合收入107.2亿元。其中西塘景区接待游客数量653.22万人次，同比增长12.09%，实现门票收入1.21亿元，同比增长20.05%。嘉善是全市首个"省旅游经济强县"，荣获"全国休闲农业与乡村旅游示范县"称号。2014年，古镇西塘通过国家AAAAA级景区景观质量评审，大云温泉旅游度假区获批省级旅游度假区，歌斐颂巧克力小镇开园。目前，嘉善拥有挂牌高星级（四星、五星）标准酒店累计达到5家，在建待建五星级酒店4家。其中希尔顿签约云澜湾甜蜜小镇，超五星级泓庐SPA精品酒店在2017年荣获"浙江省金鼎级特色文化主题饭店"称号，云澜湾温泉度假酒店和斯维登温泉度假酒店都已经对外开业，东航酒店入驻嘉汇广场。嘉善县人民政府正着力构建"古镇西塘、大云温泉"南北呼应的嘉善旅游新格局，使嘉善成为长三角地区重要的旅游目的地和旅游城市。

三、应"人"而生

嘉善巧克力甜蜜小镇的诞生直接与两批人的积极参与和不懈努力密切相关，第一批是嘉善县人民政府与大云镇人民政府领导，第二批是甜蜜小镇内的企业家们。

（一）嘉善县人民政府与大云镇人民政府领导

嘉善县早在几十年前就在县委县政府的领导下确立了科技、生态与旅游的发展战略。在第十个五年规划中，在时任嘉善县委书记张明超和县长何炳荣的领导下，嘉善确立了"外向带动、科教兴县、城市化、可持续发展"四大战略及"开放兴县、产业强县、生态立县"的发展思路。其中的"外向带动"就是省委省政府的"接轨上海、开放发展"战略，而"可持续发展"战略也就是走高附加值与生态之路。在第十一个五年规划中，嘉善县人民政府在原有战略与发展思路的基础上，提出了"开放带动、经济品质提升、城乡一体化、科教兴县和生态立县"五大战略，同时明确把嘉善县定位为"长三角新兴现代化中等城市、接轨上海前沿阵地、省际交界经济重地和江南水乡人文胜地"。

嘉善县的发展战略一直持续到"十三五"规划，在《嘉善县国民经济和社会发展第十三个五年规划纲要》中，嘉善县提出了"体制改革、科技创新、示范点建设、民生幸福、融入上海"等发展重点，最后在《政府工作报告》中提出了"十三五"规划，把嘉善县定位为"一城四地"，即"创业创新的现代化临沪新城，转型提升先行之地、开放合作前沿阵地、城乡融合示范高地、绿色水乡人文胜地"。

我们发现，嘉善县的发展战略从"十五"规划到"十三五"规划具有传承性，最后发展为"一城四地"的思想，核心的战略就是通过开放"接轨上海"，发展"绿色创新的生态城市"。

嘉善县的发展战略也很好地在大云镇历届政府领导这里得到贯彻执行。尤其是在2010年成功创建浙江省旅游经济强镇以来，大云镇紧紧围绕"加快旅游产业集聚发展，优化现代服务业产业布局，打造产业转型升级引领区"的要求，成立了由分管旅游的副县长担任大云温泉生态管委会主任、县政府办公室副主任和大云镇镇长担任副主任的领导班子，积极推进"上海西郊美丽乡村，江南水乡风情小镇，中国大云水乡花园"建设。

正是有一大批思路明确、工作有力的嘉善县人民政府领导与大云镇人民政府领导的参与努力，才最终孕育了大云镇的"甜蜜"产业与甜蜜小镇。

（二）甜蜜小镇内的企业家们

特色小镇是新时代条件下的产物，它的一个重要特征和意义，就是要成为创新创业的新平台，成为融合、共享、绿色的中国样本。这样的特色小镇，不仅是时代的需要，更是企业创始人不断创新进取的结果。

　　熟悉嘉善巧克力甜蜜小镇的人，都知道云澜湾温泉小镇、歌斐颂巧克力小镇和碧云花园是嘉善巧克力甜蜜小镇的三个核心项目。纵观小镇的诸多企业，如果用一条主线来贯穿，可以说碧云花园在专注于乡村旅游的同时又很好地传承了嘉善杜鹃花园艺这一非物质文化遗产，云澜湾温泉小镇在发掘温泉这一独特的地质资源的同时融合了宜居养生与旅游度假，而歌斐颂巧克力小镇则很好地围绕巧克力及巧克力文化，把生产型企业转型为一种新型的工业旅游项目和巧克力文创旅游项目。企业的特质来源于创始人的独特经历与创新理念，我们把他们概括为"拥有本土情怀又有创新精神的创业者"。如果比较碧云花园、云澜湾温泉小镇、歌斐颂巧克力小镇三家企业的创始人，你会发现他们的个性特征与人生经历迥然有别，却又有许多惊人的相似之处。正是这些差异点与相似点，才成就了嘉善巧克力甜蜜小镇如今的特色。

◇ 晚霞中的碧云花园（此图由碧云花园提供）

1. 碧云花园的"园丁"潘菊明

"有时人们忘记了，主宰世界的是大自然，不是我们人类。而主宰花园的是植物。植物，是花园的灵魂，花园之精神，源于植物的自然本真。"这是把自己称作"园丁"的碧云花园创始人潘菊明常说的一句话，而"营造碧水云天的生态农庄，奉献鸟语花香的人间天堂"则是潘菊明创办碧云花园的初心！

20 世纪 60 年代出生在农村的潘菊明，17 岁那年，睡在田埂稻草堆里做了一个梦。他梦见自己在一片"希望的田野上"建起了三间房：一间是他和村里的年轻人"畅谈革命理想"之所；一间里面放着用门板支起来的乒乓球台，是他们用来"锻炼身体，保卫祖国"的；还有一间是阅览室，当然里面除了"小人书"还得有《红岩》《智取威虎山》《沙家浜》之类的其他书……就是那个梦牵引着他的梦想开始觉醒，外面的世界很大，他想跳出"农门"，出去看看。

在那个年代，每个热血青年都高度崇尚军人这一职业，梦想着身穿绿军装，肩负起为伟大的革命事业而终生奋斗的使命。因此，三年后，20 岁的潘菊明积极响应号召，应征入伍，成为一名光荣的解放军战士。在部队三年，部队的教育成了他未来人生发展中的一块坚定基石，坚守军人的宗旨，无论在哪儿，都能站得住。

1983 年从部队退伍后，1984 年，潘菊明进了大云镇的一家乡办服装厂，从基层仓库保管员到会计再到副厂长，他都做过，甚至最低潮的时候还回村里干过两年农活。一个有理想的人，他的心始终是不甘的。凭着在服装厂工作的经验，他向家人和朋友借来了 7500 元钱，开始了自己的第一次创业：1991 年，潘菊明办起了服装厂。他是幸运的，可是不为人知的坎坷，创业道路上的磨难，只有他自己才知道。为了那个"青春梦"，他经历过太多不为人知的辛酸。他说之所以有了后来的发展，靠的是国家改革开放的好政策，还有家人和战友、朋友们不遗余力的支持。

从 1991 年到 2001 年，潘菊明实现了他的第一个人生梦想。有一年春季，他跟几个生意上的伙伴去了日本，进行商务考察。到大阪时，他第一次邂逅了漫山遍野的樱花世界，一种愉悦感油然而生。游人们陶醉在花海间，脸上洋溢的笑容深深打动了潘菊明。第一次，他对大自然产生了由衷的敬畏，一颗"梦想花园"的种子从此在他心中埋下。军人是敢想敢做敢当的，当身边的朋友们以为他只是说说而已的时候，他已经开始描绘梦想花园的蓝图。尽管家人、朋友们不理解，但是潘菊明还是通过自己的努力让家人、朋友们渐渐理解了他的初衷。2001 年，梦想中的花园诞生了，取名为"碧云花园"。近二十年来，"碧云花园"犹如一个孩子，从牙牙学语的孩提时代，渐渐走过了四季风雨，走进了青葱岁月。如今，他已然成年，优雅伫立。

用大云镇人民政府的话说，没有碧云花园，就没有大云镇的旅游休闲产业。潘菊明身上体现的就是大云人的创业精神与本土情怀。

2. 云澜湾温泉小镇董事长张虹

她，出生于风景如画、人文荟萃的嵊州，这里不仅是越剧之乡，还是书圣王羲之的隐居地；她，曾荣获联合国颁发的"世界杰出创业女性""中国十大品牌女性"等称号、也曾荣获"华东杰出温泉贡献奖"；她，是嘉兴市人大常委会委员、华东旅游景区联盟会长、中国旅游协会妇女旅游委员会委员、全国浙商理事会主席团主席、全国工商联特色小镇发展委员会副主任……她，就是金泰阳集团董事长、浙江云澜湾旅游发展有限公司董事长张虹。

张虹，浙江大学管理工程硕士、复旦大学 EMBA、上海交通大学 DBA、五洲新春（A 股主板上市企业）创始人之一。她秉持一句古语：世上无难事，只怕有心人。她是浙江三产服务业改革创新的实践者和探索者，浙商女杰中的精英。

一站式购物乐园——江南摩尔，是张虹为嘉兴这片热土献上的第一个作品。江南摩尔率先引进当时最先进的 shopping mall 创新理念，并提出"规划先行，招商先行、优质招商"的理念，签约引进沃尔玛在华东的第一家连锁超市。江南摩尔循着嘉兴城市西进的号角，成就了城市副商业中心的地位。它被写入同济大学教学案例，被广大市民投票评为嘉兴市十大新地标。

秉持着"缔造城市经典、成就生活梦想"的企业理念，张虹带领团队前后开发了高尔夫景观楼盘"江南巴比伦"、经典欧洲风情别墅"紫金凰庭"和望族公馆"紫金豪庭",以及"东方普鲁旺斯"等经典项目。

2008年,嘉善大云打出了杭嘉湖平原第一口温泉井。同年,习近平同志来到嘉善,第一站就是大云,提出了要求嘉善"转变发展方式、主动接轨上海、统筹城乡发展"创造新经验的发展思路。张虹敏锐地捕捉到新的时代即将带来的新机遇。她毅然决定带领团队奔赴嘉善,接下国土资源厅开发"嘉热2号"井的艰巨任务。

在谈到做云澜湾温泉这个项目时,有五个方面让张虹觉得特别自豪。

（1）镇小起点高

云澜湾温泉小镇,总投资30多亿元,是浙江省重大产业项目、浙江省重大服务业项目。张虹立足"高标准、高起点",请来迪拜七星级帆船酒店副总设计师马丁先生担纲建筑规划设计;景观规划设计则是美国著名的GCH公司和国内园林泰斗的完美结合;温泉策划由箱根温泉管理公司提出,星级酒店则与希尔顿签约。为此,云澜湾温泉小镇获评国家AAAA景区、首届中国温泉新锐"金汤奖""华东最美温泉""中国国家劲旅奖最佳温泉旅游景区"等多项荣誉。

（2）镇小创新多

将温泉文化、嘉善"善文化"、江南水乡"水文化"三者有机结合,传承江南历史文脉,运用东情西韵设计理念,让云澜湾的每一栋建筑都有自己的故事。张虹深入研究包涵善学思想的《了凡四训》,开发群众喜闻乐见的文创产品,比如将当地的风俗、美食与"善文化"相结合,推出了养生"善宴";同时积极创新跨界整合。云澜湾依托天然温泉水,通过温泉养生衍生发展中医养生文化、抗衰老中心等大健康产业,带动地方旅游从传统的"农家乐"旅游向"体验型、度假型、文化综合型"的度假产业小镇发展。

（3）镇小功能全

在张虹的带领下,小镇坚持以全国首个女人温泉——云澜湾温泉为核心,建成集温泉养生、休闲度假、购物玩乐、商务会议、餐饮住宿为一体的一站式"甜蜜"度假目的地。云澜湾已成为浙江省中医药文化养生示范基地,还成为浙江省第一家团中央"全国青少年教育成长基地"。2016年,云澜湾这片曾经的无名之地,正式挂牌成立了"云澜湾社区"!

（4）镇小特色强

张虹将自然馈赠的天然清澈泉水，转变为产品的独特特点，打造了中国第一个女人温泉品牌，推动了"她（she）消费"向"她（she）产业"的发展。凭借配套的产品和服务，深耕于满足女性群体的深层需求，"美人"服务在云澜湾温泉体现得淋漓尽致。云澜湾还结合古法养生之道，围绕女性推出了从美容护肤到健康养生的"女性专属"特色服务，以及"超越米其林"的养生花宴。在2017年10月的世界温泉科学大会上，甜蜜小镇核心项目云澜湾女人温泉受到世界温泉及气候养生联合会主席索利曼的极大称赞，更在"美丽中国，温泉+"活动中为中国旅游与世界科技结合创新赢得了世界称赞，多次被《人民日报》（海外版）、《中国旅游报》头版报道。

◇ 参加第62届联合国妇女地位委员会的张虹（中）

（此图由云澜湾温泉小·镇提供）

（5）镇小梦想大

张虹说，希望依托"温泉 +"的模式和项目的甜蜜形象等优势，紧扣"甜蜜主题"，精心雕琢云澜湾温泉小镇的每一个细节，把"甜蜜"这种味觉体感升级成为一种身心幸福感。2018 年，云澜湾又新增了"心跳"项目，包括飞行营地和浪漫热气球。游客可以自驾飞机冲向蓝天俯瞰美景，登上热气球美美地拍个照。未来，云澜湾将从吃、住、行、游、购、娱等多维度把"甜蜜"持续升级，为游客带来极致体验；张虹希望把云澜湾温泉小镇打造成为一个世界级旅游康养天堂，把来云澜湾的每一个游客宠上云端！

2018 年 3 月，张虹随浙商女杰代表团赴纽约出席联合国妇女地位委员会会议，第 62 届会议在联合国大会上就云澜湾女人温泉帮扶当地女性创业就业的经历做了专题演讲。作为浙商女杰的杰出代表，张虹在联合国代表中国女性散发出应有的自信与魅力。

从 2002 年公司成立以来，峥嵘十几载，张虹带领企业一路拼搏奋进，不断跨越一个个障碍，不断实现一个个梦想。在嘉兴这片土地上，她用全身心的付出缔造了一个个传奇。从商业典范到旅游标杆，从江南摩尔时代到云澜湾温泉小镇，她始终走在行业最前沿。张虹常说："我心中有一朵永不凋谢的莲花，再大的困难也不能阻挡我追求心中梦想的脚步！" 张虹领导的以女人温泉为核心的云澜湾温泉小镇，正引领美丽（甜蜜）经济在"她时代"的道路上越走越宽广，成为行业品牌标杆。

3. 歌斐颂巧克力小镇董事长莫国平和总经理莫雪峰

莫国平，浙江恒丰包装有限公司、歌斐颂巧克力小镇集团有限公司董事长。2004 年，已过不惑之年的莫国平辞去了外企职业经理人的职位开始自主创业，一手创办了浙江恒丰包装有限公司。莫国平在行业内不断摸爬滚打，短短几年的时间里，在他敏锐探索、创新发展的精神推动下，恒丰包装从一个小小的厂房迅速发展成为行业中的龙头企业，为全国 200 多个品牌包装提供电化铝烫金材料。

莫国平十分注重对儿子莫雪峰的培养。莫雪峰从南京审计大学毕业以后，进入了美国波士顿大学攻读金融学。莫国平希望儿子可以在国外增长见识，学习一

◇ 歌斐颂巧克力小·镇董事长、创始人莫国平（此图由歌斐颂巧克力小·镇提供）

◇ 歌斐颂巧克力小·镇总经理、创始人莫雪峰
（此图由歌斐颂巧克力小·镇提供）

些先进的管理理念，以便学成归来后更好地接自己的班。2011年，当莫雪峰获得美国波士顿大学金融学硕士学位的时候，父亲莫国平赴波士顿参加了儿子的毕业典礼。当时，莫雪峰想要留在美国工作，于是便向父亲提出了条件，如果要他回国，就要让他做他自己喜欢做的事。莫国平希望儿子可以成为自己的接班人，听到这番话难免有些失落，但是他一心想要儿子回到自己身边，就答应了儿子。

学成归来的莫雪峰与父亲莫国平一起踏上了创业之路。莫雪峰说，他之所以会选择巧克力这个项目，是因为在他看来，巧克力意味着甜蜜。父亲莫国平是一位成功的民营企业家，平时工作十分繁忙，时常顾不上吃饭。母亲担心父亲的身体，因此经常会买一些巧克力，储备在父亲的办公室里。而莫雪峰自己也很喜欢吃巧克力，所以对于莫雪峰而言，巧克力不仅代表着甜蜜，更代表了母亲对父亲的爱。

在波士顿留学期间，莫雪峰深入了解了好时小镇的运作模式，还先后到瑞士、德国、比利时、荷兰等地，走访了十多家巧克力工厂和农场，考察了多家巧克力生产设备公司。通过反复调研，他发现就国内市场而言，巧克力食品行业略显空白，国内巧克力的消费市场发展空间巨大。国内巧克力生产商在制造巧克力时，虽满足了消费者的口腹之欲，却往往忽视了消费者心中对巧克力文化的诉求。这就更坚定了莫雪峰要做国内一流巧克力品牌、推广巧克力文化的决心，一幅巧克力乐园的蓝图也在莫雪峰心中悄然诞生。经过与父亲多次商讨，"最终决定以做工业旅游项目的方式做巧克力事业，并推广巧克力文化"，建成一个集巧克力生产、研发、展示、体验、文化、游乐和休闲度假于一体的现代化巧克力生产基地、特色工业旅游示范基地和文化创意产业基地。

谈到创业的艰辛，莫雪峰说："相比巧克力文化历史悠久的西方，国人对巧克力文化知之甚少。同时，与巧克力相关的专业人才也非常匮乏，我们不仅缺少专门的生产技术人员，而且缺乏专业的巧克力文化传播者。因此，我希望能够用生动有趣的故事等，向国人传播巧克力文化，让大家去接纳、吸收、认同巧克力文化。"由于目前国内这方面的人才比较匮乏，他们只能从国外聘请专门人才。但"无论从当下还是长远规划来说，我们更希望吸纳国内优秀的人才加入我们的队伍，一起去建设我们的甜蜜小镇。"

◇ 莫雪峰（右一）在国外考察（此图由歌斐颂巧克力小·镇提供）

2011 年毕业回国后，歌斐颂巧克力小镇正式立项。为了生产国内最高品质的巧克力，莫雪峰从瑞士引进了国际一流的生产设备，建成了世界顶级的巧克力生产流水线。这条全自动化装备生产线，混合、研磨、精炼、浇注成型、内包装全部采用数控技术，年产高品质纯可可脂巧克力 2 万吨。2 万吨的产量是什么概念，莫雪峰举例说，眼下销量最大的德芙巧克力年产量也就 4 万 ~ 8 万吨。

"要么不做，要做就做最好的。"他带着团队从各地引进最好的原材料——美国加州的扁桃仁、土耳其的榛子、西非和南美的可可豆、新西兰和美国的奶源，在瑞士实验室探索出最适合中国人口味的巧克力配方。"我们是国外技术、国内加工，不走寻常路。"展望未来，莫雪峰认为巧克力应该借鉴红酒、咖啡在中国的发展，"你看咖啡已经被国人接受了。一开始大家喝速溶的，现在不少人更喜欢喝现磨咖啡，不少人家里都有咖啡机。红酒也是一样的道理。我去许多地方体验，学习怎么把文化引进过来。"

我们发现，这三家企业创始人的经历与管理特点大相径庭，但是都对嘉善与大云有着很深的乡土情结，同时又能锐意进取，不断创新，在一个没有太多旅游资源的地方打造了一个个驰名的旅游品牌。正是这些创业者的不懈努力，才成就了今日家喻户晓的浙江省首批特色小镇之一——嘉善巧克力甜蜜小镇。

四、嘉善巧克力甜蜜小镇的管理与运营

（一）组织管理

按照浙江省的建设意见，特色小镇属于非建制镇，或者说是"非镇非区"，嘉善当然也是如此。因此从行政编制的意义上来看，嘉善巧克力甜蜜小镇的组织架构中是没有单独的管理队伍的；但是从工作的角度看，其组织管理又是井然有序的。

特色小镇的发展实际上经过四个阶段。

1. 第一阶段——镇政府独立管理阶段

大云镇的工业在很早以前就已经开始，现在特色小镇中的骨干企业都是企业创始人二次创业的成果。碧云花园的潘菊明在创建碧云花园之前，早在 1991 年就创建了嘉兴大阳服饰有限公司，一直到 2001 年之后才把重点转移到碧云花园；而歌斐颂巧克力小镇的董事长莫国平也早在 2004 年就创建了浙江恒丰包装有限公司，到 2011 年开始创办歌斐颂巧克力小镇；云澜湾温泉小镇的张虹，原来从事商业地产的开发经营，在事业的最高峰，因为一口稀缺的温泉井，果断跨界转行来到大云。

2002 年年初，张虹到嘉兴创业，带领的团队在嘉兴开发了长三角地区首个 shopping mall——江南摩尔及其他品质住宅项目。2008 年，嘉兴的各项目正稳步发展中，大云成功打出温泉，当时业界就有专家评论，"温泉经济"将为大云的整个经济发展带来新的机遇。大云打出了杭嘉湖平原第一口温泉井的消息，深深吸引了一直喜欢挑战自我的张虹。2010 年，张虹以敏锐的嗅觉，瞅准了大云准备凭借稀缺温泉资源，发展温泉旅游这一发展新机遇，聘请国际最优秀的团队精心策划设计温泉小镇美好蓝图，以总分第一名的成绩，在众多竞争者中脱颖而出，取得了引领大云旅游业从传统农家乐模式迈向现代温泉小镇发展的良好契机。2011 年，张虹团队来到嘉善进行第二次创业，云澜湾温泉由此诞生。

云澜湾"宜游宜业宜居的温泉小镇"的建设，给大云传统的农耕文化和已开展十年但是一直停滞不前的农家旅游带来了历史性的变化。大云的产业从传统旅游转向了新一代"体验型、度假型、文化综合型"的度假产业。

2. 第二阶段——"大云温泉省级旅游度假区"时期

经过三年的投入和建设，大云温泉旅游区初具规模。2014 年 7 月 18 日，浙江省人民政府批复同意设立大云温泉省级旅游度假区。"游十里水乡，泡温泉花浴"成为大云推进生态旅游的新口号。

度假区内拥有国家 AAAA 级景区 3 个，全国农业旅游示范点 1 家，全国休闲农业与乡村旅游五星企业 1 家，全国自驾游基地 1 家，省级重大项目 2 项，省级农家乐特色示范村 1 家，省级工业旅游示范基地 1 家。从 2014 年 7 月至当年年底，度假区已累计完成投资 9.7 亿元，其中政府投入 6500 多万元；累计接待游客 60 多万人次、婚纱摄影新人 3 万多对，旅游总收入 4800 多万元。

大云温泉省级旅游度假区批复成立之后，嘉善县为进一步推进大云温泉生态旅游开发，于 2014 年 9 月 28 日正式设立嘉善大云温泉省级旅游度假区管理委员会。管委会为正科级单位，作为嘉善县人民政府的派出机构，与大云镇人民政府合署办公。分管旅游的副县长担任大云温泉生态管委会主任，县政府办公室副主任和大云镇镇长担任副主任，其他各个部门分工协作，配合工作。

3. 第三阶段——"嘉善巧克力甜蜜小镇工作推进组"时期

嘉善巧克力甜蜜小镇应省委省政府大力推进特色小镇建设的重大契机而生，于 2015 年 6 月 1 日入选浙江省第一批 37 个省级特色小镇创建名单，欲成为一座融产业、旅游、文化为一体的特色小镇。这种强调融合的发展思路打破了原有单一的产业发展路子，巧克力甜蜜小镇正在建设成为国内著名的巧克力风情体验基地、婚庆蜜月度假基地和文化创意产业基地。

4. 第四阶段——中国甜蜜度假目的地打造启动阶段

从 2017 年起，嘉善大云温泉省级旅游度假区管理委员会在县镇两级及主管部门的正确领导下，紧紧围绕度假区打造"中国甜蜜度假目的地"这一总目标，以推进国家级旅游度假区创建为抓手，坚持"镇域景区化、景区全域化"发展理念，按照"大投入、提形象、作示范"要求，扎实开展全域旅游特色引领专项行动，狠抓全域基础完善、全域景点提升、全域氛围营造、全域营销推广，全面加快大云旅游业发展步伐，重点体现为以下五项工作。

（1）考核考察重点保障

围绕年度县镇考核要求，精心准备，顺利通过考核验收；提前谋划下一年度目标工作责任制考核；完成度假区年度考核资料编制及申报工作；完成省特色小镇年度考核迎检工作。

（2）策划规划全域深化

规划上，抓好大云镇总规修编工作，以全域旅游的格局，完成初步方案，抓好度假区总体规划批复工作，根据新的旅游规划报批要求，完成县政府报批报告，推进度假区总规批转评审。完成度假区总规环评批复工作，配合其他部门拟定度假区善江公路沿线企业腾退整治方案。抓好《嘉善巧克力甜蜜小镇控制性详细规划》调整工作，推进度假区二期控规编制工作，目前完成初步方案。策划上，与景域集团开展全方位合作，对大云全域旅游资源进行全面深入梳理，重点对大云旅游品牌定位、IP（知识产权）形象及文创产品、节庆活动、《Follow 蜜》网综等方面进行落地策划。

（3）项目建设全力推进

包括公共配套、产业项目、小镇创建等方面。

（4）管理机制更加健全

一是旅游协会和旅行社相继成立。正式成立嘉善甜蜜大云旅行社有限公司，目前已与驴妈妈合作推出甜蜜初体验首发团；启动带团组织试水工作，结合 建党节，组织东云村党员"不忘初心，跟着云宝进南湖"系列党建活动；成功召开嘉善县大云旅游协会第一次会员大会，选举产生嘉善县大云旅游协会第一届理事会，碧云花园有限公司董事长潘菊明当选会长。旅游协会和旅行社的成立，进一步促进了大云旅游对内和对外形成合力，有效地挖掘了大云旅游资源，加速推进了大云全域旅游发展。二是建立协同管理机制。联同旅游、市场监管、安监、行政执法等部门定期对旅游市场进行综合治理，旅管会还开展不定期抽查活动，对发现的问题及时进行通报。三是编制各类应急预案。为应对各类突发性事件的发生，在加强检查的同时还专门制定了各类旅游安全制度。应急预案的齐备对度假区的安全生产、安全经营发挥了重要作用。四是完善旅游统计制度。旅管会始终十分重视旅游统计工作，建立并完善了相关旅游统计制度，落实专人负责旅游统计和上报，做到每月有统计、每月有汇总，进一步增强了数据的准确性和可靠性。

（5）国旅创建重点推进

创建工作正式启动，目前正在与蜗牛公司合作，按照国家级旅游度假区标准及申报流程，围绕八类强制性指标及资源环境与度假产品综合评价表，进行详细说明并提供论证依据。对标《国家级旅游度假区等级综合评分细则》，完成国旅台账编制工作，完成申报书、视频、PPT演示文稿和汇报稿编撰工作。同时国旅创建工作已完成县市两级旅游主管部门上报程序，国家级旅游度假区申报请示文件已报省旅游局。

（二）建设现状

截至2017年年底，嘉善巧克力甜蜜小镇的建设与运营特点集中在五个方面。

1. 创建要求与基本定位

嘉善巧克力甜蜜小镇被列为首批省级特色小镇创建对象后，根据浙江省政府"政府引导、企业主体、市场化运作"的总体思想，坚持产业、文化、旅游"三位一体"和生产、生活、生态"三生"融合的创建要求，在建设中，甜蜜小镇始终坚持"紧贴创建要求、围绕旅游主线、突出甜蜜主题"，紧紧围绕度假区打造"中国甜蜜度假目的地"这一总目标，一贯秉持"四个定位"：以旅游作为主线，把产业作为根基；以企业作为主体，把投资作为关键；以甜蜜作为主题，把文化作为灵魂；以生态作为主调，把农业作为底色。

2. 甜蜜产业的创建成果

产业特色是特色小镇的重中之重，是小镇创建与发展的根基。三年来，甜蜜小镇坚持走"旅游+"特色之路，把旅游作为一根红线引领三次产业融合发展，催生了温泉旅游、工业旅游、农业旅游、文创旅游、休闲旅游等特色旅游产业，实现了"以旅游集聚产业、以产业支撑旅游"的产业培育目标。2017年，度假区共接待游客243.8万人次，同比增长39%，旅游收入4.3亿元（人均176元），同比增长108%。2018年，力争实现接待国内外游客293万人次，同比增长20%，旅游收入6亿元（人均204元），同比增长40%。

甜蜜小镇在创建之初主要有碧云花园、歌斐颂巧克力小镇和云澜湾温泉小镇三个企业，在特色小镇创建过程中，也是依赖这三个企业不断发展。在建项目2015年完成投资12.28亿元，其中特色产业投资11.12亿元，接待游客121万人次，实现服务业营业总收入3.35亿元。其中核心项目歌斐颂巧克力项目完成投资4.59亿元，云澜湾温泉项目五年来完成投资20亿元。温泉中心于2015年9月28日开业，2016年成功获评国家AAAA景区，下一步将启动总投资10亿元的景区二期工程建设，主要建设游客服务中心、希尔顿酒店、四季花海公园等。2017年12月，歌斐颂巧克力小镇也成功获批国家AAAA级旅游景区，同时总投资5亿元的景区二期建设工程已经启动，主要建设全新游客中心、可可文化展示体验馆、青少年探索研学区、巧克力主题酒店等。碧云花园、十里水乡、拳王农庄等项目的提质提升工作同步快速推进。

3. 公共配套快速推进

甜蜜小镇高标准推进基础设施建设。投入7031万元，完成了巧克力大道、温泉大道延伸段等主要道路建设，并全面实施花海大道路面提升、主要道路沿线环境提升及绿化整体提升工程。截至目前，总投资4.12亿元的小镇迎客厅、游客服务中心、殷家桥码头、北区停车场、南区公交场站、道路绿化提升等12个项目全面铺开。其中小镇迎客厅、花海大道改造提升工程已全面完成。北区停车场、南区停车场、游客服务中心、南区公交场站等8个基础配套项目相继启动建设，"梦幻嘉善"一期城市客厅项目完成土地出让。与此同时，甜蜜小镇进一步推进生态环境整治。始终贯彻"两山"理念，把小镇建设与"五水共治""三改一拆""四美嘉善"建设等重点工作紧密结合，投入4542万元，完成小镇区域水环境整治、景观农业等项目建设，整治出自然乡村田园风光的江南水乡生态新优势，整治出宜业宜居宜游的旅游产业发展大环境。2017年完成公共服务中心、南区公交场站、公共停车场项目施工招标工作，实现年度投资4000万元；殷家桥码头公园项目完成施工招投标并开工建设，完成年度投资800万元；与县交投集团确定自行车设计方案，确定一期公共自行车选址，设立公共自行车站点14个，投入自行车350辆，建安费用预计金额为350万元，力争2017年开工建设。智慧旅游项目已完成与智慧旅游相关建设项目洽谈和询价，与智慧旅游相关子合同内容已确定。

4. 深度挖掘甜蜜文化

甜蜜小镇紧紧围绕功能融合的思想，从温泉、水乡、花海、农庄、婚庆、巧克力等元素中挖掘温泉养生文化、巧克力风情文化、婚庆文化和水乡田园文化的丰富内涵，融入旅游产业与文化创意产业之中。

深挖巧克力异域文化，引进了与巧克力包装配套的国内行业龙头企业弘信包装项目；在传播巧克力文化的基础上，与科特迪瓦达成了合作协议，在小镇建设20亩的科特迪瓦可可种植文化展示区，同时还有咖啡豆产业园项目；深挖婚庆文化，延伸婚庆蜜月产业链。歌斐颂巧克力、云澜湾温泉、碧云花海婚纱摄影基地已有较高的市场追捧度。下一步计划是进一步延伸产业链，新建婚庆风情街，集聚婚纱设计、婚庆策划等项目。云澜湾温泉深挖养生文化，延伸温泉产业链，把温泉休闲度假与健康养生、传统文化有机融合，挖掘传统文化精髓，根据二十四节气的时令和中医养生理论，推出二十四节气养生温泉，让更多游客感受温泉养生文化的精髓。深挖乡村文化，延伸农居民宿配套产业链。将农耕文化、"善文化"等传统因子植根于农居民宿开发之中，让当地群众参与旅游开发、共享发展红利，让游客在休闲度假体验中品味本土文化、品味浓浓乡愁。目前，特色村落开发布点规划已经完成。小镇现有特色文化展馆3个，文化设施建筑面积3.5万平方米，省级及以上非物质文化遗产项目4个，省级以上非物质文化遗产传承人8人。

5. 宣传推介频次高

甜蜜小镇全面整合多元资源，策划了一年一度甜蜜小镇文化旅游系列活动，推介巧克力甜蜜小镇整体品牌。比如2015年全年举办各类活动34次，赴外地进行旅游推介 4 次。特别是该年歌斐颂巧克力小镇打造的 10.187 吨的巧克力雕塑创造了吉尼斯世界纪录，进一步提升了巧克力甜蜜小镇的知名度。再比如 2017 年国庆期间，云澜湾马戏文化节引进在国际上屡获金奖的俄罗斯国家大马戏，为大云旅游真正带来了人气人潮，把甜蜜小镇的知名度推向高点。

◇ 歌斐颂巧克力·小镇打造的巧克力雕塑创造世界吉尼斯纪录
（此图由歌斐颂巧克力·小镇提供）

　　招商推介方面，2015 年分别在上海和深圳举办了甜蜜小镇专题招商会，招引项目，推介宣传，获得了很好的市场反响。2016 年，通过旅游专题招商会、中介招商、班子领导带队招商、驻点招商等方式向市场高频次推介甜蜜小镇，举办 6 次专题招商会，接待客商 160 多批次，拜访客商 100 多批次。媒体宣传方面，小镇得到了各级媒体的持续关注，《人民日报》《浙江日报》，以及新华网、央广网、搜狐、网易等主流媒体全年对小镇进行跟踪报道。氛围营造方面，新建了小镇入口标识，利用主要道路沿线道旗和高炮、项目周边文化墙等宣传阵地全面提升甜蜜小镇规划区周边的甜蜜氛围。横向交流方面，全国各地党政考察团和海外客商也慕名前来考察交流，据不完全统计，2016 年接待各地党政考察团近 500 批次。

　　2017 年大云镇迈出品牌 IP 化第一步。2017 年 6 月 1 日在上海外滩顺利完成大云旅游品牌发布会，集中发布包括品牌标志、品牌口号、旅游形象宣传片、IP卡通形象"云宝"、度假区首款旅游组合产品等在内的一系列内容。中央电视台、浙江卫视、浙报全媒体等四十多家媒体给予集中关注和大力报道，更是登上了6月17日央视《新闻联播》。据不完全统计，仅通过网络传播途径，发布会直接影响人数达838万人以上，传播总覆盖消费者人数达1766万人以上。

市场推广方面，7月1日完成首发团100组家庭两天一夜的甜蜜之旅，让参加活动的每组家庭充分感受到大云的甜蜜，发起话题传播，总覆盖量超过1000万人次。同时通过家庭中的旅行达人资源，发布大云旅游攻略及美照，阅读量超过932万次；7月6日，启动《Follow蜜》网综第一季——蜜食记拍摄及制作，9月在爱奇艺网和优酷网上线，依托它们丰富的资源，点播量双双突破百万次。9月底正式推出微博账号、微信公众号"云宝甜蜜说"，通过定期更新话题和文章，让云宝更具社会化属性。双微开通以来，粉丝数量一直保持稳定增长。10月份启动"云宝"事件营销活动。云宝来到熊本县寻找熊本熊发起比萌挑战，通过街头采访视频（云宝街头实力卖萌，结合萌舞为自己拉票），"云宝甜蜜说"微博账号与各类KOL（Key Opinion Leader，关键意见领袖）进行互动，并结合各类KOL话题，通过微博和微信将此次活动推向高潮，共计收获超3000万阅读量，超15万互动量，投放效果均超过预期。11月4日启动"云游四海"之上海站活动，随后在杭州、苏州等地开展活动，提高"云宝"在市场上的知名度。同时线上发布"金色甜蜜时光"话题，通过双微KOL的宣传和引燃，在网友中形成热烈的讨论，得到大家的积极参与。

氛围营造方面，9月1日，"云宝"走进幼儿园，和小朋友们一起参加开学典礼，让小朋友们认识"云宝"，了解"云宝"；9月26日，"云宝"走进社区，和社区群众打成一片，增加"云宝"小镇的本地知名度；10月9日，"云宝"走进中心学校，参加学校的运动会。通过这几次亲民亮相，"云宝"在群众中留下了很好的印象，得到了大家的认可。同时小镇设计制作并优化宣传折页、雨伞、公仔、T恤、纸袋、茶杯、抱枕等一系列印有度假区统一标识的文创产品。

横向交流方面，全国各地党政考察团和海外客商也慕名前来考察交流，2017

年小镇接待各地党政考察团 350 多批次。同时积极参加全国各类旅游展会，通过播放大云旅游宣传片，发放各类宣传折页，提高大云品牌在市场上的知名度，全年累计发放宣传折页 3 万多份。

（三）机制保障工作快速推进

1. 组织管理有力

2015 年，嘉善县成立了嘉善县特色小镇工作领导小组和嘉善巧克力甜蜜小镇工作推进组，领导小组由县长担任组长，常务副县长统筹全县特色小镇创建面上工作，县委组织部部长、县人大常委会副主任、分管旅游的副县长具体协调甜蜜小镇推进过程中的困难和问题。镇级层面，成立了小镇创建工作领导小组，全体班子成员任领导小组成员，下设规划建设、资源保障、征地拆迁、项目融资、招商服务、环境整治等 11 个工作推进组，举全镇之力推进小镇创建。

2. 政策扶持到位

县里出台了用地、资金、项目、改革、公共服务等五个方面的政策措施，对小镇建设中新增建设用地，优先办理农用地转用及供地手续，优先确保重点项目、基础设施用地指标。同时，加大差异化考核力度，针对大云镇，县委县政府强化服务业、旅游发展指标考核，确保甜蜜小镇集中精力做出特色。联动推进方面，实行全县一盘棋，凡是符合小镇定位的招商项目优先向小镇集聚，基础设施、公共服务、人文环境等资源优先向小镇倾斜，管理、建设、运营等方面专业人才优先向小镇配备。确定每月召开 1 次县级部门联席推进协调会，由甜蜜小镇工作推进组领导领衔，推进组 8 个部门分管领导和业务科长集中到大云参会，共同解决小镇推进中的具体问题。

3. 创建要素供应及时

土地方面，土地规划调整与小镇建设规划编制同步推进，对不符合现有土地规划的小镇空间进行及时调整，累计核减基本农田 1300 亩（一亩约为 666.7 平方米），累计落实规划机动指标 910 亩。至 2016 年年底，小镇已开发建设面积

1495.58 亩，其中 2016 年度已开发建设总面积 931.99 亩；至 2016 年年底，小镇已建成投产（使用）面积 536.27 亩。2016 年获得省国土资源厅示范小镇奖励指标 100 亩。资金方面，县政府对甜蜜小镇创建主体融资给予大力支持，将大云旅游投资管理有限公司、大云文化生态旅游发展有限公司、大云旅游开发实业有限公司升格为县级国有资产控股平台，并由县财政每年给予 500 万元的贴息扶持。截至 2016 年年底，小镇共筹措发展资金 16 亿元，累计争取国家发改委专项建设基金 1.32 亿元。

通过两年多的创建工作，嘉善甜蜜小镇已经取得了长足的进步，不仅使"旅游业 +"的甜蜜产业得到准确定位，而且"生活、生产、生态"的"三生"融合思想落地，使甜蜜产业链得到延伸，还通过土地流转和农房搬迁，在延续产业特色的同时，开始实现农民向农业产业工人转型，并拓展以农家乐、农居民宿、休闲农业等为重点的众创空间。

甜蜜事业的发展也得到了各级领导的支持和肯定。赵洪祝、陈晓光、夏宝龙、李强、车俊、袁家军、葛慧君、任振鹤、王辉忠、王永昌、陈加元、吴晶、蔡秀军等领导相继到巧克力甜蜜小镇考察指导，并对创建工作给予肯定和鞭策。省、市发改、国土、住建、审计、统计、旅游等许多职能部门的领导多次来甜蜜小镇实地调研，帮助小镇想办法、出点子。县委县政府从领导力量、部门指导、要素倾斜等多方面重点支持甜蜜小镇建设，为小镇创建各项重点工作推进提供了坚强保障。因而可以说，两年多的甜蜜小镇创建工作已经取得了超出预期的成果。

本章参考文献

[1] 习近平.与时俱进的浙江精神[J].今日浙江，2006（3）：4-6.

[2] 金毅.浙江精神：习近平、张德江等多次阐述[N].凤凰浙江新闻，2016-07-07.

[3] 我们这样干：专访嘉善县委书记许晴[N/OL].嘉兴日报，2017-01-16.https://www.read138.com/archives/195/5v9oip0wb47shgxy/.

本章作者：季靖、顾杨丽、陈静

第三章

遍览他山之石

《诗经·小雅·鹤鸣》中有这样的话，"他山之石，可以为错……他山之石，可以攻玉"。

先贤告诉我们"借助外力来提高自己见识"的东方智慧。歌斐颂巧克力小镇掌门人莫雪峰就曾经遍访世界上以巧克力主题的多个风景名胜。有一次，他到墨西哥的巧克力工厂考察，看到许多不同肤色的人在那里工作，有的是写毕业论文，有的是体验工厂生活，还有的就是纯粹打工。他说，"我发现不论出于何种目的，每一个人都很开心，笑容一直挂在脸上，他们说，这就是巧克力的魔力"，"我那么热爱巧克力，所以想借鉴国外成熟的经验模式，做一个中国版的巧克力小镇"。

云澜湾温泉的掌门人张虹，对国内温泉更是如数家珍，她几乎跑遍了全国各大温泉，对项目进行实地考察，取经，几年来考察了解温泉行业先进理念和经验的脚步从未间断。她还专门抽出时间去欧洲各国，以及澳大利亚、日本等地潜心调研国际温泉的前沿技术和经营经验。张虹还担任了中国温泉协会副会长，多次出席国际温泉协会的年会、学术交流会。

从亚洲到欧美，从东方到西方，我们也试图对一些"他山之石"之案例进行研究，了解、学习这些小镇的发展历程、特色、经验。

一、美国好时巧克力小镇

（一）好时巧克力小镇概况

1894年，米尔顿·好时先生在其出生的小镇上精心制作了第一块好时巧克力，由此开始了好时公司的巧克力生产历史；1903年，好时公司对外开放，后来人们也称这个小镇为"好时镇"。从地理位置上看，小镇距离华盛顿203公里，离哈里斯堡国际机场仅10分钟车程。夏天坐火车从纽约或费城出发，可以直接到达哈里斯堡市，然后换乘公交车，就能到达好时镇——世界上最甜蜜的地方。方便快捷的交通使得好时镇成为经久不衰的游玩好去处。

好时公司是北美地区最大的巧克力及巧克力类糖果制造商。好时公司选择落户于此，一方面是由于这里是创始人米尔顿·好时的出生地，更重要的是小镇区位满足糖果行业发展要求。糖果行业的单位利润低，扩大销售是赢利的主要手段，因此销售市场资源成为产业发展的重要因素。好时镇所在的哈里斯堡市位于宾夕法尼亚州，是连接美国东西海岸的交通要冲，也是一个纵贯南北、横贯东西的重要贸易口岸，自古即为交通要地，是货物批发、零售中心。同时郊区的牧场资源、生态环境为巧克力的生产提供了新鲜的牛奶及干净的生产环境。

好时公司所生产的巧克力有纯巧克力、黑巧克力、巧克力冰淇淋等，旗下的产品非常丰富。好时先生以他的智慧和长远眼光设计了好时镇的一切。在20世纪上半叶，镇上的居民几乎全是好时公司的员工。今天，好时镇拥有3家现代化的巧克力工厂，每天生产的巧克力仅KISSES一个品种就多达3300万颗。

好时公司致力于通过提供高品质的巧克力、薄荷糖及其他美味的休闲食品向世界传递快乐。好时公司聘有约21000名员工，业务遍布全球，致力于为全球消费者提供美味且品质上乘的巧克力产品。公司拥有超过80个知名巧克力和糖果品牌，包括 HERSHEY'S 好时公司牛奶巧克力、REESE'S 锐滋牛奶巧克力花生酱杯、HERSHEY'S KISSES 好时公司之吻巧克力、JOLLY RANCHER 暴风果水果味糖果、ICEBREAKERS 沁动爽口糖和 BROOKSIDE 贝客诗果汁软心黑巧克力糖，年收益超过 74 亿美元。

（二）好时公司的多元经营策略

好时公司的营销策略也是值得学习的。现代消费者不再仅仅只注重购买结果，而是更加注重接受产品时的体验。好时公司根据消费者不同的感受实施了多品牌战略，让消费者在不同的场合能吃到不同口味的巧克力。例如看电影的时候吃跟冰淇淋拌在一起的 WHOPPERS，或者最适合用来咀嚼的 BITES。不同的巧克力能够给消费者带来不同的感觉。例如，YORK 薄荷糖清新的感觉让你飘飘欲仙，S'MORES 能够让你想起篝火旁的美好时光，KIT KAT 总能让你看到生活中光明的一面。站在消费者的角度，为消费者尽可能地提供更美好的购买过程，这是好时公司的优点之一。

好时公司十分注重原材料，坚持原材料可追溯，进而保障食品安全。2015 年，好时公司在全球范围内采用的可可豆约有一半其来源可追溯。为进一步保障可可豆来源，增加农民家庭收入，并促进社区和谐发展，好时公司提出了第五个学习成长（Learn to Grow）项目，力争从可循环、农业现代化等方面培训近 8000 名种植可可豆的农民。同时，好时公司亦对巧克力原材料之一的棕榈树油生产严格把关。此外，好时公司亦十分注重生产环节中涉及的方方面面，包括在动物福利、采伐森林等方面的立场，以确保真正做到可持续发展。

在原材料上的把关足以看出好时公司对食品质量的高标准严要求，好时公司逐步在标志性产品生产过程中采用简易、常见配料，并进一步提高产品信息透明度，坚持将自身产品相关信息分享给消费者，无论是产品原材料、采购过程、制作过程，还是标签明细。因此，好时公司在产品包装上使用智能透明化条形码，以便消费者能通过简单的方式了解到所摄入食品的更多信息。同时，好时公司正与行业先锋一起，推动新智能化条形码透明化项目的发展。目前，好时公司是美国第一家使用该智能透明化条形码的公司。

在包装上，好时公司也是别具匠心，好时先生运用他的奇思妙想把香浓的牛奶与纯正的可可融合，滴落，变成娇小玲珑的水滴状 KISSES，这种形状不仅令人眼前一亮，增强购买欲望，也关照到了每个年龄段的人：喜爱吃糖的小朋友们可以解解馋却不用担心吃太多导致蛀牙，不那么热爱甜食的大人们尝试一下也不用担心太大而吃不完。每一"滴"巧克力都包含着美味，吸引你用心细细品尝，与你爱的人一起分享爱与美味，感受"小身材，大味道"。2016 年金投赏国际创意节上，好时公司电商团队开发售卖的 KISSES DIY 礼盒勇夺创意设计类银奖，是该奖项获奖产品中唯一的糖果品牌。该产品巧妙运用了好时 KISSES 最重要的品牌资产——身披缤纷多彩锡纸的 KISSES 巧克力，让消费者拼制属于自己的独特心意。为了鼓励消费者的创作热情，电商团队还在微信公众号上开发了KISSES DIY 游戏，消费者可以直接通过游戏拼制自己的礼盒图案并在微信商城购买。同时，整个产品包装根据消费者的反馈不断更新演进，既追求最好的 DIY 概念，也着重呈现最好的消费者体验。同时好时公司还携手大学，开展产品创意设计大赛，不仅为新产品的研发注入了年轻的力量，推动行业发展，还为大学生们提供了一个实践、创新与钻研的平台。

值得一提的是，在好时公司，美好一直都不仅仅只意味着提供美味的产品。120 年来，好时公司致力于以公平、合乎道德和可持续的运营方式。好时先生于1909 年建立了好时学校，自此，公司致力于为需要帮助的孩子提供成功所需的技能与支持。如今，好时公司正通过一个在全球范围内为孩子提供学习和成长所必需的营养的 Nourishing Minds 项目继续回馈社会。在中国，为积极响应"精准扶贫"号召，2016 年 4 月，好时公司正式与中国扶贫基金会签署了"好时公司爱心厨房"项目备忘录。2016 年 10 月 25 日，好时公司携手中国扶贫基金会在河南省周口市沈丘县举行"好时公司爱心厨房"项目启动仪式。好时公司为 11 所贫困学校购入了厨房设备，志愿者们还为孩子们带来了营养知识方面的讲解，普及了卫生教育。这是中国扶贫基金会"爱心厨房"项目首次进入河南省，亦是好时公司持续践行企业社会责任的又一重要举措。从全美的社区到上海、孟买的街道，以及西非的村庄，好时公司的目标是，到 2020 年帮助 100 万名孩子。好时公司的核心理念是为消费者提供高品质的美味，但同时，好时公司也致力于进一步分享爱与美好，传递正能量，用长期可持续的方式回馈社会。

（三）好时巧克力小镇的特色

好时镇清洁而宁静，处处与巧克力相关。具有 120 多年历史的好时公司给这个小镇的每个角落都打上好时公司和巧克力的印记。这里有巧克力大道和可可大街，如同豪华酒店一般的巧克力工厂和五彩缤纷的让人眼花缭乱的巧克力专卖店，还有好时乐园、"巧克力世界"博物馆、好时百货商店，让人感到好时公司无处不在，好时公司给这个全美乃至全世界闻名的小镇带来勃勃生机。

好时巧克力小镇利用独特的互动式展览把好时公司的历史展现给参观者，让游客可以了解好时先生的生平，以及他创造的糖果王国和好时镇。进入好时镇，游客可乘坐游览小轨车，首先参观模拟的巧克力原料可可豆生长的热带雨林，这些可可豆在成熟后被漂洋过海运抵好时镇。随后，游客可以随着可可豆的脚步穿过生产好时巧克力的模拟工厂，亲眼看看巧克力的生产过程，享受美妙的巧克力气息。游客可以观赏那些神奇的机器设备，看到可可豆如何被一步步地加工成美味的巧克力，从视觉、触觉、听觉三个角度感受将可可制作成巧克力的全过程。

好时乐园里有多达 9 座的各式过山车。在这里，好时公司的影子也是随处可见：高耸的过山车上挂着好时巧克力排条的卡通形象；各家礼品店里，卖的商品照例还是琳琅满目的好时巧克力和衍生纪念品。

"巧克力世界"博物馆里有展示巧克力制作全过程的演示作坊，有以巧克力产品为主题的精彩 3D 电影。而最吸引游客的还是博物馆里的巧克力购物中心：瓶装的、罐装的、袋装的，KISSES、REESE'S、ALMOND JOY、好时巧克力排块，等等，数十种品种，上百种包装的巧克力充盈货架，还有各种各样印有好时标志的 T 恤、帽子、玩具等纪念品。置身其间，仿佛游走在巧克力的海洋。当然，来到这里一定不能错过的就是体验自制巧克力。选好心仪的巧克力底和喜爱的材料，看着巧克力经过机器上浆、冷却，在巧克力上印刻自己的名字，最后再设计一款属于自己的包装，一款完完全全属于自己的巧克力就完成了。再去上一节巧克力品尝课，你或许有疑问：吃巧克力还有什么大的名堂吗？但是当你去看、去听、去闻、去尝之后，感受巧克力在嘴里呈现出一层一层的味道，无论甜蜜还是苦涩，可可豆所带来的奇妙味道都会带给你无穷的回味。

位于山顶的好时酒店可俯瞰整个小镇，虽然住宿价格不菲，但每年夏季依然热闹非凡，充满童话色彩的酒店圆了很多人的童话梦。客房里的床单是好时KISSES 巧克力的图案。床头柜和书桌上，各摆放着 4 枚精致的巧克力。晚上在酒店旁的餐厅用餐，菜单上赫然有一道"巧克力鸡翅"的特色菜，主要配料居然就是好时巧克力酱。而用完餐后，巧克力冰淇淋是他们的首推甜点。这还不够，好时镇的每一家饭店都会在你用餐完后送上一小块好时巧克力，这可算世界上独一无二的餐后服务了。

好时镇的巧克力风情体现在无处不在的细节上，只要你走在好时镇上，与好时公司或巧克力相关的事物总是让你目不暇接。最典型的就是"巧克力大道"和"可可大道"等路牌了，而且巧克力大道上的 128 盏路灯，灯罩居然也是 KISSES 巧克力的形状。还有路边的可可树丛也非常特别。看到"JAVA""TRINIDAD""CARACAS"等路名你也不要感到奇怪，它们都是好时公司在海外的可可豆进口地（JAVA，印尼爪哇岛；TRINIDAD & TOBAGO，特立尼达多巴哥；CARACAS，委内瑞拉首都加拉加斯）。

（四）"公司镇"的运营模式

由一家大公司买下整片的土地，建造厂房、学校、医院等商业和服务机构，甚至负责治安和市政管理工作——这种被称为"公司镇"的形式，在欧美历史上也曾兴盛一时。

好时小镇如今已经成为美国负有盛名的巧克力主题旅游地。每年，数十万名游客到此体验宛如《查理与巧克力工厂》的梦幻场景，无处不在的香甜巧克力的气息和香浓温馨的小镇氛围令人流连忘返。

在这个全球化和并购的时代，好时镇至今仍然是好时公司的核心，3家巧克力工厂源源不断地为这家美国最大的巧克力公司生产着优质产品。全镇2万多人中，好时公司的员工及其家属，以及好时学校的志愿者超过四分之三。与此同时，它还被认为是美国最适宜居住的地方。

为了让员工安心生活于此，好时先生比照现代都市建造了这个心目中的完美城市。当员工们离开巧克力工厂，沿途有百货公司、体育场、电影院、银行、图书馆、医院、戏院，直到他们回到公司建造的公寓。周末可以去的场所更加丰富，有教堂、花园、动物园，甚至还有高级的高尔夫球场。好时剧场每年都邀请雪儿、U2、滚石乐队等大牌明星来此演出。无论是100多年前还是今天，这里都为员工提供了充满乐趣的生活。好时镇的管理者不是好时公司，而是一个由居民选出的五人委员会。这个委员会与好时公司密切合作，并且得到很多资金支持，但是却保持着这个小镇管理和运作的独立性。除了富裕的生活、堪比大城市的娱乐生活设施、温暖的社区文化，好时镇令人骄傲的地方还有好时学校。鲜为人知的是，这所只有1500人的中学是全美第五富有的学校，拥有的资产超过90亿美元。与排在它前面的耶鲁大学、哈佛大学、普林斯顿大学和斯坦福大学不同，好时学校的资产来自善良的好时先生夫妇。他们创办了好时学校，收留和培养美国各地的孤儿。没有子嗣的好时先生夫妇在遗嘱中把所有遗产——好时公司70%的股权用来设立好时基金，而学校是这个基金的拥有者。

凭借雄厚的资本，好时学校为孤儿们提供每人7万美元的资助，用以创造良好的教育条件和舒适的生活。好时公司的员工或者社区志愿者会当他们的临时父母，为他们的人生提供帮助和指导。

如今，好时是全球最有价值的糖果品牌之一，但是这个小镇却以柔软的亲情影响着它的商业模式。2002年，好时曾考虑将公司出售获利，然而最后，掌握多数股权的好时基金的反对票阻止了出售，理由是：金钱无法换取好时创造的温暖文化，以及与这个小镇的亲密关系。

（五）好时巧克力小镇发展经验

好时巧克力小镇的发展非常注重规划。"美国特别重视规划的作用，他们对于小城镇规划的基本原则有四点要求：一是首先尽可能满足人的生活需要；二是充分尊重和发扬当地的生活传统；三是最大限度地绿化和美化环境；四是塑造城镇不同的特点和培育有个性的城镇。"好时巧克力小镇在衣食住行各个方面充分体现了好时巧克力品牌的特色。无论是饭后甜点、建筑标语，还是舒适旅店的装修，无一不在营造一个巧克力主题的梦幻小镇。小镇设施完善，并且提供观光游览车，方便游客出行。

好时巧克力小镇是体验经济的实践场所。约瑟夫·派恩把消费体验分为娱乐、教育、逃避、审美四种类型，而好时公司的产品体验无一遗漏地包含了以上四种类型。好时主题乐园是娱乐体验。通常，在娱乐方面，消费者更多依靠感觉被动接受信息，在这个方面消费程度较低。巧克力主题馆的设立就直观地表达出甜蜜的信息。当你走进主题馆，你会深深地被这种气氛感染。好时公司对饮食和营养方面的知识的普及，以及在官网上推出众多巧克力和甜品的食谱，则是教育体验。然而它并不会影响销量，因为对于成年人来说，买一块巧克力要比亲手做一块巧克力方便得多。逃避体验则经常被应用在促销手段中。推出集包装纸换购等活动也不会比买一赠一的体验差到哪里去，因为这个过程更趋向于游戏而不是直观的购买消费，充满了趣味性。整洁的环境则最直观地带给人审美上的享受。当消费者置身于一个美好的环境时，他的好感度便会大大提高。好时公司拥有一个占地9.3公顷的主题花园，全年开放给游客来参观。好时公司明白学会创造不同类型的消费体验，才能不断地得到消费者的青睐。

二、法国坦莱尔米塔日巧克力小镇

（一）坦莱尔米塔日小镇概况

坦莱尔米塔日小镇是法国德龙省的一个小镇，被称为巧克力圣地。德龙省是法国阿尔卑斯山的过渡地带，位于罗讷河流域的里昂市以南的小镇坦莱尔米塔日是世界著名巧克力品牌法芙娜（Valrhona）的发源地。

◇ 法国坦莱尔米塔日小镇

路易十三的妻子是西班牙公主。有一次她从西班牙带回巧克力特尔。当时，路易十三身体欠安，精神萎靡不振。在吃了一块巧克力特尔后，身体状况居然变好了。刚愎自用的路易十三认定这是一种珍贵的药材，命令医生把巧克力存放起来，只有王室成员生病时才能享用。到了路易十四继位的时候，西班牙王室带来许多巧克力向他祝贺。这时，他们才明白巧克力是一种食物，而不是药品。1922年，糕点大师 Alberi Guironnet 在坦莱尔米塔日开设了一家巧克力工坊 Chocala Teriedu Vivarais，也就是现在的法芙娜。

（二）坦莱尔米塔日小镇发展特色

从 1922 年起，法芙娜就开始自己培植及挑选可可豆。这里的巧克力由从可可油中提炼的天然脂肪加工而成，没有添加任何植物油。法芙娜公司有效整合了可可加工的所有工序，包括可可的种植、种植园的选择、可可豆的混合，以及巧克力和巧克力甜品的生产。它擅长运用传统的方式，打造味道独特的巧克力。法芙娜的员工中，有百分之三十是味觉检查员，他们对味道的把控非常严格。

在小镇游玩，欣赏当地的美景，品尝一杯葡萄酒，尝上一块法芙娜巧克力，让人有一种瞬间被幸福包围的感觉。

◇　法芙娜巧克力

法芙娜巧克力给人一种宛若置身清晨的海边般的感觉，既纯粹，又极富层次感。它入口时是浓厚的醇香，带有微微的苦味，直沁心脾。接着，你会感受到可可特有的微酸，舌尖也感受到如丝绒般顺滑，这是由完美的可可脂精华引发的感觉。最后，你感受到的是可可香，深邃的巧克力气息在唇齿间久久徘徊，仿佛眷恋着懂得欣赏她的每一个味蕾。

法芙娜巧克力，被业界誉为巧克力中的爱马仕，其质地跟口感都可以用殿堂级来形容。法芙娜在每一年的巧克力甜品大赛中和巧克力学会中的排名都很靠前。法芙娜是世界上第一个以可可庄园产地来分级商品的巧克力品牌。法芙娜于1986年首创区分可可豆产地来制作巧克力。借用了葡萄酒的"顶级产地"（Grand Cru）的概念，生产出独一无二的顶级巧克力。1998年，法芙娜率先推出了有着年份的单源巧克力——Vintage 系列，这个系列在当时非常受欢迎。

法芙娜的巧克力工厂是游客必去的旅游景点之一。游客可以在这里观看巧克力的生产过程，还可以品尝各种巧克力，可谓一场甜蜜之旅。法芙娜巧克力学校同样是当地著名的旅游景点之一，学校专门培养专业的厨师、巧克力制造商和宴会承办人。学校甚至还开设了短期课程，让业余爱好者也有机会在此学习。建立巧克力学校，是一个很好的向游客展示法芙娜的品牌历史和文化的途径。这对于巧克力爱好者和巧克力制作者来说，是个非常好的体验机会，不仅宣传了巧克力品牌，同时也带动了当地旅游业的发展。

三、法国香水之都格拉斯小镇

（一）格拉斯小镇概况

格拉斯（Grasse）位于法国东南部，地中海和南阿尔卑斯山之间，是一座环境优美清幽、气候温和湿润、街道交错狭窄的中世纪风格小镇，面积为44.44平方公里，人口为25.3万人，距海20公里，距尼斯机场40分钟车程，距戛纳20分钟车程。它地处山区，较为温暖，特殊的气候非常适合花卉种植，再加上当地人对花的偏好，小镇重点产业逐渐偏向花卉种植业及香水工业。格拉斯小镇以花田加工业为主导，拓展到香水旅游、花田高端度假，实现了产业延伸和融合。首先，以香水的研发和制造为核心形成产业集聚和规模化效应，成为全球香水产业高地；其次，以香水产业为基础，向旅游业延伸，形成了集花田观光、香水体验、文化节庆娱乐于一体的美好生活休闲度假旅游产品；同时，进行原产地品牌形象打造，引入知名产品制造企业进行合作，形成强有力的原产地形象；最后，复合型城镇功能的完善配套，不仅有利于吸引产业发展所需的人才，更有利于促进旅游的发展。

（二）格拉斯小镇发展模式

格拉斯小镇历经了多次的产业转型，并最终走上了以绿色农业为基础(鲜花)、

◇ 格拉斯小·镇

以新型工业为主导 (香水)、以现代服务业为支撑 (旅游) 的经济发展模式。

第一次转型从 16 世纪初开始一直持续到 17 世纪中叶，这次转型使格拉斯人抛弃了污染严重的手工皮手套生产，转而生产更环保、附加值也更高的香精和香水。这次转型有两个成功之处：第一是实现了香味皮手套对异味皮手套的淘汰，实现了产业的升级换代，提高了人们的生活质量；第二是善于发现商机的手工匠们主动放弃了皮手套产业，转而进入附加值更高、社会需求更大的新兴产业——香精和香水产业，以获取更高的收益。

第二次转型发生于约半个世纪之前，它成功地融入了全球产业链。今天，小镇里一般使用蒸馏法来提炼精油。为了保证精油的质量，尽管成本很高但是作为原料的鲜花一直是手工采摘。特别是当地的素馨花只能在凌晨 4 点到上午 10 点间采摘。这种近乎苛刻的传统被一代代沿袭了下来。由于格拉斯本地采摘的鲜花成本过高，香水制造厂商进而转向进口原材料，比如高质量的玫瑰花从保加利亚、土耳其和摩洛哥等国进口，茉莉花来自埃及、意大利，依兰来自热带的科摩罗和印度尼西亚，苦橙和柠檬的主要产地也是意大利，珍贵原料霍广香则大多从印度尼西亚进口。

格拉斯小镇的特色旅游活动有很多，如香水制造体验、香水原产地购物、花田观光、节庆活动等。

格拉斯有许多香料店和香水博物馆。游客可以通过参观香水博物馆了解制造香水的过程，并在香水工厂体验亲手制作香水的乐趣。由于格拉斯是正宗的香水出产地，因此很多人专门前来调制、购买专属自己的香水。

在格拉斯，四季皆能观赏到美丽的花田。圣诞过后，黄绒花将格拉斯染成一片金黄；五六月份，玫瑰是田间的主角；七八月份，茉莉盛开。

除此之外，格拉斯小镇还通过主题旅游设施建设和节庆活动策划，使得"世界香水之都"散发无限魅力。节日中的城市会上演各种精彩的节目，还有烟花和歌舞表演，晚上广场上有草裙舞表演和花车游行，人们彻夜狂欢直到凌晨才结束。

◇ 香水制作体验

◇ 花田观光

四、法国普罗旺斯花海

（一）普罗旺斯花海概况

普罗旺斯（Provence）原为罗马帝国的一个行省，现为法国东南部的一个地区，毗邻地中海，和意大利接壤，是从地中海沿岸延伸到内陆的丘陵地带。普罗旺斯是法国第四大优质葡萄酒生产中心，同时又有"薰衣草之乡"的美誉。这里的薰衣草被世人称为"蓝色的黄金"。普罗旺斯薰衣草花海一直以来都是世界各地"花海"发展模仿和追寻的对象。

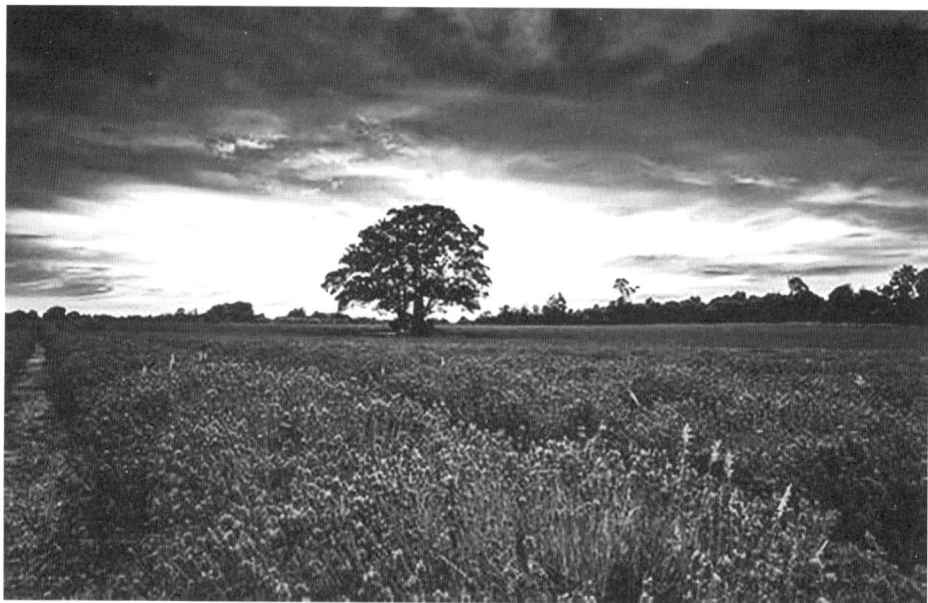

◇ 普罗旺斯的薰衣草

普罗旺斯的薰衣草是成区块种植的，每年7—8月，普罗旺斯的薰衣草便迎风绽放，紫色的花海吸引了来自世界各地的游客。吕贝隆（Luberon）山区塞南克修道院的花田是该区最著名的薰衣草观赏地，号称全法国最美丽的山谷之一。这一大片薰衣草花田，是由修道院里的修道士栽种的，有不同颜色的薰衣草。施米雅那（Simiane-la-Rotonde）山区的施米雅那是一座极具特色的山城，山顶矗立着一座建于12—13世纪的城堡罗通德，环绕着一大片薰衣草花田。站在施米雅那城镇里，随处可见紫色花田，无边无际地蔓延。瓦伦索（Valensole，又称瓦朗索勒）广阔的田野平原是与塞南克修道院齐名的薰衣草种植地，是薰衣草发源地，也是陆地上最大的薰衣草种植地，同时也是《香水》《薰衣草》《又见一帘幽梦》等影视剧中薰衣草田的取景点。这里是最佳的薰衣草观赏点，在这里可以拍摄出绝美的摄影作品，因此这里每年吸引着无数浪漫的情侣来拍摄婚纱照。

（二）普罗旺斯花海发展特色

普罗旺斯花海的发展具有如下特色：第一，优秀的天赋资源（自然风景和气候）。小镇主要集中在罗纳河西部及其支流流域。在沃克吕兹地区，由于丘陵比较多，这里的村镇也就相应地建在小山上。房屋装饰着木雕，街道用鹅卵石铺成，路边点缀着古代的喷泉。第二，丰厚的历史财富（历史积淀和传奇故事）。古罗马时期，希腊人第一个在普罗旺斯组建殖民地，并把橄榄树引种到此。继凯尔特部落及其他北方部落之后，它便成为罗马人的殖民地——这是罗马人在意大利之外建立起的第一个省，他们参考了当时军营的标准，在这里留下了无可比拟的建筑。第三，独特的生活方式（包括信仰、生活节奏、风俗人情、美食）。普罗旺斯人普遍信仰天主教，每到周日，人们纷纷前往教堂做礼拜。这里的人们过着一种悠闲的生活——逃逸都市，享受慵懒。第四，休闲的活动场所（有许多定期集市）。这其中最大的阿尔露天集市沿最宽阔的布勒瓦赫林荫大道铺开，有整整3公里长。每个周六，警察会在布勒瓦赫林荫大道两端设禁止机动车通行的路障，平日里的一条主干道转眼变成步行街。

（三）普罗旺斯花海发展经验

首先，普罗旺斯种植的薰衣草是法国所特有的品种，且当地悠游自在的文化氛围使得普罗旺斯的薰衣草文化无可复制。其次，普罗旺斯的薰衣草不仅可用于观赏，还具有非常高的实用价值，有利于后续相关系列产品的开发。薰衣草精油也被称为"万金油"或"百搭油"，是芳香疗法中最古老、用途最广泛的精油。最初当地人用薰衣草治病、清洁，而后制成薰衣草醋、香皂、香精、香水。如今法国普罗旺斯的薰衣草精油非常著名，普罗旺斯也因此成为全球芳疗师向往的地方。

五、日本北海道花海

（一）北海道花海概况

北海道是日本 47 个都道府县中唯一的道，也是最北的一级行政区；为日本除了本州以外最大的岛，也是世界第 21 大岛屿，略小于爱尔兰岛。北海道是日本著名的旅游胜地，四季景色秀美。每到 4 月中旬，北海道旷野草原的积雪开始融化，草木长出嫩绿的新芽，河边丛生的福寿草探出花蕊；5 月是札幌的樱花和紫丁香盛开的时节；6 月，在北海道的日高和十胜高原上，可以欣赏到娇美可爱的铃兰；到了 7 月，鄂霍茨克海沿岸的野生花园中，各种花草竞相开放，有柠檬色的萱草、橙黄色的百合、粉色的玫瑰等。春夏的北海道是花的海洋，缤纷的色彩点缀了美好的季节。

◇ 北海道花海

（二）北海道花海发展特色

2008年，电影《非诚勿扰》上映后，北海道唯美的花海和深邃的大海一时风靡，北海道花海"富良野"因此被称为"东方的普罗旺斯"。"富良野"由富良野市、中富良野町、上富良野町、美瑛组成。上富良野町的日之出公园是富良野薰衣草发祥地，亦是日本最早、面积最大的薰衣草花田。富良野主要种植4种不同品种的薰衣草，包括最早开的"Yotei"，常作为化妆品香料的"Okamurasaki"，拥有清爽香味、其干花适合拿来泡香草茶的"Hanamoiwa"，和被引进北海道观赏用的"浓紫早开3号"。富田农庄对体验活动进行了精致化设计，将购物行为打造为体验活动，建立种类多样的体验工坊。这里的体验工坊主营项目包括香肠、面包、黄油、果酱、冰淇淋、手工艺品、陶器、奶酪、纺织、手工玻璃等，选择繁多。富田农庄在以花田观光产品作为核心吸引物的基础上，通过引入丰富的乡村特色生活体验活动来解决观光产品过于静态的问题，为自身注入动感元素，包括：乡村生活方式体验（林溪野钓、骑马、农居住宿等），乡村人居环境体验（午夜观星、热气球观光等），乡村节庆活动体验（传统节庆夜间活动等）。此外，早已经和薰衣草画上等号的富良野，每年夏天都会举办薰衣草祭。

（三）北海道花海发展经验

同普罗旺斯薰衣草一样，富良野的薰衣草也具有观赏价值和实用价值。花田被分为五大花区，分别为入口处的花人花田、幸福花田，香水工厂前的花田，蒸馏工厂后方的薰衣草田及后方的彩色花田。农场自主研发独一无二的花产品，包括香水、香皂、沐浴球、薰衣草糖、易拉罐式薰衣草、薰衣草冰淇淋等。来这里游玩，不要忘了给亲朋好友带些北海道的土特产。"白色恋人"是北海道最具代表性的品牌，香酥松脆的饼干夹上北海道鲜奶制成的黑白巧克力，虽不奢华但美味可口，百吃不厌。"酒古良"（巧克力糖）是日本政府实施的赴日旅游宣传推进计划（VJC）评选出来的"2007最具人气日本土特产品"金奖得主，是馈赠亲友的绝佳选择。

六、美国格伦伍德温泉镇

（一）格伦伍德温泉镇概况

格伦伍德温泉镇（Glenwood Springs）位于美国格伦伍德斯普林斯，坐落于落基山脉的中心地带，介于韦尔与阿斯彭之间，是科罗拉多州旅游中心。四面环山、景色如画的格伦伍德温泉镇也因其独特的自然和人造奇观而被誉为"美国最好玩的城镇"，吸引着世界各地的游客前来探险旅游。大多数游客都取道70号州际公路，穿过格伦伍德峡谷抵达格伦伍德温泉镇。这条18英里长的公路依科罗拉多河而建，沿途可欣赏到峡谷峭壁的迷人景致。由于施工精妙，穿过格伦伍德峡谷的这条州际公路并未破坏这里壮丽的景色，而是融入其中。通过格伦伍德峡谷中的四个休息区，游客可进行远足、骑行、漂流和野餐等活动。

◇ 格伦伍德温泉

格伦伍德温泉镇跟科罗拉多州的山上小镇不一样的地方在于，这里有着一百多年的温泉观光历史。长久以来，印第安人把温泉和蒸汽相结合用于治疗疾病。温泉镇最先被取名为Defiance，但却成为粗暴无赖聚集的地方，常出现赌鬼、娼妓、枪战。这吓跑了许多上层社会的人。小镇创立者艾萨克·库珀（Isaac Cooper）的妻子萨拉（Sarah）觉得"Defiance"这名字不好，而因为她的家乡在爱荷华州的格伦伍德，这个名字再配上当地的名胜温泉（hot springs）的"springs"，最后把城镇名称改成格伦伍德温泉镇。1883 年，沃尔特·德弗罗（Walter Devereux）在阿斯彭的银矿镇致富后，计划把格伦伍德温泉镇开发成温泉度假村。

1887 年，铁路连到格伦伍德温泉镇；1893 年，豪华旅馆 Hotel Colorado 建立起来了，来自各地的有钱人和名人开始到格伦伍德温泉镇观光游玩。自 1888 年起，镇上最有名的景点格伦伍德温泉连同配套的酒店便已开始营业。温泉全年保持 32 ~ 34℃的水温，配合天然的桑拿洞和配套的 SPA 服务，可以让游客有一个彻底放松的度假体验。夏天还有专供儿童的泳池和滑梯设施等，让一家人都能玩得尽兴。在 1992 年以前，从丹佛开车到格伦伍德温泉镇需要五个小时，后来随着州际公路的开通，时间缩短到了三个小时。如今，前往格伦伍德温泉镇已非常方便。

在 1904 年所建的格伦伍德温泉镇火车站内的格伦伍德铁路博物馆，游客可读到镇上每一段有趣的历史。而馆内的大型蒸汽火车模型可容纳一个小孩或一个小个子的大人进去看看有百年历史的轨道机动车里面是什么样。另外还有许多纪念品和文件，例如 20 世纪 50 年代的餐车、餐具，让人着迷不已。

（二）格伦伍德温泉镇特色项目

1. 温泉特色

格伦伍德温泉是格伦伍德温泉镇众多景点中最古老和最有名的一个。它的大池被誉为世界上最大的矿物温泉池，长 100 米，水温 34℃，是游客们嬉戏、游泳或跳水的理想场所。而相对较小的温泉池水温为 40℃，非常暖和舒适，设有水下长椅和泡泡椅，可为游客提供极致的放松体验。格伦伍德温泉镇的东侧，是世界罕见的自然奇观：亚帕水疗和蒸汽洞穴。蒸汽洞穴是因石灰岩层被淹没在科罗拉多河水面下而形成的。弱酸性和含硫的河水在多孔岩石中产生了大洞。河水退去后，洞穴便浮现出来。来自亚帕温泉的热水经各个河槽流经洞穴，从而产生了一个天然的地下蒸汽浴室。游客可走下楼梯，进入设有大理石长椅的昏暗岩石石室中，体验湿热的矿物蒸汽。同时，附近的水龙头提供冷水，可让人从热蒸汽中解脱出来，变得精神焕发。

◇ 温泉特色

2. 地质瑰宝

与蒸汽洞穴的形成方式相同，5.5亿年的造山运动和侵蚀在格伦伍德温泉镇的洞穴探险公园中留下了岁月的印迹，该公园的洞穴之旅老少皆宜，一年四季都可游玩。在这里，游客们可欣赏到蔚为壮观的地下石笋、钟乳石和结晶形成物。

◇ 地质特色

洞穴精华包括 The Barn（一间 5 层楼高的房间），以及 King's Row（一片包含数百个闪闪发光的洞穴形成物的巨大区域）。洞穴探险公园还有更多惊险刺激的项目，其中就包括北美海拔最高的过山车"绝岭过山车"、科罗拉多州最长的高山云霄飞车，以及大峡谷秋千。

3. 户外活动

格伦伍德温泉镇有两条河，其中科罗拉多河奔流穿过格伦伍德峡谷，罗灵福克德里弗河则从阿斯彭倾泻而来。特别是科罗拉多被称为"金牌水域"的最长一段就位于罗灵福克德里弗河，介于格伦伍德温泉镇与卡本代尔之间的这一河段因有大虹鳟和大褐鳟出没而闻名。这些鳟鱼平均身长 30 ~ 46 厘米，游客们可以好好享受闲暇的垂钓时光。有许多公司提供周到的漂流服务，游客们能够获得安全的漂流体验。格伦伍德温泉镇拥有众多自行车道，同时有数家公司提供自行车租赁和路线指引服务，以帮助游客选择最佳骑行观光路线。悬湖是格伦伍德温泉镇众多游客远足的最终目的地之一，其位于格伦伍德峡谷中，湖水来自一条处于原始状态的瀑布。2011 年，悬湖被指定为美国国家自然地标。虽然游客们通往悬湖的路途比较陡峭，在不到 2 公里的路途中要爬高 274 米，但在途中可以随时小憩享受林荫，也是十分惬意的。

（三）格伦伍德温泉镇发展经验

格伦伍德温泉镇在充分探索地理风貌的同时结合现代元素，将旅游与温泉特色有机结合，将温泉主题发挥到极致。并且在温泉的基础上，积极向周边地区探索开发，真正将环境与人文相结合。与此同时，小镇还十分注重自身的历史底蕴挖掘，将小镇的西部风光打造得更加原汁原味。由此，笔者想到，云澜湾温泉小镇在对外宣传时，是否可以将当地的历史文化风俗作为另一个重点，借鉴格伦伍德的模式，多方位地营造园区文化，借此来吸引游客。

七、日本草津温泉小镇

（一）草津温泉小镇概况

草津温泉（Kusatsu Onsen）坐落在群马县，以自然环境优美、温泉疗效极高而著称，自古便是治病健体的著名温泉，是深受日本人喜爱的一级温泉疗养地。以"泉质第一"为宗旨的草津温泉泉质极其优良，流传至今的草津民谣传唱着"除了相思病，什么都能治"，可见草津温泉的治疗效果之佳。

草津温泉的起源至今已有 1000 年以上的历史，早在 1200 年前，草津已作为温泉名胜而出名。草津温泉的自然涌出速度为每分钟 4 万升，位居日本温泉之首。草津温泉乡街中有一"汤田"，终年热气腾腾的高温泉水流淌不断。"汤田"位于草津温泉的中心地带，是一处被圈围起来的温泉源头，面积有一个足球场般大小，四周雾气萦绕，依稀可以闻到硫黄的味道。"汤田"中间有几十个像豆腐盒一样的木箱，那可不是用来蒸豆腐的，这些木箱主要是用于盛接温泉流过后所留下来的矿物质，再加工制成温泉粉。

◇ 草津温泉

（二）草津温泉小镇文化资源

首先，"泉质主义"独领风骚。与日本其他温泉相比，草津温泉具有三大独特之处：一是草津温泉每分钟 4 万升的自然涌出速度在整个日本排名第一位。二是旅馆所使用的都是自源泉流出的纯天然泉水，通过 7 根导管自然冷却。三是草津温泉属于高温泉水，而且带高酸性刺激，是特殊的酸性泉。在这样高的温度下，大肠杆菌等细菌 10 分钟左右就会死亡。温泉对慢性皮肤病、刀伤、糖尿病、高血压等均具有疗效。草津温泉以最适合于美容而著称，通过促进全身的新陈代谢，达到保健和美容的功效；因此，为了让世界充分了解草津温泉的独特魅力，草津町提出了温泉质量至上的"泉质主义"宣言，以确保草津温泉 100% 纯天然的功效。同时还制订了周密的计划，如禁止将使用过的温泉水循环再利用，或者是作为补充水重新使用，等等。

其次，草津温泉彰显草津文化底蕴。"汤田"堪称草津最具有代表性的温泉，更是草津旅游的亮点。驻足观赏，可看到其冒出滚滚的水雾，散发出浓烈的硫黄气味，蔚为壮观。涌出地面的源泉，流经多条导水木管，温度逐渐下降，然后送到各家旅馆。"汤龙"当属"汤田"最受欢迎的景区，涌出的泉水在通过导水木管后，如瀑布般落下，泉水闪闪发光，令人产生一种莫名的激动感。"汤之花"是草津的特产，是"汤田"的泉水流经导水木管时留下的沉淀物。由于沉淀物从形成到可以获取需要两个月以上的时间，并且还需要经过特殊处理后方能装入容器内，所以特别珍贵。草津的传统文化不少，其中最为独特的一项传统活动就是"搅拌秀"。"汤田"旁边的"热之汤"每天都有数场表演，几乎场场爆满。

（三）草津温泉小镇发展经验

草津温泉小镇作为世界级的温泉小镇，拥有齐全的入浴设施和温泉旅馆、饭店，以及购物场所等，温泉街还有 18 处免费的公共温泉沐浴设施。游客可在返璞归真的氛围里，一边和当地的居民交流，一边享受舒适的温泉，或汤足或澡身，或沐头或浸手，别有一番风味。草津温泉丰富的温泉水形成的温泉瀑布在绰约多姿的灯光下熠熠闪亮，声声贯耳。

草津温泉利用传统活动来彰显特有的温泉文化。大约在 100 多年前的明治时代，草津地区的居民为了让"汤田"温泉源头的水温降低，便利用长木板在温泉里搅一搅、拌一拌，搅拌温泉浴池中的泉水，以达到使温泉中药物元素混合均匀，降低温度和提高疗效的目的。能歌善舞的日本人不忘在搅拌的同时哼哼唱唱，百年来，唱出了草津温泉特有的风味，唱成了草津温泉的象征。每年的 4—11 月均有表演，投宿在当地大型的温泉会馆的游客，就有机会欣赏到"拌汤花"的演出。舞台上传统舞蹈的表演与舞台下长方形温泉池边的表演交替进行。穿着质朴的"妩媚娘"分成两列排在温泉池的两侧，手持木板，和着歌声，有节奏地搅拌泉水。时而轻柔地拨动，时而地动天摇般地搅拌，泉水随之翻腾而起，场面气氛热烈。现场还为有兴趣者提供同场客串"搅拌秀"的机会，每一个参与者还可以获得由草津温泉观光协会颁发的参与"证书"。

草津温泉小镇积极地进行对外合作与宣传，将草津温泉从日本推向世界舞台。首次将草津温泉介绍到全世界的是一名德国医生——别鲁兹博士。别鲁兹博士在明治时代被日本政府聘为东京医学校（现东京大学医学部）教授。他从近代医学的角度评价了草津独特的强酸性泉质和时间浴，而且介绍了草津的地理环境优点，将草津温泉向海内外推广为"世界一流的温泉保养地"，并在德国医学会介绍草津温泉的泉质和效能。为了纪念他，人们在草津设立了别鲁兹纪念馆和别鲁兹温泉中心，以及别鲁兹大道，这些都凝聚了镇民们对他的敬爱。为了使世界各国的旅游者从心底享受以温泉为首的温泉小镇风情，增进人与人之间的交流，草津镇重点进行英语培训及义务志愿者培训。小镇把"为来者提供舒适，使去者感到幸福"列入草津镇民宪章，所有镇民都怀着身为导游的心情随时等待各地人士的到访。草津温泉小镇还通过与姐妹城市的交流来开阔视野。草津本着友好与亲善的目的与海内外 6 个城市结为姐妹城市。其海外的姐妹城市分别为德国巴登－符腾堡州的比蒂希海姆－比辛根（Bietigheim-

Bissingen）、澳大利亚蒂罗尔州的新施蒂夫特（Neustift）、澳大利亚新南威尔士州的雪河（Snowy River）、捷克西波西米亚的卡罗维发利（Karlovy Vary）这4个城市。其中由于比蒂格海姆－比辛根市是已故别鲁兹博士的诞生地，自1962年两市结为姐妹城市以来，50余年来一直保持着理想的友好关系。由此，草津通过与海外城镇的交流，从不同的角度来重新省视自身，不懈地致力于成为更具魅力的小镇。

从欧美发达国家城市化的发展规律来看，生活条件最好的、风景最优美的、多次被列为全球最佳居住环境的地方，一般都是小镇。比如，很多英国小城镇都具有很高的历史文化价值，现代和古代的建筑交相辉映，成为英国小城镇建设的一大特色。综观欧美的特色小镇，我们可以发现，小镇竞争中核心的成功要素主要集中在"突出产业，创新模式"。

一是突出产业核心。特色小镇要结合全区产业发展重点，找准自己最有基础、最具潜力、最能成长的特色产业。无论是美国的好时巧克力小镇，还是法国的坦莱尔米塔日小镇，都是基于本土的著名巧克力品牌和生产，具有扎实的核心产业基础。而且，政府鼓励公众参与小镇的建设。公众的参与，不但使小城镇建设的整个过程都能充分反映民意，同时在参与过程中也促进了公众对小城镇建设的理解和支持，既加深了公众的归属感，也保护了地方的人文环境和生态环境。"特色小镇这个'镇'字，或可有双重内涵。根据当前具体做法，完全可以把特色小镇的'镇'，理解为产业集聚区，而不是行政区划'镇'的含义。"

二是突出模式创新。"农业观光小镇""温泉小镇"等将本地的自然环境、社会经济与地域特色相结合，形成了自身的资源优势。"特色小镇独有的诗意气质需要政界、商界、学界、专业社会组织及公众一起长时间共同打造，赋予小镇鲜活的可持续的科技基因、文创基因及商业基因，并将自己不断修正更新，融入周边、融入城市群。"因此，找到一个富有新意的运营模式，是小镇在竞争中成功的重要因素。

从本章的案例来看，无论是运营情况好的甜蜜小镇，还是依托自然环境条件的农业观光小镇和温泉小镇，均着眼于以特色产业为基础的产业、文化、旅游和社区四大功能的叠加，引入国际先进理念或者自我创新，孵化产生新业态、新产业，并力争探索出可复制、可推广的全新路径。

本章参考文献

[1] 蒋琪，阮佳飞.中外旅游小镇模式比较:以曲江新区和普罗旺斯古镇为例[J].旅游纵览，2015（11）.

[2] 闵学勤.德国名镇哥廷根的建设对中国特色小镇创建的启示[J].中国名城，2017（1）：36-40.

[3] 王晓雅.从英国的田园风光到美国的特色小镇[J].决策探索，2013（2）:18-20.

[4] 卓勇良.日本特色小镇的借鉴和超越[N].浙江日报，2015-07-03.

本章作者：王　艳、王俞楠

第四章

打造甜蜜产业链

一、以甜蜜事业串起产业基础

（一）浪漫水乡已有的产业基础

在建设巧克力甜蜜小镇之前，坐落于江南水乡的大云镇早已经是苏浙沪具有一定知名度的省级生态旅游度假区，被誉为"都市里的大自然"。大云镇自然环境优美，水网纵横，具有非常典型的江南水乡特色，曾获评"全国环境优美乡镇"。早在1998年，大云就开始发展鲜切花产业，大云也因此被评为"中国鲜切花之乡"，以此为基础发展起来的碧云花园，就是一个以四季鲜花为主题的农业旅游目的地。同时，随着云澜湾温泉小镇的建成，以当地天然的地热资源开发的云澜湾温泉已经成为中国温泉行业的领导品牌，其以女性为定位的产品特色，在世界温泉及气候养生联合会第70届年会暨世界温泉科学大会"美丽中国，温泉＋"的中国温泉旅游推荐交流日上，吸引了众多温泉界人士的目光，受到联合会主席恩贝托索利曼的频频点赞。2014年开园的歌斐颂巧克力小镇更是开辟了国内首个巧克力文化旅游项目。大云正在成为继西塘古镇之后，嘉善旅游业发展的新热点。这些先期成果，都给予了嘉善巧克力甜蜜小镇丰富而多元的产业基础，也形成了特色小镇重要的产业特色。

1. 十里水乡，又遇江南

十里水乡景区是大云生态旅游区的主要景区之一，是小镇中最早获批的国家AAAA级旅游景区，同时也是全国农业旅游示范点。

20世纪末，大云镇还是一个传统的农业小镇，十里水乡是基于农业产业发展新型旅游业的一个创新，早在2001年就因其富有江南水乡自然风貌和野趣的原生态景观受到广大游客的推崇。它以"蓉溪"为主角，以原汁原味的十里水乡情为主线，由蒹葭苍苍、农家天地、古桥遗风、村野牧歌等17个景点组成，构成了"绿带成荫闻鸟鸣，清波荡漾满舟情。轻风拂柳为垂钓，信步河边皆是景"的新兴旅游景点。

十里水乡的景区建设，首先得益于大云作为典型江南水乡的自然风貌，区内环境优美，景色宜人，极富江南水乡独有的特色和气质。其次，十里水乡是大云生态环境保护良好的重要表现，蓉溪是大云的花之溪、绿之溪、生态之溪，溪上以观景为主，溪岸滨水景点以游憩为主。再次，沿溪景观与村落完美结合，河道两边的村落和稻田也是景区的重要组成部分，人与自然和谐相处，文化与自然交相辉映。田园诗般浪漫、惬意，是十里水乡的气质，也是大云镇的气质和基调。但是，十里水乡的景色以静态小景为主，游客游览的趣味性、体验性不足。

2. 花开成海，情意香浓

碧云花园是21世纪初开始在大云立足并发展起来的，在特色小镇获批之前，它就已经是一家集农业生产、科技开发和休闲观光于一体的生产型生态农庄，并荣获了省级农业龙头企业、全国农业旅游示范点等荣誉称号。

碧云花园是一个以花卉、水果、种子种苗等农业优势产业和休闲观光为重点的高科技农业园区。园内鲜花遍野，由草地运动度假区、观光湿地景观区和特色农业景观区三个主景观功能区构成，通过在空间上形成的序列，将生产区包围起来，使生产区隐逸于良好的自然生态环境中。其生态基调和景观格局秉承历史和人文精髓，再现芳草茵茵、落英缤纷、阡陌交通、鸡犬相闻的美妙田园画卷，与十里水乡交相辉映。作为江南典型的生态休闲农庄，园内既可欣赏泛舟唱晚、碧湖流芳等优美的自然景观，又能进行水果采摘、鲜花种植等农事体验，还能参与各类极具特色的拓展运动，极大地满足了不同游客群体的需求。

碧云花园是嘉善杜鹃花的主要生产基地，也是全国杜鹃品种较多的资源圃之一，有上百个杜鹃花品种，杜鹃花常年保持在百万盆以上。2008年，这里产的一万盆如火炬一样的凤梨花，盛放在北京奥运会会场。2010年的上海世博会，"世博会新闻中心"需要一些花卉作背景，找到了碧云花园，碧云花园为他们奉献了几十盆杜鹃和凤梨花。"园丁"潘菊明说："站在世界的平台，哪怕只是一个小角落，也是碧云人的荣耀。"2011年碧云花园更有幸参与制定了中华人民共和国林业行业标准之一——《杜鹃盆花生产技术规程》。

碧云花园的经营者大都是地道的大云人，他们热爱着这片土地，更注重对自然生态环境的保护和利用，坚持农业生产经营活动和农村自然环境有机结合，形成农业生产和观光旅游双赢的现代产业模式，营造着"碧水云天的生态农庄，鸟语花香的人间天堂"的景象与氛围。

如果十里水乡是生活、生态的结合，那么碧云花园则是生产、生活、生态的完美融合，其从农业向旅游产业的转变，是大云镇的发展模式逐步转变的缩影。

3. 美人温泉，健康养生

云澜湾温泉小镇是基于大云镇独特自然条件的一个新兴高端度假休闲旅游项目，也是特色小镇内唯一一个开发宜居养生的温泉旅游度假项目。

云澜湾的温泉是在"嘉热2号"井的基础上，开发出的一个温泉旅游度假项目，是苏浙沪一带罕见的"真温泉"项目，也是杭嘉湖平原最大的温泉旅游度假项目。这里的地热水品质上乘，偏硅酸含量极高，是中国国家标准的2.1倍，能帮助女性嫩滑肌肤，所以项目建设者也把它定位成国内首个女人温泉——云澜湾美人温泉。

云澜湾以宜居生态地产与旅游地产为特色，总规划用地1300亩，一期占地约354亩，总建筑面积约为27万平方米，已于2011年5月18日开工建设。项目依托亿万年积淀的优质温泉，以东方的审美传统、西方的现代精神、世界级团队的智慧聚合，筑就国际化、艺术化、人文化为一体的温泉度假胜地，打造长三角温泉度假旅游新标杆，曾获评"亚洲地产绿色人居环境旅游地产金奖项目"。

云澜湾宜居社区，依托云澜湾景区强大的旅游设施配套，四周环境优美、空气清新，绿化率达到70%以上；交通便捷，距离嘉善高铁站只有7公里，距离高速出口不到3公里，距离嘉善城区大润发超市也不到5公里，小区门口就有公交站，散步就能到附近有机农家菜场；在教育配套上，社区距离杭州师范大学嘉善附属实验小学不到2公里，为了更好地让社区学龄儿童获得优质的教育资源，云澜湾还与杭州师范大学嘉善附属实验小学签署战略合作协议，社区居民可以优先享受这里的教育资源。云澜湾社区的建成，从根本上改变了原来传统村落老年化、低文化程度化、经济单一落后的状态。周围城镇尤其是上海大量年轻、高文化程度人口的引入，带来了鲜活的时尚潮流，改变了当地单一封闭的生活结构，社区创业创新力旺盛，社区活动更是丰富多彩。除了社区物业定期不定期举办各类居民活动，云澜湾樱花风情街上，每个节假日都会组织一些大型的表演、花车游行、音乐会等活动，社区业主都可以免费观看。

依托自身的资源优势，未来，云澜湾将从"吃、住、行、游、购、娱"等多维度出发，把"甜蜜"持续升级。发展旅游产业、生态产业和高端服务产业，实现健康服务与温泉资源结合、健康服务与国际旅游深度结合，努力建设"国际健康旅游目的地"。

2014年7月，省政府发文正式批复设立嘉善县大云温泉省级旅游度假区。2015年国庆，云澜湾温泉一期建成并对外开放。

云澜湾项目的启动，带动了大云传统旅游业的突破和腾飞，围绕温泉度假做文章，是大云进一步从农业小镇向休闲旅游小镇转型的必然选择。

4. 浪漫甜蜜，巧克力香浓

歌斐颂巧克力小镇坐落于浙江省嘉善县大云镇，是由歌斐颂巧克力小镇集团投资的省级重点项目。歌斐颂巧克力小镇是以巧克力文化为核心，以巧克力生产为依托，以文化创意为手段，充分挖掘巧克力文化内涵，集巧克力生产研发、展示体验、文化游乐和休闲度假于一体的特色小镇和经济综合体。

◇ 歌斐颂巧克力小·镇外景（此图由歌斐颂巧克力小·镇提供）

歌斐颂巧克力小镇产业具有融合性。歌斐颂巧克力小镇创新发展模式，通过第二、第三产业融合发展，使旅游功能不断放大，促进了传统工业旅游的创新，推进产业结构优化升级与产业发展，第一、第二、第三产业互促共进的同时提升产业竞争力，达到产业效能最大化。

歌斐颂巧克力小镇产品具有独特性。歌斐颂巧克力小镇不仅填补了国内巧克力工业旅游的空白，而且通过传播巧克力文化知识、拓展巧克力文化创意体验，打造成了巧克力文化创意产业基地。而巧克力作为一种时尚食品，通过一定的策划、包装、拓展，可以打造成为一种独特的旅游景区产品。以此形成独具巧克力文化魅力的特色小镇，其旅游潜力更大，成效将更明显。

歌斐颂巧克力小镇项目具有带动性。歌斐颂巧克力小镇是嘉善巧克力甜蜜小镇的项目之一，它的开发建设能带动嘉善巧克力甜蜜小镇的发展，可带来大量的游客资源，在带来旅游收入的同时解决当地人员的就业问题。另外通过歌斐颂巧克力小镇的科学规划和合理建设，企业与政府实现双向联动，改善周边的基础服务设施，提升环境保护水平，促进城乡一体化的快速发展。

（二）打造大云甜蜜特色小镇的难点

在浙江省公布的首批 37 个特色小镇创建名单中，嘉善巧克力甜蜜小镇是有些许与众不同之处的，多数小镇是以当地的传统优势产业命名的，也有些是产业集聚的园区，而嘉善巧克力甜蜜小镇虽是以巧克力为名，但并非只是围绕巧克力生产这一单一产业形态，而是集合了以"甜蜜"为特色的一系列旅游、文创、工业项目的特色小镇。

《澎湃新闻》记者将首批 37 个特色小镇进行了分类，认为大致可分为三类：第一类为杭州玉皇山南基金小镇、余杭梦想小镇、富阳硅谷小镇、临安云制造小镇等"新兴产业发展型"小镇，第二类是以金华磐安江南药镇、湖州丝绸小镇、绍兴越城黄酒小镇、嘉兴海宁皮革时尚小镇等为代表的"传统经典产业转型发展型"小镇，第三类是武义温泉小镇、仙居神仙氧吧小镇、衢州常山赏石小镇、丽水莲都古堰画乡小镇等"旅游产业型"小镇。如果根据这个类型划分的话，嘉善巧克力甜蜜小镇，既没有新兴产业，也没有传统经典产业，只能归为旅游产业型小镇。但是，在旅游产业型小镇中，小镇已有的产业基础却分属第一产业、第二产业和第三产业，门类众多，发展水平参差不齐，政府与企业如何从总体上进行角色的定位与协调，对于大云镇这个以甜蜜为特色的小镇项目来说，其建设的过程和遭遇的难点却是有点"苦"的。

1. 单点企业与小镇总体建设的协调

巧克力甜蜜小镇从小镇的名字上看，就不同于过去常提的产业园区，特色小镇和产业园式的开发并不一样。

浙江省发改委副主任翁建荣说，特色小镇不是"镇"，它不是单纯的以行政地域进行划分，这也是乌镇、西塘等传统小镇没有入选特色小镇创建名单的原因；特色小镇也不是"区"，它不是传统的工业功能区、旅游区等产业功能区块。所以，特色小镇不是简单地做加法，不搞"产业园＋风景区＋博物馆或学校"式的"大拼盘"模式。

浙江省打造特色小镇时有两个关键词，就是"特而强"和"小而美"。

"特而强"，是指特色小镇将聚焦信息经济、环保、健康、旅游、时尚、金融、高端装备制造7大万亿产业，以及茶叶、丝绸等历史经典产业，围绕单个产业来打造完整的产业生态圈，以此培育具有行业竞争力的"单打冠军"。

"小而美"，则是指特色小镇求精不求大，规划面积在3平方公里左右，建设用地面积在1平方公里左右，一般特色小镇按AAA景区的目标建设，旅游特色小镇按AAAAA景区的标准建设。

对于巧克力甜蜜小镇来说，小而美是前期已经具备的了，因此，小而美方面只是精益求精的提升，但特而强就是建设的难点了。首先，巧克力甜蜜小镇的产业基础虽有特色，但是不够鲜明，产业基础尚在发展中，要做到特而强还需要一个发展历程。其次，巧克力甜蜜小镇虽然名字上带了"巧克力"三个字，但决不仅仅包括歌斐颂巧克力小镇这个工业旅游项目，还包括了碧云花园、云澜湾、天洋·梦东方等项目，是一个多产业集聚的复合型发展的小镇项目。从产业基础上说，碧云花园依托的是现代化农业＋农业旅游的项目，处于传统的第一产业向第一、第三产业复合转型的阶段，云澜湾是新一代"体验型、度假型、文化综合型"的度假产业项目，歌斐颂则是巧克力工业生产向工业旅游、文化创意产业转型发展的项目，天洋·梦东方项目还在前期投资建设阶段，十里水乡项目是农村旅游产品。这些项目分属不同的产业，是各自独立的民营企业，在小镇建设过程中，如何摆正各家企业在小镇中所处的地位？如何将这些企业的项目互动串联起来？如何形成1+1>2的小镇集聚效应？如何让各家企业围绕小镇的主题进行建设和发展？如何平衡企业发展与小镇建设之间的矛盾？这就是小镇发展建设亟待解决的问题。

2."宽进严定"的建设压力

在特色小镇的创建中，经常听到一个词，叫"宽进严定"。这就像我们常常说的在国内或国外读个博士，往往是入学容易毕业难。

浙江省首批特色小镇创建不采用审批制，而是采用"宽进严定"的创建式方式推进。由省政府研究室提出初选名单，充分利用省政府研究室前期研究和摸底调研的成果，由研究室从 260 多个各地上报的特色小镇创建申请中，筛选提出 50 个进入初选名单。据了解，最终确定的首批 37 个特色小镇创建对象，计划 3 年投资 2400 亿元，2017 年实现税收收入 190 亿元。

所谓"宽进严定"是指，如果这些小镇"毕业"的时候拿不到好成绩，一样拿不到省政府发的"奖学金"。入围的特色小镇创建对象不能直接享受省里有关的支持政策，只有在年度考核合格或验收合格后，才能获得土地和财政方面的支持。而小镇的考核时间是 3 年。3 年内小镇要完成初步的建设目标，并实现 50 亿的投资总额。对如期完成年度规划目标任务的，土地方面，省里按实际使用指标的 50% ~ 60% 给予配套奖励。而 3 年内未达到规划目标任务的，还要加倍倒扣省内奖励的用地指标。财政方面，特色小镇在创建期间及验收合格后，其规划空间范围内的新增财政收入上交省财政部分，前 3 年全额返还，后 2 年返还一半给当地财政。

对于大云来说，土地指标的奖励政策是非常诱人的，但是 3 年的建设期限对于这个复合型的产业＋旅游＋文创项目来说，实在太短，项目的规划、土地划拨、策划、动工都需要时间，小镇管委会的工作人员一直头疼时间不够用。50 亿元的招商投资指标虽然不高，但是小镇是特色小镇，必须围绕巧克力甜蜜小镇的特色主题来招商，不符合这一特色的项目，一律不能进来。何况，已有项目的民营企业既要维持企业的日常运转，又要做大做强，因此建设投资的资金还是有些吃紧的，这也让小镇工作人员倍感压力。

3. 高端要素聚合度不足

县域经济最大的局限就是很难集聚高端要素，尤其是高端人才、先进技术等。巧克力甜蜜小镇虽然地理位置优越，但国内外的人才仍在往周边的上海、杭州等大城市集聚，小镇的发展潜力还有待得到肯定。而小镇发展所急需一批高端技术型人才，包括现代化农业技术人才、高端营销传播人才、高端商务酒店运营人才和文化创意产业的创新创业人才，等等，小镇持续长远发展需要周边产业高端人才和先进技术的集聚，还要有与之配套的投融资支持和知识产权保护。然而，区（县）在工资福利等待遇方面，以及文化教育、医疗卫生、商业娱乐等基础设施和资源配置方面较一、二线城市还存在较大差距，对高层次创新型、设计型人才的软硬件吸引力不够，因此，人才和技术的短板造成信息经济产业在区（县）的发展普遍都较为困难。

4. 建设期与品牌推广的尴尬

在课题组对小镇的调研中，我们一直在问：小镇这么甜蜜这么美丽，为什么2015 年以来却不见小镇在媒体上打广告，宣传小镇的品牌呢？小镇管委会的工作人员告诉我们，他们其实一直在做小镇的品牌推广传播，只是以招商引资和项目推介为主，较少在大众媒体端针对大众游客做广告宣传，其原因是他们有着忧虑：作为一个以旅游为主的项目，来访者的第一印象很重要，现在小镇还处在建设期，如果现在把巧克力甜蜜小镇的宣传强力推出了，许多游客慕名而来，但是他们来到小镇，看到到处是建设工地，那么这些游客可能会败兴而归，他们就不会再对巧克力甜蜜小镇有期待。巧克力甜蜜小镇的建设者们希望让游客遇见巧克力甜蜜小镇最美的时候，但是这样又可能遇到品牌推广滞后、小镇的品牌效应难以彰显的问题。

（三）"甜蜜"是小镇的基调与产业核心

小镇围绕产业培育＋旅游度假两大功能，以当地自然乡村田园风光为背景，将"甜蜜"事业做足韵味，按照特色小镇申报要求和 AAAAA 景区标准规划，重点实施歌斐颂巧克力小镇、碧云花园、云澜湾温泉小镇、十里水乡休闲配套区、巧克力产业配套园、天洋·梦东方巧克力世界等六大类项目。

时任大云镇党委书记的范国良说，巧克力甜蜜小镇不断挖掘巧克力文化的内涵，推广巧克力创意文化，力争通过 3～5 年的建设，把大云建设成为国内著名的巧克力风情体验基地、温泉养生度假基地、婚庆蜜月度假基地和文化创意产业基地，打造成中国最甜蜜的地方。

1. 现代化农业是甜蜜产业

葡萄是甜的，草莓是甜的，西瓜是甜的，农民丰收致富是甜的，现代化高效的瓜果农业向来被称为"甜蜜产业"。碧云花园是嘉善大云本地的农民发展集约化现代农业的项目，以鲜花和水果生产为主。为了提高本地农产品的市场竞争力，碧云花园致力于发展适应市场需求的"精致农业"，即发展以经营方式的细腻化、生产技术的科学化，以及产品品质的优质化为特征的农业生产，发展高经济价值作物，并与休闲、生态、美化等功能相结合，提高农产品的附加值是精致农业的精髓所在。

结合这一区域的自然、气候、水土等特点，碧云花园因地制宜地发展适合当地环境的特色种养业，从鲜切花起步，在政府的扶持下，逐步发展壮大成为当地具有影响力的龙头企业。在打造特色产业园区的同时，整合各类旅游资源，把发展旅游农业和休闲农业作为目标，进一步拓展农业的功能，集休闲农庄、四季花海，集观赏、素质拓展、会展活动、采摘体验等多种功能于一体，带动了当地农民的致富与农业的产业升级。

云澜湾温泉小镇更是创造性地提出以巨大的温泉旅游为平台带动现代农业走甜蜜化发展之路。云澜湾在四季花海园区种植金丝皇菊、薰衣草等经济型花卉，并将歌舞表演、仪式情景表演融入采摘活动，让游客体验现代农业之趣，同时让游客在园区完成烘焙、制作等观光体验。最有前瞻性的是，云澜湾创始人张虹在考察欧洲、新西兰等特色旅游小镇的经营管理经验后，聘请世界一流的文创团队设计出多种个性鲜明的文创产品。趣味化 DIY 农产品，文化包装农产品，借助甜蜜小镇"温泉＋"的强大优势，让每个游客喜爱上云澜湾的伴手礼，愿意把甜蜜小镇的"甜蜜和幸福"带回家。目前，云澜湾温泉小镇樱花风情商业街上专设的文创小店"星巴小屋"拥有文创产品几十种，其中薰衣草抱枕和金丝皇菊茶礼盒销量占前两位。

2. 巧克力是甜蜜产业

巧克力这种美味的零食，只要吃上一口就再也戒不掉了，就像是恋爱的味道，让人无限地向往。正如歌斐颂的创始人莫雪峰所说：巧克力给人一种正能量，因此从事这个事业，是甜蜜和幸福的。他希望这里并不仅仅是一个工厂、一个博物馆，而是一个平台，传播的是一种生活态度。

莫雪峰和父亲莫国平是创业父子兵，也是土生土长的嘉善人。

"从巴克特一家的窗子望出去，可以看到全世界最大的巧克力工厂——旺卡巧克力工厂。那是座神秘的工厂，出产的旺卡牌巧克力销往世界各地，深受孩子们的喜爱。小男孩查理，在每个夜晚的梦乡中，都幻想自己可以亲身进入那座工厂……"

海外求学归来的莫雪峰说服了父亲，将电影《查理和巧克力工厂》中的这一幕变成了现实。当然，丰富的见识让莫雪峰在一开始就决定不仅仅是做一个自己的巧克力工厂，而是"要借鉴国外成熟的经验模式，做一个中国版的巧克力小镇"。

◇　"歌斐颂号"小火车（此图由歌斐颂巧克力小镇提供）

在嘉善长大的莫雪峰，在自己的家乡大云镇发现了一片有着田园风光的"梦想之地"。他改变了原先在上海创业的计划，决定将他的小镇定址于此。"这里周围3公里无污染工业，不仅自然风光无限好，而且本身就在一个省级旅游度假区内，正好可以把休闲旅游产业也一起做起来。"在嘉善县地方政府的积极引导下，2011年12月，歌斐颂巧克力小镇项目在此正式立项。

从规划用地、征地、拆迁到建厂、引进设备、探索最适合中国人口味的巧克力配方，经过两年多的时间，这一切都跨越了重重考验，总体顺利地推动起来。2014年2月，歌斐颂巧克力生产线正式投产。莫雪峰把小镇推出的第一个巧克力品牌命名为歌斐颂。"歌斐颂"源自拉丁语，意为挚爱。

作为巧克力甜蜜小镇的核心项目，歌斐颂巧克力小镇由绿茵地上的风车、繁花似锦的花海、气势磅礴的罗马石柱外加欧式厂房等浪漫的元素构成。作为国内首个、亚洲最大的巧克力特色旅游风景区，歌斐颂巧克力小镇总体布局为"一心四区、十大项目"，其中"一心四区"包括：歌斐颂巧克力制造中心和可可文化展示体验区（含可可森林、可可文化展示体验馆）、欧洲小镇体验区（含歌斐颂巧克力市政厅、歌斐颂巧克力学院、歌斐颂会议中心、欧洲小镇风情街）、浪漫婚庆区（含歌斐颂婚庆庄园、巧克力主题酒店）、青少年探索研学区。

◇ 歌斐颂巧克力小·镇规划鸟瞰图（此图由歌斐颂巧克力小·镇提供）

在巧克力制造中心建设有一条156米长的全透明观光通道，供游客观看世界最先进的巧克力制作流水线；在巧克力体验中心，游客可以体验巧克力文化，自已动手制作个性化巧克力，品尝各种巧克力及饮品、甜点；在新古典主义和地中海两种欧式风格的建筑群和景观园林中，可以进行婚纱摄影、草坪婚礼、露天派对及度假休闲；在儿童游乐区建有具有巧克力文化特色的景点并配有一定的儿童游乐设施。项目规划总面积 430 亩，总投资 9 亿元。

3.温泉旅游是甜蜜产业

温泉就像一股甜蜜的原浆，处处流淌着美丽的故事！

随着生活水平及生活品位的提高，竞争压力和亚健康的加剧，更多的城市精英希望通过各种方式排解压力，舒展身心，阳光健康的生活状态成为他们的向往。温泉旅游集旅游度假、休闲娱乐、健康养生于一体，正在成为休闲度假旅游的一大热点，"泡温泉"成为一个让人身心愉悦、远离喧嚣、获得清静自在的上好项目。由于温泉有医疗保健等诸多功效，且大多在田园乡间，加上城市私家车的普及，周末去温泉度假一番已经不是可望而不可及的事情，所以温泉旅游越来越成为一种朝阳产业。

目前的温泉旅游已经不是单纯的泡汤，而是以温泉为资源发展起来的集健康理疗、花卉种植、健康餐饮、休闲度假、购物玩乐于一体的综合型旅游健康产业。作为甜蜜小镇的核心资源，云澜湾温泉也一直走在市场前面，她像一股充满活力的源泉，带领着巧克力甜蜜小镇向着甜蜜之路迈进。

4.浪漫婚庆是甜蜜产业

涉足婚庆业对于巧克力甜蜜小镇来说，也许是无心插柳柳成荫。一开始，碧云花园以其优美的景致吸引了周边的摄影公司前来洽谈作为拍摄基地的事宜。歌斐颂巧克力小镇的建成，又以欧式建筑和童话般的情调吸引了许多婚纱摄影公司和追求浪漫的情侣，双莲花造型的云澜湾温泉更是别具一格，十里水乡的田园风情又是另一番景致。大云的婚庆业便从婚纱摄影开始，一步步发展到婚庆鲜花、婚庆喜糖、婚庆策划、婚宴接待等。

我国 2014 年结婚对数为 1306.7 万对，2015 年、2016 年结婚对数有所回落，2016 年约 1000 万对。从近 30 年的整体结婚对数来看，虽然我国近几年结婚对数增速有所放缓，但是由于我国人口基数庞大，相较于其他国家，我国结婚对数规模仍然较大。婚庆产业可带动上下游几十个相关产业的发展，仅从狭义意义的婚庆产业来说，主要以结婚消费为主，例如：婚纱照、婚戒等饰品、婚宴、婚礼服务、婚纱、婚车、蜜月旅游等。有机构统计，全国每一对新人平均结婚消费约为 12.08 万元，以 2016 年结婚对数为基准，国内平均结婚消费规模约为 1.2 万亿元，并且随着国内消费水平的整体提升，婚庆市场的规模还有望不断扩大，并呈现多元化、个性定制化态势。

◇ 歌斐颂巧克力小·镇婚庆摄影外景基地（此图由歌斐颂巧克力小·镇提供）

5. 休闲情侣游、亲子游也是甜蜜产业

以温泉＋田园＋水乡＋巧克力乐园为主的旅游集合体，无疑是最适合情侣、夫妻和举家亲子游的线路。人生不同阶段有不同口味的"甜蜜"，通常我们认为恋人之间，婚庆时刻是最为甜蜜的，此时的爱如甜甜的蜂蜜，纯净浓烈，你侬我侬；当爱情与亲情融合，大人带着孩子甜蜜出游，此时的甜蜜感变得如巧克力般醇厚、意蕴悠长、回味无穷。巧克力甜蜜小镇，不仅适合情侣游，更适合亲子游、家庭游。恬静的自然风光、舒适的温泉、浪漫的巧克力和花海，都是适合一家人休闲度假的好去处。

二、以"巧"为心的甜蜜小镇产业定位

浙江省首批特色小镇都以明确的产业发展为基点，具有联系农村和城市的纽带作用。巧克力甜蜜小镇也不例外。从地理位置上说，大云是浙江与上海的交汇处，它联系农村和城市的纽带地位十分显著。大云镇距离上海、杭州等大城市的距离都在100公里以内。从县域上看紧邻嘉善县城区，沪杭高铁和G60沪深高速穿境而过，更是带动大云的部分镇域向县城靠拢，甚至被划入嘉善新城的建设版块中，另一部分则保留了农村的自然环境，肥沃、河网纵横，一派鱼米之乡的图景。

大云把发展特色小镇作为未来重点培育的主导产业与经济增长的核心点，休闲旅游业已成该镇的"一号工程"，不断推动着当地产业的转型升级。

紧扣"甜蜜"主题，利用云澜湾、歌斐颂、碧云农场等重点项目，充分整合水乡温泉的浪漫甜蜜、巧克力婚庆的味蕾甜蜜、农庄花海的美丽甜蜜等系列元素，挖掘本地文化、提升景区联动，打造出"甜蜜"属性的区域特色产业。

（一）巧克力甜蜜小镇的产业定位阐释

根据《嘉善巧克力甜蜜小镇实施方案》，小镇的产业定位为："围绕产业培育和旅游度假两大功能，力争通过3~5年的建设，把小镇建设成为国内著名的特色风情体验高地、婚庆蜜月度假胜地和文化创意产业基地，打造休闲度假、文化创意和特色风情有机结合的巧克力文化主题一站式体验小镇，形成以巧克力产业链为基础、以文化创意创新链为支撑、以休闲蜜月度假配套链为核心的宜业宜居宜游的产业特色。"

巧克力甜蜜小镇列入首批省级特色小镇创建对象后，立足特色小镇建设，"紧贴创建要求、突出甜蜜主题、围绕旅游主线"，创建的重点放在通过发展第二、三产业带动第一、第二、第三产业融合发展，打造新的产业升级路径，促进经济转型升级。

（二）小镇以巧克力为点，以甜蜜为链的产业定位可行性分析

1. 国产巧克力中高端市场尚有潜力

歌斐颂巧克力在进入这个行业之前，做了大量的市场调查。从人均年消费量来看，我国为99.8克，日本为1440克，全球人均消费量为961克，可见我国人均巧克力消费量相对较低。因此，未来巧克力产业在我国仍然有巨大的增长空间。

◇ 歌斐颂巧克力产品（此图由歌斐颂巧克力小·镇提供）

从2002到2014年，我国巧克力销售额持续保持10%以上的增长。2015年，我国巧克力糖果零售额达到185.16亿元，销售量达到12.69万吨。2015年受宏观经济增速放缓影响，巧克力销售额有所下降。虽然这两年市场增速开始放缓，但是作为快消品牌而言，它仍然具有市场潜力。

目前，中国巧克力市场总体呈"内弱外强"的态势，市场上鲜有国产知名品牌。因为巧克力是舶来品，大家对国外品牌认可度比较高，特别是相对高端的纯脂巧克力市场已完全被国外品牌占据，本土品牌只有在代可可脂类低端巧克力产

品上还有所作为。但随着国人生活质量的提高，对高品质巧克力的需求会日益凸显，这里面就有本土品牌成长的空间。

从 2014 年 2 月投产以来，歌斐颂巧克力产品市场占有率和口碑都在稳步提升。借助巧克力甜蜜小镇的游客销售、直营店，以及天猫、京东等电商平台，歌斐颂巧克力的线上线下销售数据一路飘红。据莫雪峰透露，2016 年全年，歌斐颂巧克力的销售额达到 2 亿元，仅 2016 年"双 11"期间，销售额就达到了600 万元。

2. 巧克力生产 + 旅游的项目尚属国内首创

走进歌斐颂，欧式风格的厂房，点缀着鲜花的石柱和窗沿、路边徐徐转动的风车，以及远处的花海，这一幅田园牧歌式的乡村美景让很多游客惊叹，歌斐颂营造出巧克力发源地的文化印记和欧洲情调。

受到美国好时巧克力小镇的启发，歌斐颂的定位从一开始就不只是单纯的巧克力工厂，掌门人莫雪峰说，他是按照 AAAAA 级旅游景区的标准来规划的。

作为巧克力甜蜜小镇的核心项目，歌斐颂巧克力小镇是重磅打造的省级重点项目，也是国内首家、亚洲最大的巧克力特色旅游风景区，集巧克力生产研发、展示体验、文化游乐和休闲度假于一体，是旅游小镇、主题公园与巧克力生产基

◇ 歌斐颂小·镇园区（此图由歌斐颂巧克力小·镇提供）

地相融合的多功能经济综合体。项目以歌斐颂品牌为核心，分为产品和旅游两个部分，计划年产高品质巧克力 2 万吨，年接待游客 160 万人次。

国内并不缺乏巧克力生产企业，但是一般生产企业的工业化特点让它很难吸引游客，并且几乎没有改造空间。随着近几年巧克力的热销，围绕巧克力的休闲旅游项目和创意体验项目也层出不穷，但是这些项目往往面积有限，而且只有微缩的生产线，没有真正的巧克力生产能力和自有巧克力品牌。基于这些市场空白点，歌斐颂定位清晰明确，直切巧克力生产 + 旅游的特色，在省内乃至国内都是具有先发优势和鲜明特色的。企业家的敏锐直觉与当地政府的大力支持，使得歌斐颂集团从构建到建成、投产，发展速度较快，规模较大，且具有前瞻眼光，为小镇的发展奠定了良好的基础。

3. 以甜蜜为特色的产业集聚发展空间尚属首创

巧克力和甜蜜这两个关键词，天生就有甜津津的魔力，能让人唇齿生津，肾上腺素倍增。一个小镇能从"巧克力"出发，"脑洞大开"到定位在出售"甜蜜浪漫"上，这想象力令人惊叹。

可这真不是突发奇想，它拥有扎实的产业基础。歌斐颂巧克力小镇和大云镇是"子母镇"。大云镇的底色是农业，为了让当地百姓也"幸福"起来，配合歌斐颂最新推出的国内首款水果巧克力，农户们被带动起来种植草莓和蓝莓。

在这里，你可以看到巧克力生产的全过程，还能自己动手制作各种口味和造型的巧克力。但这仅仅只是产业链的开端。因为甜，不仅仅是一种味道，还代表着愉悦，能让人自然而然地联想起幸福来。

婚庆蜜月的产业链随之延伸开来——歌斐颂巧克力小镇、云澜湾温泉、碧云花海，这是甜蜜的世界，也是童话的世界，所以它们顺理成章组合成了新人理想的梦幻婚纱摄影基地。作为摄影基地，小镇的诸多景点已成为周边多家婚纱摄影公司和工作室指定合作的摄影基地，在嘉善、嘉兴，甚至杭州、上海等周边区域都有较高的市场追捧度。

云澜湾温泉负责人介绍，他们与上海各大影楼签订了合作协议，目前每天前来拍摄婚纱照的新人约 300 对。而在歌斐颂巧克力小镇，婚庆喜糖的生意也就顺理成章开展得如火如荼。据统计，2016 年小镇接待的新婚夫妇达 7 万多对。

这就甜蜜够了？不，未来小镇还要新建婚庆风情街，集聚婚庆策划一条龙服务，让那一条甜蜜的红线串联起小镇温泉、水乡、花海、农庄、婚庆、巧克力这些散落的资源，用产业带动人气，再用人气推动旅游发展。

巧克力甜蜜小镇通过第三产业的发展，将第一、第二产业进行一一嫁接。它通过第一、第二产业带动第三产业，又通过旅游业等服务业促进了农业、工业的转型升级，开发了以生态观光为主的休闲农业和可供体验的巧克力工业游，将现代精品农业、工业和生态旅游深度融合，让小镇的生产、生态、生活"三生"融合，层层推进，将各大产业与小镇拥有的自然资源紧密相连，让这甜味甜到人的心坎里，甜得宏大美妙，甜得席天幕地。

云澜湾宜居社区的建设，吸引了周边青年的创业热情，采摘游、民宿、花卉经济逐渐兴起。农民在家门口找到了就业机会和创富商机，推动了当地农业转型升级，助推美丽乡村建设。

通过有机种植，创造性研发伴手礼，打造品牌，上下平台联动，引入新的互联网营销模式，花卉种植形成了一条完整的产业链，带动了周边花农致富。在云澜湾的引导下，大云传统农业开始向互联网经济和温泉旅游转型，焕发出新的生机。

巧克力甜蜜小镇的目标是成为中国甜蜜度假目的地，而绝不仅仅是巧克力工业旅游项目。围绕"巧克力"和"甜蜜"特色的打造，特色小镇内无论大小景区（景点），从内涵上来说都在做甜蜜产业、甜蜜事业的文章。用时任大云镇党委书记范国良的话来说，巧克力小镇有着极为丰富的旅游资源，"我们要打造三条链，巧克力产业链、文化创意创新链和休闲蜜月度假配套链"。

这种以甜蜜为特色的产业集聚方式和小镇定位在国内尚属首创。未来，小镇有望通过要素整合推行联票制度，并通过整体旅游形象推广打响巧克力甜蜜小镇的旅游品牌。

（三）巧克力甜蜜小镇定位的四"巧"之处

1."巧"在有一个好的主题

巧克力甜蜜小镇定位在"巧克力"和"甜蜜浪漫"上，这个特色个性鲜明，不但浙江其他地方没有，而且全国也独此一镇，可能世界上也不多见。巧克力甜蜜小镇是有历史、有产业、有文化、有故事的。国产中高端巧克力市场尚有空白，且发展潜力巨大，歌斐颂的起步与市场切入点都十分精准，具有强大的品牌生命力；"甜蜜"一词既增强了小镇魅力的可感知度，又串联起了小镇的多业态产业主题，可以大放特色之彩。

2."巧"在有不可复制的自然资源

云澜湾温泉来自 5 亿年前的奥陶纪岩层，具有不可复制的独特性，是大自然给予大云的恩惠，是大云发展甜蜜事业的自然源泉。稀缺独特的温泉之水，似甜蜜生活的源泉，给予大云开创甜蜜事业的无限动力。云澜湾温泉小镇，作为大云省级旅游度假区的核心龙头项目，引领甜蜜小镇朝着第三产业健康发展。云澜湾温泉小镇让巧克力甜蜜小镇产业目标更加清晰，产业链更加完善，配套更加齐全，对当地的国民经济发展和产业结构优化升级有重大的推动作用。

3."巧"在有一个好的发展思路

这就是"一业为主、多业融合"发展的理念和思路。嘉善紧紧围绕"巧克力""浪漫甜蜜"主题，提出并很好地贯彻了"以旅游为主线、以企业为主体、以文化（甜蜜）为灵魂、以生态为主调"的创建理念，着力整合全县温泉、水乡、花海、农庄、婚庆、巧克力等浪漫元素，努力建设一个集工业旅游、文化创意、浪漫风情于一体的体验式小镇，将巧克力的生产、研发、展示、体验、文化和游乐有机串联起来，是一个典型意义上的工业旅游示范基地。

4."巧"在有企业主体支撑、项目引领的发展思路

歌斐颂集团是巧克力小镇的投资建设主体之一，这个项目计划年产高品质纯可可脂巧克力 2 万吨、年接待游客 160 万人次，到规划期末年综合收入突破 20 亿元。云澜湾温泉小镇集温泉养生、休闲度假、购物玩乐、商务会议、餐饮住宿于一体的

一站式"甜蜜"度假目的地建设，2016 年已获国家 AAAA 级景区称号，这都使得巧克力小镇的建设"巧借"了龙头企业之力，保证小镇建设、投资主体能落到实处。

（四）基于定位的产业发展现状——甜蜜产业蓬勃集聚

1. 以"旅游 +"引领"三产融合"

产业特色是特色小镇、特色成长的重中之重。特色小镇创建过程中始终把产业培育作为小镇创建的根基，坚持走"旅游 +"特色之路，把旅游作为一根红线引领第一、第二、第三产业融合发展，催生工业旅游、温泉旅游、农业旅游、文创旅游、休闲旅游等特色旅游产业，实现"以旅游集聚产业、以产业支撑旅游"的产业培育目标。

首先，大云已从农业小镇发展为经济小镇。经过长期以来的努力，大云克服要素禀赋不足等制约因素，立足本地特色，大力推进工业化，积极发展镇域经济，不断优化经济结构，主动对接上海，实现了由传统农业小镇到工业 + 旅游的特色小镇的历史性跨越。

其次，推进转型发展亮点纷呈。在农业文明和一般工业文明的基础上，根据省委省政府要求，积极推进科学发展、转型发展。抢占优势产业的特色小镇，打造全新的创业生态系统，既注意发挥原有第一产业优势，发展了一些农业特色镇，又深挖第二、三产业的潜能，加快新兴产业的集聚。巧克力甜蜜特色小镇，更是成为嘉善县域转型升级的新亮点。

再次，用新理念谋划新发展，推进供给侧改革。巧克力甜蜜小镇，作为一个产业和发展的集聚空间，项目符合产业发展方向，符合市场导向，能满足社会消费需求，使整个小镇的产业结构得到优化、原有产业得到转型升级，就是一种"供给侧改革""供给侧发力"。巧克力甜蜜小镇就是活生生的供给侧改革的典型，我国鲜有巧克力产业和自己的巧克力品牌，过去我国巧克力需求完全依靠进口来解决，而歌斐颂将国际先进技术引入国内并探索开发自己的巧克力品牌，可以说是填补了我国巧克力市场的空白。国内很多温泉项目还是沿着传统之路在运营，如何把温泉资源与其他产业融合，扩大温泉的利用价值，走出一条可持续发展的道路，是摆在我们面前的一大难题。巧克力甜蜜小镇龙头项目云澜湾温泉深入挖掘温泉文化和"善文化"，持续加强文化创意研发和文创产品设计、生产，在甜蜜小镇中走在前头。

2. 甜蜜产业投入和产出双提升

创建第一年，即 2015 年，巧克力甜蜜小镇完成投资总额 12.28 亿元，其中特色产业投资 11.12 亿元。2015 年小镇接待游客总量达到 121 万人次，实现服务业营业总收入 3.35 亿元。其中核心项目歌斐颂巧克力项目完成投资 4.59 亿元，云澜湾温泉小镇项目于 2015 年 9 月 28 日正式开业，截至 2015 年年底完成投资 5.09 亿元。渐趋成熟的歌斐颂和云澜湾等项目为特色小镇建设增添了特色魅力和强劲动力。

2016 年巧克力甜蜜小镇全年完成投资 10.61 亿元，完成年度目标任务的 106%，其中特色产业投资 7.72 亿元，特色产业占比 72%；接待游客 175 万人次，同比增长 45%。此外，还有大量意向项目开始洽谈和进入签约阶段。

3. 甜蜜产业全面推进升级

现有核心项目推进顺利，云澜湾温泉小镇 2016 年成功创建成为国家 AAAA 级旅游景区，目前已启动总投资 10 亿元景区二期建设，主要建设游客服务中心、希尔顿五星度假酒店、健康养生社区等内容；歌斐颂巧克力小镇 2017 年成功创建国家 AAAA 级旅游景区，同时总投资 5 亿元的景区二期建设已经启动，主要建设全新的游客中心、可可文化展示体验馆、青少年探索研学区和巧克力主题酒店等内容；碧云花海、十里水乡、拳王农庄等项目提质提升工作同步快速推进。

4. 甜蜜产业集聚效应凸显

随着巧克力甜蜜小镇的创建和品牌知名度的提升，越来越多与甜蜜产业相关的旅游、文创类项目开始向小镇集结，显示出甜蜜小镇对相关品牌和产业的集聚效应。2016 年 8 月 18 日，总投资 52 亿元的天洋"梦幻嘉善"文创旅游项目正式签约落户大云。11 月 8 日，总投资 1.5 亿元的中德合资德国啤酒庄园工业旅游项目正式签约落户。目前在谈较成熟的还有浙江蓝城项目和台湾植物迷宫项目。蓝城项目是一个与度假区全域合作的农旅、文旅综合体项目，拟打造中国特色小镇典范，计划投资 130 亿元，即将于近日签约。植物迷宫项目，总投资 1.8 亿元，拟打造一座全球最大的生态绿化植物墙迷宫，同时配套建设运动健身、度假酒店、生活广场、生态农场等设施。

5. 甜蜜品牌美名远播

随着创建工作的不断深入推进，巧克力甜蜜小镇的影响力和知名度也快速提升，小镇的甜蜜氛围也日益浓厚，小镇美名远播全国。小镇在传播上，采用了走出去、引进来双管齐下的策略。一方面，走出去做招商推介。2016 年，通过旅游专题招商会、中介招商、班子领导带队招商、驻点招商等方式向市场高频次推介甜蜜小镇，举办 6 次专题招商会，接待客商 160 多批次，拜访客商 100 多批次。另一方面，请各类媒体来小镇参观、采访，小镇得到了各级媒体的持续关注，《人民日报》《浙江日报》，以及新华网、央广网、搜狐、网易等媒体对小镇进行跟踪报道，同时利用传统媒体与新媒体融合的宣传阵地全面提升小镇对周边区域、长三角地区和全国的甜蜜影响力。

6. 甜蜜品牌 IP 化

2017 年 6 月 1 日，大云镇在上海举办了一场别开生面的发布会，大云镇全新的品牌形象正式亮相。其标志是一朵云的形态，将"中国甜蜜度假目的地"作为品牌定位，并喊出了"大云把你宠上天"的品牌口号，而嘉善大云镇 IP 卡通形象"云宝"也在这次发布会上首次亮相。拥有一双大眼的 IP 吉祥物"云宝"，可爱呆萌，并已被做成表情包、手机壳、抱枕、布袋等衍生产品。

◇ IP 吉祥物云宝（图片由大云镇政府提供）

◇ 嘉善大云镇 IP 卡通形象"云宝"上海发布会（图片由大云镇政府提供）

发布会结束后，上海外滩还开展了嘉善大云旅游品牌标志和"云宝"的灯光秀。"今晚，上海外滩点亮了大云的甜蜜梦想，大云迈出了甜蜜品牌 IP 化的第一步。"嘉善县委书记许晴说。

◇ 上海外滩的嘉善大云旅游品牌 LOGO、云宝灯光秀（此图由大云镇政府提供）

除了大云镇的 IP 品牌化，小镇中的云澜湾温泉也率先打造了自有 IP。早在 2014 年，云澜湾温泉就打造了卡通的"小八""小星"形象和衍生品。

2017 年云澜湾温泉正式定位为女人温泉，知名度也日益提升，原有的 IP 形象比较适合幼童受众，无法适应新的品牌宣传的需要。为此，云澜湾广招社会精英团队力求提升 IP 形象，最终和台湾著名文创公司肯默达成合作，打造出全新的云澜湾人物形象 IP：古灵精怪的莲格格与知识渊博、医术高明的温太医。

莲格格寓意上亿年前居于蓝莲花旁的神灵，目前是云澜湾可爱的女神。温太医寓意守护天下温泉、呵护百姓健康的神灵。

莲格格背景设定

名称：莲格格
个性：古灵精怪、活泼动人，难得一见的绝色美人，外表可爱，内心倔强，一旦认定一件事，十头牛都拉不动。
兴趣：非常喜欢泡温泉，几天没泡就会全身不对劲、提不起劲。

上亿年前曾是寄居于莲莲花中的神灵，后来故故变成凡人。

温太医背景设定

名称：温太医
个性：平时无论遇到什么事都冷静从容，习惯和人保持一定距离，只有对莲格格总是无条件宠溺。
兴趣：熟知温泉的各种功效，并将之用于日常保健养生，研发出许多有益健康的温泉泡法。

真实身份是上亿年前诞生于奥陶纪岩层、守护天下温泉的神灵。

◇ 莲格格、温太医视觉形象（图片由云澜湾温泉小镇提供）

云澜湾人物形象IP，形象饱满生动，很好地诠释了云澜湾"泉释美"的品牌精神。目前，环绕IP形象的多元设计展示正在紧锣密鼓地进行中。后期，在专业团队的协助和指导下，云澜湾将加强IP形象的推广和宣传，并通过泡汤体验、空间设计，将这一IP融入云澜湾小镇，以此强化消费者的体验、社交、娱乐、消费的满意度，同时IP文创衍生产品的开发也在研发中。

在IP之路上，更多元化的品牌传播爆发指日可待。

三、从甜蜜产业到甜蜜生态链的转型发展

根据《嘉善大云巧克力甜蜜小镇控制性详细规划》，按照"城乡建设转型、城乡设计全覆盖"的思路，以"两美大云"建设为引领，以"旅游体验化、空间集聚化、水路联通化、全域景区化"为路径，规划定位是"国内新奇度与丰富度领先的甜蜜小镇、省内保存完好的浪漫水乡"，城镇职能是"巧克力体验高地、婚纱蜜月胜地、文创影视基地"，发展目标是"浙江省旅游类特色小镇的样板区

域城－景－村协调共赢的窗口区"。因此，巧克力甜蜜小镇关照了小镇的产业基础，并充分挖掘了甜蜜产业的特点与产业链，把农业、工业、创意产业相结合，围绕甜蜜做大做强整套产业生态发展系统。

（一）围绕"甜蜜＋浪漫"，明确产业目标定位

巧克力甜蜜小镇在创建中紧紧围绕"甜蜜"和"浪漫"两大主题，坚守生态底色、旅游主线不变，推动规划区内产业、文化、旅游融合发展。

1. 力促产业甜蜜升级

依托旅游主线，重点培育与甜蜜小镇主题相关的工业、文创、休闲、农业等特色产业，推动资源整合、项目组合、产业融合，坚持以甜蜜主题集聚产业，以产业支撑旅游，走"旅游＋"特色之路，推动第一、第二、第三产业融合发展，避免小镇产业空心化。围绕产业培育和旅游度假两大功能，通过3～5年，把小镇建设成为国内著名的特色风情体验高地、婚庆蜜月度假胜地和文化创意产业基地，打造休闲度假、文化创意和浪漫风情有机结合的甜蜜主题一站式体验小镇。目前，3.87平方公里甜蜜小镇控规和0.99平方公里核心区城市设计已基本成型。

2. 内塑浪漫文化属性

小镇在打造内核方面，充分整合大云温泉、水乡、花海、农庄、婚庆、巧克力等浪漫元素，挖掘温泉养生、巧克力甜蜜风情、水乡田园等文化内涵，打造甜蜜小镇独特的浪漫属性，使小镇的甜蜜特色更具个性与灵魂。

3. 外造甜蜜感官体验

作为旅游类小镇，坚持按照AAAAA级景区标准对小镇进行景区化环境配套，打好"环境牌"，促进生产、生态、生活"三生"融合，把自然乡村田园风光的生态优势转化成产业优势。落实"田镶玉"的空间组织方式，形成"一心闪耀两片拥、一带集聚多点衬"的小镇空间结构。其中，"一心"即人气集聚的小镇中心客厅，集聚亲子乐园、购物休闲、高端酒店、旅游接待、影视创智等功能；"一带"即沿云海路的花海景观带，通过标示性地标雕塑、大地景观设计、小镇特色

道路铺装与断面处理等方式，加强小镇南北两片之间的联系；"两片"即北部温泉浪漫片区"田镶玉"平台和南部巧克力甜蜜片区，强化对开发强度、公共空间等战略性要素的控制，弱化对内部具体地块的过细划分。

（二）围绕"建设+运营"，全方位促进产业转型升级

1. 基础建设提升甜蜜氛围

巧克力甜蜜小镇以"甜蜜浪漫"为目标，高标准高要求地推进基础设施建设。2016年以来已累计投入5100万元，完成了巧克力大道、温泉大道延伸段等主要道路建设，并全面实施花海大道路面提升、主要道路沿线环境提升及绿化整体提升工程，2016年12月上旬全部完工，力求让进入到巧克力甜蜜小镇的每一位访客，从进入小镇的那一刻起就被花海大道、巧克力大道、温泉大道纵横交错的主要干道所营造的甜蜜氛围所深深吸引。为此，小镇积极推进生态环境整治，把小镇建设与"五水共治""三改一拆""四美嘉善"建设等重点工作紧密结合，整治出自然乡村田园风光的江南水乡生态新优势，整治出宜业宜居宜游的旅游产业发展大环境。

2. 向已建、在建项目要甜蜜形象

小镇创建过程中，一直大力度培育特色产业，围绕项目建设和市场运营两大核心，加强政府引导，激发市场活力，开足马力抓建设，千方百计打造出甜蜜形象和浪漫氛围。

"碧云花园——十里水乡"这个大云最早创建的AAAAA级旅游景区，2016年开始了十里水乡部分的封闭景观建设，将水中与岸上进行联动美化，碧云花海农场则把原有的鲜切花产业逐步转变为四季花海的旅游项目，在硬件上也一直在进行形象升级工程。2017年4月，浙江省杜鹃文化节暨中国·嘉善第十一届杜鹃花展就在碧云花海十里水乡举办，以"善美杜鹃乡村，花开甜蜜小镇"为主题，花展上"香"飘万里的上百万盆杜鹃花尽情绽放。今后，十里水乡与碧云花海将是水中与岸上相结合的旅游联动项目。

作为国内首家、亚洲最大的以巧克力文化为核心，以巧克力生产为依托，集巧克力文化体验、探索研学、休闲度假等功能于一体的巧克力特色小镇，歌斐颂巧克力小镇在规划之初就按照国家 AAAAA 级景区标准进行建设。2016 年歌斐颂巧克力小镇通过国家 AAAA 级旅游景区资源评估，2017 年成功创建国家 AAAA 级旅游景区，目前二期建设也在稳步推进中，包括巧克力学院、巧克力主题酒店等都开始呈现出更多更新的甜蜜形象。

"亿年的古水，千年的井；世界的设计，东方的魂；温泉的精髓，江南的情！"云澜湾温泉小镇建筑唯美，风格独特，既承袭了本地的江南水乡传统文化，又融汇了西方的现代异域风情，体现了"延古续今、东情西韵"的建筑特色。让"外国人看了很中国，中国人看了很世界，年轻人看了很时尚"，温泉中心"双莲古井"，由迪拜帆船酒店副总设计师马丁先生亲自担纲设计，寓意"冷热双泉，井上添花"。泓庐，唐风飞檐，古树磐石，原木门廊，雕花窗廊，处处浓缩呈现了汉唐建筑文化的精华。

据介绍，2016 年云澜湾温泉小镇的游客接待量已经突破 100 万人次。同年 9 月，云澜湾温泉小镇创建 AAAA 级景区通过旅游资源评审。这意味着，大云省级旅游度假区将向全面 AAAA 级进发。

从停车场的车牌来看，嘉兴本地游客越来越多，其次是来自上海的游客。2016 年下半年以来，游客来源明显向周边城市扩张，长三角城市来巧克力甜蜜小镇旅游的游客数量也在明显增加，这从侧面证明小镇的品牌影响力正在逐步扩展。

3. 向在谈项目要甜蜜关联度

在项目谈判选择过程中，严把产业关和与甜蜜小镇的关联度，坚持以甜蜜为项目的主题线索，2016 年已与总投资 60 亿元的文创综合体项目和总投资 2 亿元的高端民宿项目签订战略投资意向书，为特色小镇建设增添了强劲动力。此外，在谈成熟项目还有云庐休闲园、格林童话、咖啡豆产业园、德国啤酒庄园等。虽然有 50 亿元的投资压力，但小镇始终坚持集约利用土地资源，坚持在小空间内集聚高端生产要素，在招引新项目方面舍得摒弃，紧扣产业定位磁聚特色项目，紧扣甜蜜主题布局特色业态，把既定规划的刚性约束力前置到招商环节。对小镇规划区的存量资源进行梳理，将偏离发展定位的项目区块尽快腾退剥离、及时"断腕"，淘汰了晨光有机复合膜厂、JBT 音响厂等一批低小散企业，使小镇的产业定位、投资规模更加符合特色小镇的创建要求。

4.多视角深挖甜蜜文化内涵

一是深挖"口甜"巧克力文化，延伸巧克力产业链。引进了为巧克力包装配套的国内行业龙头企业弘信包装项目。目前在谈的还有咖啡豆产业园项目，以及科特迪瓦的可可森林项目。

二是深挖"心甜"婚庆文化，延伸婚庆蜜月产业链。目前，歌斐颂巧克力、云澜湾温泉、碧云花海婚纱摄影基地已有较高的市场追捧度，新人年接待量达 5万多对，下一步计划进一步延伸产业链，新建婚庆风情街，集聚婚纱设计、婚庆策划等项目。

三是深挖"身甜"养生文化，延伸温泉产业链。把温泉休闲度假与健康养生产业有机融合，拓展养生新业态，发展"她经济"和"她产业"。2017 年云澜湾温泉在品牌定位上做了大动作，持续加强女性专属关爱、美容美肤、健康养生等"美丽服务计划"，建立精品化思维，形成差异化战略，真正将"她消费"向"她产业"推动发展，引领全新的消费时尚。通过温泉养生衍生发展中医养生文化、高端体检康养、妇幼精品保健及月子中心、美丽微整塑形中心、治未病预防医院，抗衰老中心等大健康产业链。

四是深挖"乡甜"文化，延伸农居民宿配套产业链。将农耕文化、"善文化"等传统因子植根于农居民宿开发之中，让当地群众参与旅游开发、共享发展红利，让游客在休闲度假体验中品味本土文化、品味浓浓乡愁。目前，已完成特色村落开发布点规划。

（三）构建"互融＋互联"的产业生态圈，形成产业集群效应

大云很早就开始发展现代化农业。20 世纪 90 年代以来，以鲜切花、葡萄、

杜鹃等为主的第一产业基础扎实，农产品和工业原材料丰沛，农村转移劳动力充足，具备发展第二、第三产业的基础条件。近年来，大云当地的乡镇企业、中小企业和加工业和服务业蓬勃发展，碧云花园和歌斐颂集团都是土生土长的当地企业家发展起来的浙商创新创业项目。

在巧克力甜蜜小镇的创建过程中，既是特色也是挑战的就是以"双产业"即特色产业与旅游产业为主，"三架构"即产业链整合架构、旅游目的地架构（景区）、城镇化架构共同支撑的发展架构。旅游目的地架构使特色小镇不完全是旅游，但又必须是以"旅游+"为引擎，聚焦自身优势的特色产业，延伸产业链，形成"产业本身+产业应用+产业服务"的相关产业集群机构。

要以产立镇、以产带镇、以产兴镇，实现产镇统筹和协调发展，就必须促进从小镇资源到小镇产业、从小镇产业到小镇经济的转变，因此，小镇创建中要积极构建完整的产业生态圈，实现产业的互融、互补、互联、互生，以产业融合支撑小镇的建设和发展，形成小空间大集聚、小平台大产业、小载体大创新，拓展小镇的影响力。

从微观层面上说，重点是如何在每个企业内部延伸产业链，达到资源利用最大化；从中观层面上看，是小镇整体产业构架如何在第一、第二产业增加产业链向第三产业延伸；从宏观层面上说，是小镇的产业如何实现互相融通、互相联动发展，以及如何在发展过程中保护资源、保护环境，并使特色产业与旅游产业形成产业集群。

四、巧克力甜蜜小镇的特色产业发展经验

浙江作为全国特色小镇的领跑者，首要原因是，浙江当地各县各镇具有较好的块状经济的特色产业基础，县（市、区）可以围绕有历史、有文化、有需求、有品牌的"四有产业"，如丝绸、黄酒、茶叶等历史经典产业，选择本地特色或优势产业作为主攻方向，建设工业特色小镇，加快传统产业新型化步伐，也可以抓住新科技革命的机会，"无中生有"，紧紧围绕新技术、新业态、新模式、

新经济的"四新产业"，不断导入创新要素，立足本地，集聚资源，发展特色小镇。

（一）从资源优势出发，彰显产业特色

围绕信息经济、现代金融、高端装备等新兴产业发展，依托浙江电子商务优势，在软件设计、信息服务、大数据、云计算、科技金融、智能装备等领域打造特色小镇，培育发展数据挖掘、信息服务、互联网金融、智能制造等产业形态，集聚天使投资基金、股权投资机构、财富管理机构，如杭州梦想小镇、云栖小镇、基金小镇、机器人小镇，宁波海洋金融小镇，嘉兴桐乡的互联网小镇等。

产业是人口合理聚集、城镇健康发展的基础。从小镇的自然资源、人口结构、产业基础等条件出发，因地制宜，确定小镇发展的主导产业和支柱产业。应充分考虑区域定位，做好小镇建设和产业发展的规划设计，防止重复建设和低水平恶性竞争。依托主导产业，形成拳头产品，引领市场发展。

（二）推动产业聚集，提高规模效应

依托当地历史经典产业发展，挖掘卓越内在品质，挖掘历史文化、民俗文化、海洋文化资源，提升文化品位，培育产业文化特色，构建传承独特地方文化的产业发展载体，打造技艺精湛、特色鲜明的特色小镇产业集群。

产业集群发展，通常指的是相互独立又相互联系的产业，按照区域化布局、产业化经营、专业化生产的要求，发挥各自的比较优势，在地域和空间上形成高度集聚的集合和融通发展。在小城镇区域范围内，推动形成产业聚集，可以畅通产业信息、增强产业活力、节约交易成本，形成产业抱团发展，提高产业发展的规模效应和综合竞争力。

（三）培育龙头企业，发挥带动效应

龙头企业是产业发展的代表，是产业先进生产力的掌握者。在一定程度上，

龙头企业的发展水平，代表着一个地方的产业发展水平。要加大对龙头企业的支持，在财政支持、税费优惠、用地用电、产品流通等领域加大扶持力度。鼓励和引导龙头企业与产业链条上的小微企业、个体工商户、农民等各相关主体，建立公平的利润分配机制，充分发挥龙头企业对产业发展和经营主体发育的引领和带动作用。

（四）发展配套产业，注重功能叠加

在小城镇区域范围内，第一、第二、第三产业发展都具有一定的基础和条件。要结合各自条件和发展阶段，进一步挖掘产业内涵和潜力，推动相关配套产业发展。特别是要立足第一产业、做强第二产业、做活第三产业，大力发展农产品加工、乡村旅游、休闲农业等产业，促进产业功能拓展，提升产业文化内涵，实现第一、二、三产业融合互动，提高产业综合发展能力。重点围绕产业特色做差异文章，围绕生态特色做环境文章，特色小镇的产业要聚焦于信息经济、环保、健康、时尚、金融、高端装备制造等新兴产业及历史经典产业，形成各自的产业特色与比较优势。培育和创建工业特色小镇，要注重功能叠加。在明确特色小镇战略性主导产业定位的基础上，创新理念，开发旅游、文化等多种功能，培育企业主体，突出产业配套，形成产业、文化、旅游、时尚和健康等功能的叠加效应，打造独特的生态特色。

（五）突出特色优势，创新品牌内涵

建设特色小镇，主要体现的是特色产业、特色产品和特色服务。发展特色产业，不能墨守成规、不能千篇一律，要加强创新和品牌建设。大力开展品牌创建，发展品牌产业、品牌产品和品牌服务，提高品牌的知名度、美誉度，用特色品牌占领市场。

（六）产城融合共建，实现产镇协同

建设特色小镇要符合产业融合与产镇融合的发展要求。实现产业间和产业内的融合发展，小镇特色产业不仅与其他产业融合发展，实现产业间的协作和配套，而且往特色产业内部与创新要素相互联系、相互渗透，形成融合发展，体现高度信息化、高端化和系列化。实现产城（镇）融合发展，即特色产业发展与小镇空间布局要协调统一，形成生产、生活、生态融合发展。

产城融合是新阶段经济发展的必然产物，符合城镇化发展的客观规律。有产必有城，有产则城立，则城兴，有城无产则城衰，则城空。产业自身发展，不仅能够为城镇居民提供各类产品和公共服务，丰富城乡市场供给，还能推进城乡资源平等流动，带动城市公共产品和服务向乡村延伸。要把产城融合共建摆在特色小镇建设的重要位置。树立"以产立城、以产兴城、以产聚人"的发展思路，实现产、城、人的融合发展。

本章参考文献

[1] 陈佳伟.巧克力甜蜜小镇接受省级特色小镇考核组考核[N].嘉兴日报，2017-03-30.

[2] 陈文文，刘文书.巧克力小镇，一趟香甜的旅程[N].浙江日报，2015-06-23.

[3] 陈文文，张卉卉.歌斐颂巧克力小镇：80后"海龟"打造甜蜜事业[N].浙江日报，2015-10-19.

[4] 兰建平.建设工业特色小镇 加快转型升级发展[J].浙江经济，2015（19）：14-15.

[5] 王俊禄.解读：浙江首批37个"特色小镇"是如何诞生的？[EB/OL].（2015-06-18）.http://www.zj.xinhuanet.com/newscenter/headlines/2015-06/18/c_1115653157.htm.

[6] 姚似璐.浙江3年投五千亿建百个"特色小镇"，首批名单经省长审批[EB/OL].（2015-06-04）.http://www.thepaper.cn/newsDetail_forward_1338542.

[7] 于新东.产城融合的实现机制[J].浙江经济，2016（3）：19.

本章作者：顾杨丽、杜诗轶

第五章

引领甜蜜新体验

"特色小镇"是一个文化平台，这四个字本身就很有诗意，很有人文情怀。特色小镇是相对独立于市区，区别于行政区划单元和产业园区。具有明确的产业定位、文化内涵、旅游功能和一定社区功能的发展空间平台。文化是最形象、最生动、最直观地表现小镇特色的外在形式，也是小镇性格和精神的独特载体。

一、山水与景观相依托的甜蜜小镇特色物质文化

（一）自然界山水文化呈现

在"绿色大云、人居大云"的口号下，大云镇全面加强生态建设。2012年，大云镇绿化覆盖面积97.47公顷，绿化覆盖率达41.3%；绿地面积86.14公顷，绿地率达36.5%；公园绿地面积9.56公顷，人均公园绿地面积9.7平方米。先后荣获"全国文明镇""国家生态镇""全国新农村建设科技示范镇""中

国鲜切花之乡""浙江省文明镇""浙江省旅游强镇""浙江省森林城镇"等称号，2012年2月获评"国家园林城镇"。大云镇对于山水资源的保护为巧克力甜蜜小镇的建设打下了良好的基础。小镇位于嘉善大云镇东部占地12.79平方公里的大云温泉省级旅游度假区内，以"温泉、水乡、花海、农庄、婚庆、巧克力"为特色，有杭嘉湖平原第一口温泉，有原生态的充满自然野趣的水乡风光，有中国鲜切花之乡，有受市民喜爱的生态休闲农庄和婚纱摄影基地。小镇在不损害自然环境的前提下，在因地制宜发展的基础上进行产业引进。碧云花园、十里水乡景区被评为"国家级旅游景区"。云澜湾温泉小镇也以AAAA级景区的标准建造并已通过审核；拳王农庄成功创建AA级景区，形成了乔、灌、花、草的有机组合，还原了原生态的水乡美景；歌斐颂巧克力小镇的薰衣草花海、杜鹃花街项目，云澜湾的四季花海项目都为大云镇的山水资源增添了不一样的色彩。2017年，歌斐颂巧克力小镇成功创建国家AAAA级旅游景区，是整个度假区内第三家国家AAAA级旅游景区。小镇将重点围绕产业培育和旅游度假两大功能，根据"特色风情体验高地、婚庆蜜月度假胜地和文化创意产业基地"的定位，通过3~5年建设，把小镇打造成休闲度假、文化创意和浪漫风情有机结合的甜蜜主题一站式体验小镇，打造成嘉善旅游乃至浙江旅游的新名片。

从环境肌理上分析，小镇按照AAAAA级旅游景区的标准对小镇进行景区化环境配套，把农业作为底色，打好"环境牌"，发展以"参与体验、生态观光"为主要内容的休闲农业，促进现代精品农业和生态旅游深度融合，促进小镇生产、生态、生活"三生"融合，把自然乡村田园风光的生态优势转化成产业优势。

（二）巧克力景观文化呈现

除了优越的自然山水文化资源，小镇还具有鲜明的巧克力景观文化。"歌斐颂巧克力小镇"——当这几个字映入游客眼帘的时候，空气中仿佛飘来了浓郁的巧克力香味。在这里，游客可以看到一组占地10余亩的欧式外观的连体建筑，四周布满鲜花和大片的绿茵。草坪上，颇具创意的老式公交车模型和字母、人物造型，给这里平添了一份浪漫之情和异国风情，几对情侣在摄影师的指导下摆着造型，拍摄婚纱照，这便是大云的"歌斐颂巧克力乐园"——歌斐镇巧克力小镇的核心区。

◇ 歌斐颂巧克力乐园（此图由歌斐颂巧克力小镇提供）

红黄色调、穹隆顶阁、楼亭、罗马柱……歌斐颂营造出巧克力发源地的文化印记和欧洲情调。2014年10月，歌斐颂巧克力小镇一期旅游项目正式对外开放。在这个巧克力的世界中，游客可以了解巧克力发展史，优质的可可豆产自哪里，是怎样被发现，又是如何漂洋过海来到欧洲成为当时贵族的奢侈食品的。

歌斐颂巧克力小镇有歌斐颂市政厅、歌斐颂婚庆庄园、歌斐颂可可森林等众多版块。作为国内首个以巧克力文化为主题的主题园区，歌斐颂巧克力小镇充分挖掘巧克力文化内涵，传播巧克力文化知识，以巧克力文化创意为核心，将巧克力旅游与文化创意、创新进行有机结合，设置巧克力文化体验项目，拓展旅游功能内涵，让游客亲身感受巧克力带来的甜蜜乐趣，是集高品质巧克力生产、巧克力文化创意体验和旅游度假休闲于一体的创新经济综合体。

巧克力景观文化的展示主要分为三个部分。

第一部分，156米长的观光通道。这条观光通道开辟在巧克力生产流水线的一边。通过透明玻璃，游客可以观看巧克力从原料混合、研磨、精炼到包装的工艺流程。在流水线的两边，一边是从瑞士引进的世界顶尖的巧克力生产设备，一边是一整面展示着相对应的巧克力生产过程的图片。游客可通过实物、图片、文字三者的结合来了解巧克力的整个生产过程。

第二部分，可可的展示。巧克力文化展示馆内展示着一个个金黄色的可可果，可可果对面的玻璃内展示着的则是一排可可树，一个角落里还陈列了一艘独木舟，让游客就像是身处非洲的可可种植园。这里展示了可可豆的生长过程，以及可可豆是怎样经过发酵、干燥、烘烤、碱化、精炼等一步步加工变成美味的巧克力的。

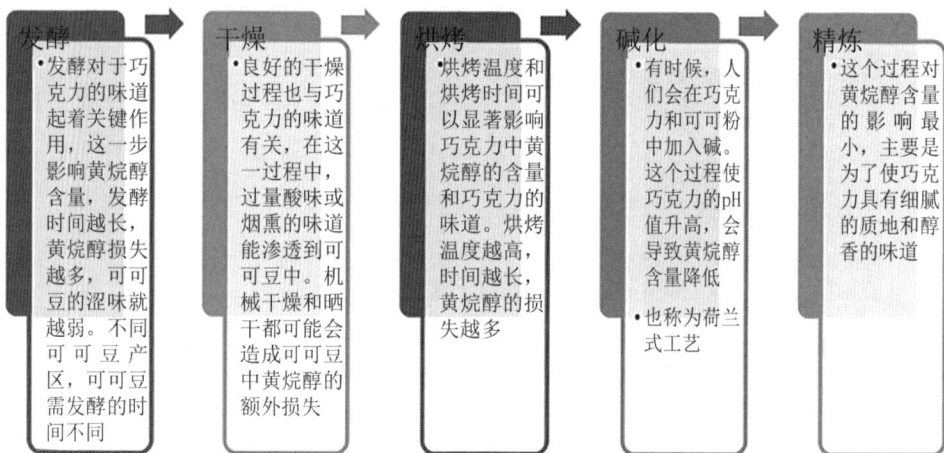

发酵	干燥	烘烤	碱化	精炼
• 发酵对于巧克力的味道起着关键作用，这一步影响黄烷醇含量，发酵时间越长，黄烷醇损失越多，可可豆的涩味就越弱。不同可可豆产区，可可豆需发酵的时间不同	• 良好的干燥过程也与巧克力的味道有关，在这一过程中，过量酸味或烟熏的味道能渗透到可可豆中。机械干燥和晒干都可能会造成可可豆中黄烷醇的额外损失	• 烘烤温度和烘烤时间可以显著影响巧克力中黄烷醇的含量和巧克力的味道。烘烤温度越高，时间越长，黄烷醇的损失越多	• 有时候，人们会在巧克力和可可粉中加入碱。这个过程使巧克力的pH值升高，会导致黄烷醇含量降低 • 也称为荷兰式工艺	• 这个过程对黄烷醇含量的影响最小，主要是为了使巧克力具有细腻的质地和醇香的味道

◇ 可可豆的加工过程

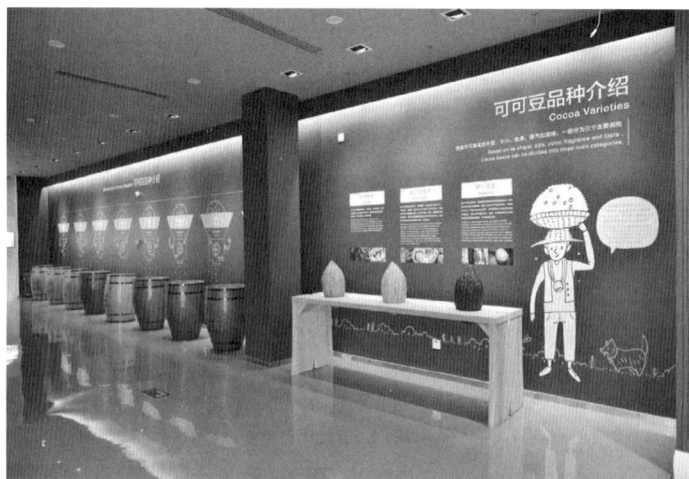

◇ 可可展示（此图由歌斐颂巧克力小·镇提供）

◇ 歌斐颂巧克力生产流水线（此图由歌斐颂巧克力小·镇提供）

第三部分，巧克力文化体验。在歌斐颂欧式风格的厂房里还有巧克力厨房、私人定制室、巧克力学院等场所。走完156米长的观光通道后，就会来到"巧克力世界"，这里有国际巧克力大师表演、影视放映、巧克力课堂等，你可以自己动手制作属于你自己的巧克力，加上各种你喜欢的配料，牛奶、曲奇、坚果，可以做成你喜欢的形状，圆形、方形、爱心形。"巧克力世界"中还有一处巨大的巧克力喷泉，远远望去，巧克力似乎从天而降，从顶端源源不断地流淌下来。

我们可以憧憬，完整的歌斐颂巧克力小镇不仅仅是一个工厂、一个博物馆，而是一个平台，传播的是一种生活态度。这是一个妙趣横生、体现浓郁巧克力文化景观的特色小镇。

2017年8月，在云澜湾温泉小镇，由梦东方集团斥资52亿元打造的"梦东方·梦幻嘉善"项目热闹开工。项目预计于2018年年底整体开放，"把你宠上天"的巧克力甜蜜小镇将再添心动元素。"梦东方·梦幻嘉善"项目以千年吴越文化为主题，结合"善文化"，通过梦东方自有IP生态圈，打造集科技、文化、休闲、旅游、度假、娱乐于一体，结合餐饮、文创、零售、办公等多种业态的旅游度假区。度假区利用大云水乡自然环境和人文风俗，以吴越文化为脉络将春秋古战场、唐宋遗风、明清盛世、近代风貌等各个历史时期的景象通过实景打造以及光电演示等高科技手段模拟呈现，让游客身临其境。未来，游客既可以在这里亲身体验古代船舰水战的激烈惊险，也可以于水乡古镇特色的"街巷院"间闲庭信步。

（三）云澜湾温泉景观文化呈现

冰岛蓝湖，远离人间的冰火缠绵；在德国巴登，5分钟忘掉自己，20分钟忘掉世界；在日本箱根，体验富士山下的温泉之乡；在巴厘岛，享受静心与美体的SPA天堂；在云澜湾，品鉴一个世界级的完美度假胜地……

云澜湾温泉是杭嘉湖平原第一口真温泉，它的发现实现了我国平原地区温泉资源零的突破。云澜湾温泉源自上亿年前的奥陶岩层，与嘉善1200年前的幽澜泉同属一脉，历史悠久，文化灿烂。云澜湾温泉属国内罕见珍稀偏硅酸温泉，具有养生、美容、医疗多种功效，素有"美人汤""神经镇痛剂"之美誉。每一个温泉旁都有一个长寿村，云澜湾温泉依托珍稀的温泉资源，以温泉旅游为主导，联动健康养生、亲子游乐、商务会议、餐饮住宿、生态人居等相关产业链，打造"可游、可业、可居"的新型温泉度假地。

云澜湾温泉深入挖掘吴越历史文化资源，将世界温泉文化、嘉善"善文化"、江南水乡水文化三者有机结合，东情西韵，既传承江南历史文脉，又在建筑规划设计上勇于创新。云澜湾的每一栋建筑都有自己的故事。

泓庐精品酒店以"泓文化"为精神内涵，把江南的水乡、温泉、园林、国学、养生这些文化有机地融合为一体，让人耳目一新。唐风屋顶、原木门廊、古木磐石、万壑松风、一泓清泉，是体现汉唐建筑艺术的创新之作。"泓"取自于"一泓清泉"，体现了酒店依温泉而建，引温泉入客房的温泉酒店特色。同时也与弘一法师的佛缘法号相关，有低调幽深和禅修之意。"庐"取自"结庐在人境"，意为酒店虽有禅修之意，但也有闲适自得的人间烟火气。

◇　泓庐精品酒店（此图由云澜湾温泉小·镇提供）

　　泓庐借鉴唐风建筑风格和江南园林布局，环池开路，叠石为山，绿树成荫，曲水流觞，形成了"尺树寸泓，咫尺山岩"的美学意境。漫步其间，如同穿越时空，梦回流转，处处呈现了中国传统园林文化的精髓。泓庐五道禅院，五道养生，让人达到一种"静、雅、逸、神、和"的修养境界。五道给予人的不仅仅是闲适、淡雅的表象，更能引导人进入一种美学意境，那正是这浮躁的社会所欠缺的。

　　五道禅院以"琴、书、茶、香、花"为对应主题特色，酒店的整体装潢非常讲究，古老的石地板，八仙过海主题的根雕，清爽透彻的泉池，独立静谧的青石幽居……营造出了高端、私密的气氛。为什么叫"五道"呢？因为"琴道、书道、茶道、香道、花道"是中华灿烂文化的组成部分，体现了养生的文化境界。所以以琴道（琴瑟在御）、书道（枕经拥书）、茶道（上善若水）、香道（红袖添香）、花道（朝花夕拾）五道为养生房主题，并分别对应"金、水、木、火、土"五行。每套养生房都有独立的温泉泡池，让游客在传统艺术中潜心体会生命的律动，让浮躁的心灵沉静下来，回归丰富的精神世界。

　　四季花海的特色在于花园内设置有水管房，游客可在特色水管房内，与花海共度夜晚时光。同时还设置有"时空隧道"，夜空降临之时，灯火四起，游客可在夜色中与花海一起共赴梦境。

◇ 五道禅院（图片由云澜湾温泉小·镇提供）

◇ 泓庐五道园文化内涵（图片由云澜湾温泉小·镇提供）

（四）碧云花园景观文化呈现

碧云花园位于大云镇东南部，占地面积为 1100 亩，是大云温泉生态旅游度假区的重要组成部分。景区以自然资源、生态资源、农业资源和人文资源为基础，保留了原汁原味的江南水乡自然风光，融入了特色资源观光体验，是一个集旅游观光、休闲度假、农事体验于一体的综合性生态旅游景区。2006年，碧云花园景区被全国工农业旅游示范点评定委员会评为全国农业旅游示范点；2010年，成为浙北首家全国自驾游基地。

◇ 全国自驾游基地之碧云花园营地（此图由碧云花园提供）

在花卉展示区，世界各国的国花，我国各省市的省花、市花百花争艳、各放异彩，是一个名副其实的"花卉世界"，也是一个植物品种资源库、物种栽培模式展示区、国家地理位置模拟区和全国民族民俗建筑特色展示区。山川、民居、青草和美丽的鲜花构成了一幅绚丽多彩的优美画卷。展示区内原貌复原的上海世

◇ 碧云花园的花世界（此图由碧云花园提供）

博园 C 片区非洲联合馆内的科特迪瓦、塞拉利昂、刚果（金）和利比里亚国家馆，将别致的异国建筑风格和独特的人文风情呈现在游客面前，安静地述说着非洲大地那古老而神秘的故事。

◇ 碧云花园"世博园"非洲馆一角（此图由碧云花园提供）

二、体验与技艺并存的甜蜜小镇非物质文化

（一）甜蜜的心理文化诉求

欧式风格的厂房、点缀着鲜花的石柱和窗沿、路边徐徐转动的风车，以及远处的花海，构成了一幅田园牧歌式的乡村美景。"我们要让游客感受到我们的巧克力不是从冰冷的工厂出来的，而是在一个温暖的小镇上诞生的。"巧克力小镇经营者莫雪峰希望，每一个来到小镇的人都能带着这样的感觉离开，"我相信，巧克力可以给人一种正能量，因此从事这个事业，是甜蜜和幸福的。"

"歌斐颂"源自拉丁语，意为挚爱。巧克力文化中，"甜蜜"二字浓得化不开。仅 2017 年，歌斐颂巧克力小镇就接待了 80 多万人次的国内外游客。出乎意料的是参加亲子游的游客很多，且口碑很好。而在国外，这类巧克力小镇以情侣游为主。因此，莫雪峰也调整了经营策略。他们从海外请了文创团队，对乐园布局进行整体规划提升，增加了亲子游的体验项目。

首先，找准甜蜜特色。即高起点谋划巧克力甜蜜小镇发展规划，找准小镇的发展特色。在规划中主要体现三点：一是紧紧围绕甜蜜这个主题，把浪漫作为元素。二是紧紧抓住小镇旅游产业。在推进旅游产业的过程当中，牢牢抓住工业＋旅游、文化＋旅游、休闲＋旅游、农业＋旅游四种推进模式，每一种模式都有具体的引擎项目予以推进，通过资源的整合、项目的组合、产业的融合，着力推动旅游产业的发展。三是始终坚持抓好生态特色。巧克力甜蜜小镇作为一个旅游类的特色小镇，规划建设应牢牢抓住生态这个主基调，把农业作为整个生态的底色。

其次，做强甜蜜特色。一是大力培育小镇的特色产业。歌斐颂巧克力小镇的项目原先定位在巧克力的生产上，相当于是一个工业类的项目。但是在逐步发展的过程中，把旅游的功能很好地融合进去了，具备了巧克力的生产展示、文化展示、研发展示等能力，通过旅游功能的融合远远超过了 1+1>2 的效果。同时，积极做好与甜蜜主题相关的工业旅游、文创旅游、休闲旅游、农业旅游等特色旅游产业的招引工作。二是高频次地进行市场推荐。如入围省首批创建名单以来，已整合开展了多项特色小镇的系列活动，在社会上取得了一定的影响力。2015 年 10 月，由歌斐颂巧克力小镇打造的 10.187 吨的巧克力雕塑成功挑战吉尼斯世界纪录，成为世界之最。此外，歌斐颂巧克力小镇积极对接法国的巧克力文化沙龙，并准备举办中国的巧克力沙龙，把全世界的知名巧克力品牌汇集于甜蜜小镇进行展示。

此外，放大甜蜜特色，多角度地深挖文化内涵。小镇有了深厚的文化底蕴，特色才会更加明显。在文化内涵的挖掘方面，主要是做足以下几方面的功夫。

一是异域文化。2016 年，科特迪瓦驻华大使两次到巧克力甜蜜小镇。2016年 4 月，歌斐颂项目组到全球最大的可可豆生产国科特迪瓦考察，并与科特迪瓦进行了深入合作：歌斐颂巧克力小镇在科特迪瓦开辟占地 2 万亩的可可农场，收购当地生产的可可豆；在歌斐颂巧克力小镇内修建可可文化展示体验馆。

二是婚庆文化。2016 年，巧克力甜蜜小镇吸引了约 5 万对新人到小镇拍摄婚纱照，2017 年超过 7 万对。今后，小镇应进一步深挖婚庆文化，如婚庆风情街、

◇ 参加法国巧克力沙龙（此图由歌斐颂巧克力小·镇提供）

◇ 歌斐颂团队赴科特迪瓦考察（此图由歌斐颂巧克力小·镇提供）

婚纱设计、婚庆策划，不断延伸婚庆、蜜月产业链。

三是养生文化。小镇有杭嘉湖平原地区第一个温泉，下一步，将把温泉和健康养生产业紧密结合，延伸温泉产业链。

四是乡村文化。主要是深挖小镇当地的农耕文化和"善文化"，吸引当地群众积极参与小镇的旅游开发，让到小镇的游客能够品味到本土文化和浓浓乡愁。

概而言之，即把甜蜜作为主题，把文化作为灵魂。特色小镇是一个文化传承的大舞台，就是要把文化基因植入产业发展和产业链延伸的全过程。后续要充分整合大云温泉、水乡、花海、农庄、婚庆、巧克力等元素，挖掘温泉养生、巧克力甜蜜风情、水乡田园等文化内涵，打造鲜明的区域特色文化标识，打造巧克力甜蜜小镇的独特个性与灵魂。

（二）巧克力制作全套工艺

作为一种非物质文化遗产，歌斐颂巧克力小镇以"十三道工艺法"展示巧克力制作的全过程。这套工艺是：

（1）固体原料储存

分别储存白砂糖、全脂奶粉、脱脂奶粉、乳糖等固体原料。

（2）液体原料储存

分别储存可可液块、可可脂、无水黄油、磷脂等液体原料。

（3）巧克力原料混合

混合机有混合、捏合、定量和碾料等功能，能把各种原料均匀地混合在一起。

（4）第一次研磨

主要是通过两辊机进行。两辊机又称预磨机，其作用是将混合均匀的巧克力原料进行初步研磨，减少原料中的细微杂质。该工艺的生产效率比传统工艺提高了三倍，也避免了传统工艺产生的微生物污染。

（5）第二次研磨

主要是通过无辊机进行。无辊机也称为精磨机，其作用是将初磨过的巧克力原料进一步研磨。目前生产高质量的巧克力都采用无辊机，因为它不仅产量高、细度均匀，而且可以避免传统碾磨中铁含量过高的问题。

（6）消除酸味

主要通过三轴精炼机来完成。精炼机的作用是将巧克力物料的水分进一步降低，除去可可酱料中残留的、不需要分解的可挥发性酸类物质。三轴精炼机是目前世界上最先进的第三代精炼机，不但可以准确判断精炼结果，还可以利用其特殊结构产生更多元的香气。

（7）慢速搅拌

用巧克力储存罐进行慢速搅拌。

（8）调温

使用产自德国的世界顶级品牌调温机对纯脂巧克力进行调温，以确保产生所需要的晶体，从而保证最终巧克力的表面光泽度、硬度、保质期都能达到最佳状态。

（9）倒入巧克力浆

使用世界顶级的三步法浇注机，可精确浇注最少 0.1 克的巧克力。三台浇注机彼此配合，可分别浇注产品的外壳、夹心、底盖，有效解决传统的一步浇注法难以解决的问题。

（10）冷却凝固

通过冷柜进行。冷柜的功能是让在模具中的巧克力在较短的时间内冷却凝固，以保证调混后的巧克力品种不被改变。冷却过程需要 40 分钟。

（11）取下模型

经过冷却的巧克力在脱模机中完成和模具的分离，保证巧克力完整。

（12）通过料理带将巧克力排列整齐，为包装做准备

（13）巧克力产品密封包装

（三）云澜湾特色技艺

1.一泓花宴

"朝饮木兰，夕餐秋菊"，花馔是中国古代文人雅士向往之国粹。云澜湾养生花宴，乃国内顶级大厨专研古代花馔而独创之一绝。集四季花海精华，菜肴精致艳丽，口味奇特，入口唇齿留香，使人悠然自得，有与自然浑然一体的诗意意境！美得令人不忍下筷，品后又爱不惜口！曾被人誉为"超越米其林"的极致盛宴。

"一泓花宴"对中国美食文化做了较为全面的探索：对就餐环境、上菜的姿态仪式、唱菜的音律、盛菜的器皿以至席间的诗句楹联、宴间氛围的承起跌宕、气氛的助兴调节等，都做了大胆的探索实践。花宴，是中华美食文化完整而又鲜活的展现。

◇ 松雪逢甘露　　　◇ 紫金白玉　　　◇ 清澈高远

◇ 芦花雪飘　　　◇ 西施浣纱

（图片由云澜湾温泉小·镇提供）

2.金丝皇菊

云澜湾金丝皇菊，来自云澜湾四季花海乐园，园内使用人工除草，施农家肥，生态自然，属于无公害种植。每单枝仅保留一个花蕾，花形大而圆润饱满者为皇菊之上品。金丝皇菊的黄酮素含量极高，另富含多种氨基酸、维生素和微量元素。金丝皇菊茶具有"香、甜、润"三大特点，还有散风热、明目的功效。

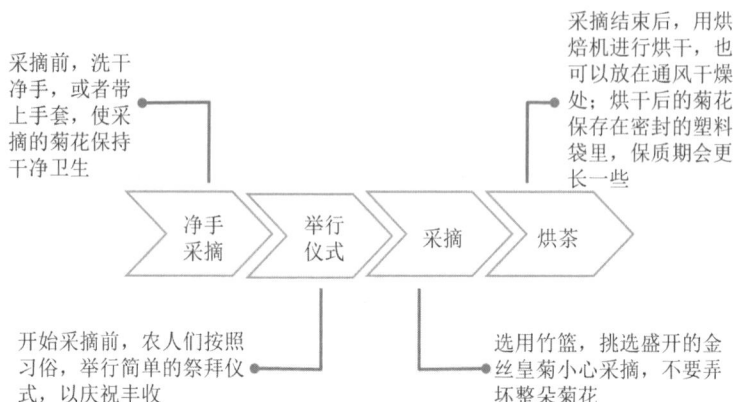

采摘前，洗干净手，或者带上手套，使采摘的菊花保持干净卫生

采摘结束后，用烘焙机进行烘干，也可以放在通风干燥处；烘干后的菊花保存在密封的塑料袋里，保质期会更长一些

净手采摘 → 举行仪式 → 采摘 → 烘茶

开始采摘前，农人们按照习俗，举行简单的祭拜仪式，以庆祝丰收

选用竹篮，挑选盛开的金丝皇菊小心采摘，不要弄坏整朵菊花

◇ 金丝皇菊制作流程（图片由云澜湾温泉小·镇提供）

◇ 金丝皇菊（图片由云澜湾温泉小·镇提供）

3. 丰富的演艺资源

云澜湾引进国家非物质文化遗产布袋木偶戏，在原有戏剧的基础上，挖掘创新，打造成为云澜湾舞台上一档精彩的文化节目。布袋木偶戏又称布袋戏、手操傀儡戏、手袋傀儡戏、掌中戏、小笼、指花戏，17世纪起源于福建泉州或漳州，是一种主要在福建泉州、漳州，广东潮汕与台湾等地区流传的用布偶来表演的传统地方戏剧剧种。

小小的木偶，唱、念、做、打，喜、怒、哀、乐，都能表现得淋漓尽致。嘉善县布袋木偶戏的表演者游金凤女士，是云澜湾艺术团的骨干。年纪轻轻的她如今已经是这个领域里大师级的人物了。

◇ 布袋木偶戏

中国的茶文化博大精深。云澜湾的长嘴壶表演，通过柔美的动作用艺术的手法展示了茶叶泡饮的过程，让游客在优雅的琴声中得到了美的享受和情操的熏陶。

另外，古装演艺、汉服表演、国学礼仪等节目也受到宾客的一致好评。云澜湾艺术团创作的《云澜情》古装舞剧，多次登上舞台，并多次获奖。舞剧演绎了一段甜蜜的爱情故事，富含江南风情。未来，云澜湾还将创作出更多的节目。目前，云澜湾艺术团尝试走出景区，把节目推向市场，多次在各种地方节庆活动和比赛中脱颖而出，为地方文化事业做出贡献。

为弘扬传统文化，云澜湾还建设了"云澜湾·泓艺术馆"。场馆设置在云澜湾樱花商业街，是一个设置有固定场馆和专业展馆的艺术中心。这里经常举办各种艺术展，专门邀请各种文化名人，如书画大师韩天衡、美术史学教授邵琦等来此举办展览、活动，同时也挖掘培育嘉兴当地的文化杰出人才。这里还是渠宜书院的创作基地。在美术史教授邵琦的带领下，上海师范大学美术学院的研究生们会定期到这里开展书画创作、书画展示和艺术交流活动。此外，云澜湾还邀请各界社会名人、网络大咖来泓庐举办各种文化活动。这些活动传承了国学经典，弘扬了中华传统文化，因此得到了很多文化名家的称赞。如围棋大师聂卫平、历史建筑保护专家侯建设、景德镇陶艺大师候一波、著名导演李成才、国学教授于丹、财经作家吴晓波等，都曾到此交流。

◇ 群贤毕至，纷至沓来（图片由云澜湾温泉小·镇提供）

（四）碧云花园杜鹃盆景造型技艺

碧云花园收集、开发嘉善杜鹃花品种186个，其中东鹃92种，保有嘉善精品杜鹃盆景15000盆，优质盆栽80万盆，用于每年的花展。花展每年吸引20多万游客前来参观。此外，每年有数万人次大专院校学生和游客参与嘉善杜鹃造型技艺、嘉善杜鹃文化大讲堂、插花、书画、摄影等文化活动；有关杜鹃花文化的系列产品在花卉超市销售，得到游客的喜爱。

碧云花园博采众长，其嘉善杜鹃盆景作品借鉴扬派盆景"云片"和海派"悬崖"的造型手法，并吸收了岭南盆景"蓄枝截杆"的修剪艺术，同时传承浙派盆景"重风骨、尚气韵"的艺术风格，逐步形成了自己独特的艺术流派："缩龙成寸"的大树风貌，尽显严谨、稳健、端庄之美和雄迈、洒脱、奔放之气。嘉善杜鹃盆景技艺是中国传统盆景技艺与传统名花的完美结合，兼具花的绚烂夺目和盆景的人文意境。

◇ 杜鹃盆景造型（此图由碧云花园提供）

◇ 碧云花园杜鹃花生产基地（此图由碧云花园提供）

　　为了进一步传承和发扬杜鹃花文化，碧云花园在大力发展杜鹃花产业的同时，传承了嘉善老一辈杜鹃爱好者的智慧结晶，将杜鹃盆景技艺传承下来并发扬光大，还提炼出具有基地特色的文化内涵——善美。碧云花园在杜鹃坊内建设非物质文化的传承基地，请杜鹃花盆景造型技艺传承人与游客互动，并现场传艺授技，进行花卉科普宣传，让花文化不断发扬光大。

三、巧克力甜蜜小镇与地方区域文化的联动发展

（一）挖掘甜蜜小镇的特色文化功能

"小镇的个性、特点、灵魂和魅力，均体现在其文化中，小镇文化不仅能够促进小镇的经济发展，还可以提升小镇的品质，形成小镇独有的特色，同时对小镇环境的恶化和精神的衰落也起到了一定的延缓作用。"钱穆先生在《中国文化史导论》中说："各地文化精神之不同，究其根源，最先还是由于自然环境有分别，而影响其生存方式，再由生活方式影响到文化精神。"

作为浙江省第一批37个省级特色小镇之一，巧克力甜蜜小镇主打"甜蜜"，以文化为魂。大云将巧克力、温泉、水乡、花海、农庄、婚庆等一系列元素完美融合，提炼出了个性化的文化图腾，打造出巧克力甜蜜小镇独特的个性与灵魂。通过文化挖掘，从小镇所拥有的一系列自然与人文文化中提炼出几种特色文化：巧克力文化、婚庆文化、养生文化、乡村文化。

一是巧克力文化。首先，巧克力文化包含关于巧克力的制作工艺、巧克力的发展历史，以及巧克力的原材料——可可的生长过程等有关巧克力的知识。其次，也有巧克力所传达的感受——浪漫、健康、能量和关心。在歌斐颂巧克力小镇中，一座10.187吨的巧克力雕塑创造了吉尼斯世界纪录，也为巧克力甜蜜小镇的巧克力文化添上了浓墨重彩的一笔。深挖巧克力文化，延伸巧克力产业链是嘉善政府在创建巧克力甜蜜小镇中的目标。

二是婚庆文化。甜蜜是巧克力甜蜜小镇的主题，但这甜蜜不仅仅是巧克力甜蜜小镇中象征着甜蜜的特色资源——巧克力、花海、温泉、水乡等，同时还是一种感受、一种思想的传达——用微笑和乐观去面对生活，在生活中收获甜蜜。目前，甜蜜小镇的歌斐颂巧克力小镇、云澜湾温泉小镇、碧云花海婚纱摄影基地年

接待新人达 5 万多对。下一步计划是进一步延伸产业链，拓展婚纱设计、婚庆策划等项目。

三是养生文化。《吕氏春秋》记载："昔陶唐氏之始，阴多滞伏而湛积，水道壅塞，不行其原，民气郁阏而滞著，筋骨瑟缩不达，故作为舞以宣导之。"在陶唐氏时期，由于地势低洼，水灾泛滥，空气潮湿，当地人患上了水肿和关节疾病，后通过舞蹈的方式来舒活筋骨，疾病慢慢得到了治愈。这一时期的原始舞蹈活动也是后世养生文化的起源。云澜湾温泉小镇已获批中医药养生基地。因此可把温泉休闲度假与健康养生产业有机融合，拓展养生新业态，把文化融入产业，共同发展。

云澜湾温太医养生堂秉承中医"经络调理，不药而愈"的传统理念，采用传统中医养生技法，以"养、调、疗"为基本原则，体现"灌其根、培其本、善其后"的养生核心思想，通过经络系统的外调内修，改善体内环境，从而达到舒经理络、阴平阳秘的和谐状态，近可强身祛病，远可延年益寿。云澜湾二十四节气养生汤，根据中国传统的二十四节气时令，以及中医养生理论，融合中国人体特征、沐浴习俗、现代温泉疗法，通过研发时令沐浴汤料，针对不同的温泉水质矿物质成分，使温泉养生与中药药理养生完美结合，让更多的游客得以感受中国汤文化的精髓。

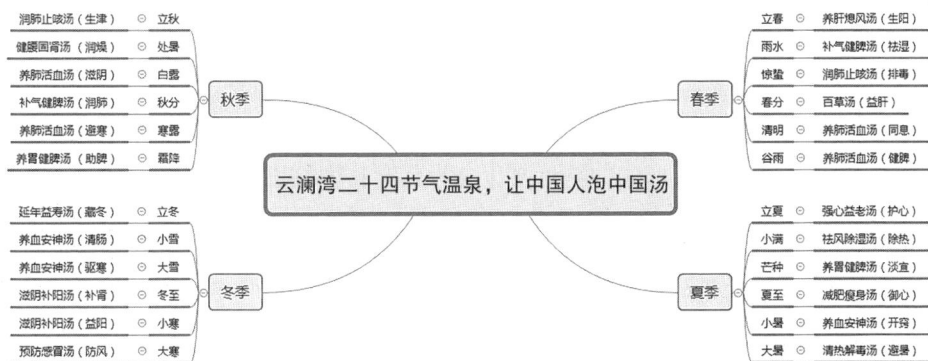

◇ 云澜湾二十四节气汤（此图由碧云花园提供）

四是乡村文化。小镇发展以"参与体验、生态观光"为主要内容的休闲农业，把农业作为底色，促进现代精品农业和生态旅游深度融合，把自然乡村的田园风光转化成产业优势。在小镇的建设中，民宿产业的发展也加快了脚步。游客在民宿中贴近乡村，品味乡土文化。碧云花园有限公司董事长潘菊明一直醉心于挖掘嘉善本土的杜鹃文化，如今碧云花海景区每年举办的杜鹃花文化展已经成了大云对外展示的一块"金字招牌"。云澜湾温泉则深入挖掘吴越历史文化资源，将世界温泉文化、嘉善"善文化"、江南水乡水文化三者有机结合。同时，云澜湾温泉小镇充分扎根大云鲜花种植的深厚基础，在花卉文化创意产品的研发中走在前沿。

（二）实现巧克力甜蜜小镇文化与区域文化联动

"区域文化"一般指的是传统的地域文化，区域文化不仅受地理环境因素影响，同时也受政治历史等因素如区域工商传统等其他因素影响。特色小镇是具有明确的产业定位、文化内涵、旅游和一定的社区功能的发展平台。在特色小镇建设中塑造文化灵魂，树立文化标识，留下文化印象，是文化作为特色小镇内核的必然要求。地方文化产业就是一种基于地方特有文化发展的文化产业，具有地方文化的本土性和独特性特质，对区域竞争力具有重要的影响，能为凝聚区域认同感、发扬传统文化、促进区域经济振兴提供巨大推动力。特色小镇文化与区域文化之间是相辅相成的。

首先，特色小镇的文化是在原来所在区域的文化基础上形成的。特色小镇的文化定位不能没有"根"，没有"根"的小镇文化会比较突兀，同时会因为没有基础而难以发展。

其次，特色小镇所形成的特色文化会为其周边区域原有的区域文化注入新的元素，为区域文化注入新的活力。区域文化具有可塑性和创造性，任何一种文化都是在环境的改变等其他因素的影响下不断发展的。从物质文化领域来看，样式日益丰富，内容不断充实；从精神文化领域来看，思想不断深化，理念不断升级。以歌斐颂巧克力小镇为例，随着企业的入驻，首先带来关于巧克力的文化，为巧克力甜蜜小镇的甜蜜主题带来了很多元素；其次由企业的发展和原有元素的结合所产生新的产业，例如从巧克力的喜糖与周围优美环境的结合所产生的婚纱摄影及婚宴等，便是产业拓展的结果。不同的企业有着自己所独有的企业文化，在特色小镇企业和政府的合作下，有更多的当地居民会在小镇企业中就业，这部分人就会受到企业文化的影响，从而又会对周围的人产生影响。

（三）巧克力甜蜜小镇对地方文化的辐射影响

特色小镇文化的区域辐射主要体现在生活生产及思维方式两个方面，直接带动产业经济的区域辐射。

第一，生活生产方面的改变。首先，巧克力甜蜜小镇可以为当地带来大量的游客资源；其次，政府和小镇中的入驻企业开展合作，也解决了部分当地居民的就业问题，如 2015 年就帮助 500 多名失地农民就业。特色小镇建设改变了居民的生产生活方式，从以养猪、种粮食为主向以种植鲜花、水果、大棚蔬菜为主转移。另外，发展农家乐也可以创收。未来，以云澜湾温泉小镇引领"种植 + 旅游 + 文创"的甜蜜事业将引导当地农民走上更宽广的高智慧、文化创意致富之路。此外，小镇入驻企业与政府的双向联动，共同改善了周边的基础服务设施，提升了环境保护力度，促进了城乡一体化的快速发展，为居民的生活带来了更好的条件。浙江云澜湾温泉文化有限公司负责人曾经表示："我们想要打造的是婚庆产业的一条龙服务……以'蜜月'度假模式为主导，周边相关商业为配套，形成一个有不一样的甜度的'甜蜜小镇'。"云澜湾·泓艺术馆定期举办书法绘画展览，游客可免费参观，为小镇增添了文化色彩，丰富了小镇居民和游客的文化生活。

花卉产业也具有很强的经济关联性优势。花卉以其色彩美、香味美、姿态美、风韵美而独具旅游审美价值，因此也就可带动眼球经济、愉悦经济、文明经济和生态经济的发展，带动"吃、住、行、游、购、娱"旅游六要素的发展。其关联性强，可延伸出围绕核心花卉产业的体系化产业项目，有利于专业化集群模式的构建。

第二，思维方式方面的改变。思维方式是人们认识事物、思考问题的逻辑，是人们在认识世界和改造世界的过程中逐渐形成的思考问题和处理问题的途径、手段和做法。它决定着人们看待问题的方式和方法，决定着人们的社会实践和一切文化活动。简单来说，思维方式就是人们认识事物、思考问题的相对固定的样式（模式）和方法。它是主体在反映客体的思维过程中，定型化了的思维形式、思维方法和思维程序有序构成的综合性整体范畴。

在物质和意识的辩证关系中，辩证唯物主义认为，物质决定意识，意识是物质的反映，意识对物质具有能动作用。思维方式作为社会意识形态的重要组成部分，随着经济基础的变化而变化。同时，它一经形成、定型，就具有了相对的独立性和稳定性。社会生产力的性质和水平以及由此决定的人们的实践方式对思维方式的产生、发展和变化起到了决定性的作用。随着巧克力甜蜜小镇周围居民的生产方式从以第一产业的农业和种植业为主渐渐转变到以开展农家乐等第三产业为主，就业问题得到进一步解决，人民收入增加了，经济基础改变了，当地居民的思维方式也改变了。

他们的思维方式从单维型向多维型转变，从保守型向创造型拓宽。特色小镇的发展，使小镇居民的收入来源不再仅仅限制于单一的农业。随着企业的引入、游客的增加、产业的转变，以及在学习乌镇、西塘等周围地区率先发展起来的农家乐等休闲旅游产业的经验后，居民的思维方式开始扩展，不仅仅是纵向的产业之间的相互连接，还有横向的与生态、环保相互协调。同时不拘于原有的产业，而是在已有的基础上创新发展，把乡村文化融入农家乐等产业中，把原有的地方特色和特色小镇所带来的新特点结合起来，促进了相互交融与发展。

四、巧克力甜蜜小镇文化功能的发挥

巧克力甜蜜小镇之"巧"在于：一个创意，抢了"全国唯一"；一个大自然的特别恩赐，促使中国第一个女人温泉品牌得以创立；一条流水线，创造了一个甜蜜的品牌，而这就是创意的力量。巧克力甜蜜小镇之"巧"还在于：以一块巧克力，串起了一个大产业，并且在被巧克力的"浪漫与甜蜜"进一步聚集、放大、升级后，发挥了区域文化的强大带动力。

"一个产业的诞生，有着不可忽视的文化根基，而文化也是产业活的灵魂。"党的十八届三中全会报告明确提出，要加快转变经济发展方式，而"特色小镇建设本质上是一个产业选择问题"，每个特色小镇都要以独特的产业定位为核心。在全球范围内，这样的模式已经有不少成功案例，比如日本东京的妈妈牧场，以及推出"两小时陪同农场旅游"的美国弗吉尼亚波利费塞农场等。它们将当地的传统产业与旅游业相结合，打造了人们"不离土不离乡"、传统与现代并行不悖的发展模式，推动经济更有效率、更加公平、更可持续发展。促进产业转型升级，转变经济发展方式是新型城镇化的必然选择。2015 年 1 月，浙江省《政府工作报告》明确提出，要将建设特色小镇作为推动经济转型升级和统筹城乡发展的重大举措。同年 4 月，省政府出台《关于加快特色小镇规划建设的指导意见》，特色小镇已然成为打造浙江未来新产业的全新平台，更成为推动浙江经济转型升级的有效载体。

（一）特色小镇带动文化旅游业发展

根据杨敏芝博士对地方文化产业内涵的分析，根据地方文化产业的特质，从时间和空间的角度可以将之分为地方传统文化产业、地方观光文化产业及地方文化活动三大类。在巧克力甜蜜小镇中，后两者表现得更为明显。地方观光文化产业以地方特色为区域营销的卖点，其发展和"地域"有强烈的依存关系，它借助特定区域的资源特色，开发其观光经济价值。巧克力甜蜜小镇从拳王农庄开始，到十里水乡、碧云花园，再到歌斐颂巧克力小镇的巧克力主题文化旅游、云澜湾的温泉主题休闲旅游，都依靠了大云镇鲜花、温泉、巧克力等特色资源。小镇走"旅游+"特色之路，依托旅游主线，重点培育与巧克力甜蜜小镇主题相关的工业旅游、温泉旅游、文创旅游、休闲旅游、农业旅游等特色旅游产业。比如碧云花园不再局限于花卉，而是可以进行跨界联合，运用互联网思维，将花海做成一个整合各种资源的平台，形成"花海+"模式，按照泛旅游产业专业化集群发展模式，以花卉产业、旅游产业为核心，带动直接关联层及相关辅助层产业的发展。

关于特色小镇文化旅游的融合发展，浙江省文化厅颁布的《浙江省文化厅关于加快推进特色小镇文化建设的若干意见》中提到，"强化特色小镇文化、旅游、产业功能融合，以文化资源为内涵，以产业资源为引导，以旅游业态为载体，充分发挥我省历史文化、民俗文化、海洋文化、生态文化、农耕文化等文化资源多样性、丰富性、独特性优势，结合当地文化特色和自然生态，加强静态和活态展示，大力发展文化旅游业，实现文化资源与旅游发展深度融合"。这包括了特色小镇文化旅游的开发、自然资源的旅游景点开发、非物质文化遗产的旅游体验，以及特色产业的体验参观等。时任浙江省省长李强在发言中也特别谈到"发掘文化资源"。他指出，"文化是特色小镇的'内核'，每个特色小镇都要有文化标识，能够给人留下难忘的文化印象。要把文化基因植入产业发展全过程，培育创新文化、历史文化、农耕文化、山水文化，汇聚人文资源，形成'人无我有'的区域特色文化"。

（二）特色小镇拓宽文化会展业市场

地方文化会展活动产业以文化活动为主体，由政府部门结合地方艺术团体共同推动，包含了地方民俗文化活动、文化庆典活动、区域文化展览活动及地方居民集体创作的文化活动等。在巧克力甜蜜小镇的创建过程中，至今已经举办了"甜蜜小镇文化旅游"系列活动、歌斐颂国际巧克力旅游文化节、云澜湾温泉文化旅游节、"水乡·花海"亲子拓展、嘉善大云半程马拉松等文化活动。碧云花园作为乡村旅游的典型代表，各类节庆活动精彩纷呈。中国·嘉善杜鹃花展、葡萄节、菊花展、年宵花节等系列节庆活动，已连续举办了十多年，游客中有不少是慕名前来的美国、德国、加拿大、意大利、瑞士及一些非洲国家的游客。这一系列的文化活动以文化庆典活动为主，在举行文化活动的过程中，也为甜蜜小镇的产业注入了新的活力，为小镇带来了更多的关注度。

◇ 歌斐颂国际巧克力文化旅游节（此图由歌斐颂巧克力小镇提供）

◇ 碧云花园杜鹃花展开幕式（此图由碧云花园提供）

　　如今巧克力甜蜜小镇沿着既定的目标，开启婚庆产业链的一站式服务整合，以蜜月度假模式为主导的婚庆产业链打造正在如火如荼进行中。2017年云澜湾婚纱摄影基地引进直升机接亲服务，云澜湾国际宴会中心也已经对外开放，真正实现了新人婚纱拍摄、婚礼婚庆、婚宴宴请、蜜月度假一条龙服务。而歌斐颂巧克力乐园的酒店建设、婚礼策划等婚庆产业链上的部分环节也已提上日程。

　　大云旅游投资管理有限公司相关负责人表示，婚庆产业链的完善对于整个小镇商业旅游环境的优化都有着不可替代的作用，将有利于形成以主导产业为龙头，各行业相互配套、相互补充的和谐局面。哈里森将"产业链"定义为"采购原材料，将它们转换为中间产品和成品，并且将成品销售到用户的功能网络"。

（三）特色小镇激发文学、影视创作

　　特色小镇有利于特色文化与文学、影视作品结合发展。瑞士小镇曼菲尔德因为将自己塑造成"海蒂的故乡"而闻名遐迩，而海蒂是一部著名儿童故事书中的主角——一个完全虚构的人物。小镇的一切景观都完全依照书中所述修建，游客可以在这里寻找到"虚拟的真实"。此外，国内外还有很多地方因为文学和影视作品而成为有魅力的旅游目的地。对于文学的地域性，严家炎的观点是："地域性对文学的影响是一种综合性的影响，绝不仅止于地形、气候等自然条件，更包括历史形成的人文环境的种种因素，例如该地区特定的历史沿革、民族关系、人口迁徙、教育状况、风俗民情、语言乡音等；而且越到后来，人文因素所起的作用也越大。"对于文学与地域性的关系，无论在古时还是在现代，都一直被人讨论着。一个地域的特色会对这个地方的人产生潜移默化的影响，从而影响到他的创作，对于阅读的人而言也是如此，地域的特色会影响到阅读的感受和理解。特色小镇的独特"场域"氛围，是进行文学艺术创作的良好环境。而包括文学、摄影、美术等在内的众多文学艺术作品，也是小镇文化最好的传播媒介。

　　云澜湾温泉小镇建设之初，就以独特的"东情西韵"的建筑特色和唯美的美人温泉的场景，获得了全国各影视媒体的喜爱。如影视制作人、编剧方泓仁先生，曾带剧组到云澜湾温泉小镇拍摄，对云澜湾的美景赞不绝口，多次表示要专门为云澜湾创作一部电视剧，将这泓泉水的今世前缘用影像呈现出来。这些年来，国内多个剧组纷纷来到云澜湾，以云澜湾温泉小镇为外景，拍摄了很多家喻户晓的影视作品（见表5-1）。

表5-1 云澜湾影视拍摄一览表

拍摄日期	拍摄内容	取景地	剧照
2014年8月14日	《满月归来时》（中法合拍）	云澜湾社区——云尚城	
2015年1月23日	《恰似你的阳光》	云澜湾社区——云尚城	
2016年9月4日	东方卫视脱口秀节目	泓庐精品酒店	
2017年7月17日—8月18日	《魔法公主》	云澜湾温泉中心	
2017年12月3日	《首席旅行官》	云澜湾温泉小镇	

2016年5月，由浙江省民政厅牵头策划，反映慈善文化、婚庆文化、地名文化的公益微电影《云在树上》在歌斐颂巧克力小镇开拍。微电影在2016年9月

11 日的"中国潍坊（峡山）金风筝国际微电影大赛"上获得"最佳作品奖"和"十佳音乐奖"两个重量级奖项。

巧克力甜蜜小镇的歌斐颂巧克力世界、温泉、梦幻花海和农庄，为关于巧克力和温泉相关的文学创作及影视创作提供了良好的环境和素材。部分巧克力相关儿童文学作品见表 5-2，部分温泉相关文学作品见表 5-3。

表 5-2　部分巧克力相关儿童文学作品

儿童文学作品	简介
 《查理和巧克力工厂》	作者：[英]罗尔德·达尔 内容简介：在小查理生长的一个小镇里有一个全世界最大的巧克力工厂，工厂由一位伟大的巧克力发明家、制造商威利·旺卡所拥有。工厂非常神秘，大门紧锁。故事从一场活动开始，五个得到藏在包装纸里的金券的幸运孩子获得了参观巧克力工厂的特权，查理也是其中之一。工厂里面有飞瀑而下的巧克力瀑布、流淌着棕色糖浆的河、大片的口香糖草地，还有牛奶糖堆成的山。工厂里的工人全是来自酷爱巧克力的矮人国的小矮人。巨大的诱惑使得其他四个孩子失去了自控能力，他们或掉进了巧克力河，或变成了糖果，或被送进了垃圾炉，或钻进了电视变成了信号微粒…… 该书于 1964 年出版，曾获英国儿童文学"白面包奖"
 《巧克力战争》	作者：[日]大石真 内容简介：该书讲述了以主人公光一和阿明为代表的孩子们如何通过自己的力量向"不公平"的大人世界反抗的故事。光一和阿明到金泉堂买西点时，被误认为打破了橱窗玻璃，不管他们怎样解释，金泉堂的人就是不相信。作为对金泉堂的反抗，光一打算偷出橱窗里的巧克力"城堡"，但被金泉堂老板知道而使计划落空。阿明则利用向全市小学生发行校刊的机会，发起对金泉堂西点的抵制运动。这时候，一位卡车司机到金泉堂道歉，承认是自己几天前开车时，不小心轧到石子，石子弹出去后打碎了玻璃。了解了事实真相的金泉堂社长郑重地向孩子们道歉并进行了补偿，金泉堂恢复了往日的兴旺。 50 多年来，该书在日本销量超过 150 万册，入选大阪国际儿童文学馆"日本儿童读物 100 部作品"，曾被改编为电视短剧

儿童文学作品	简介
《哭泣的巧克力强盗》	作者：张秋生 内容简介：一个特别喜欢吃巧克力的"巧克力强盗"偷走了男孩和女孩最喜欢的巧克力士兵和巧克力小鸟以后，看到了为了被偷走的物品而哭泣的男孩和女孩，认识到了自己的错误，通过自己的努力弥补了自己的错误，并得到了孩子们的原谅。 《哭泣的巧克力强盗》是整本故事书中的一篇，另外还有《不理妈妈的鸡蛋》《不会哭不会笑的狮子》《海浪花变成的镜子》《巫婆奶奶的扫帚》等故事
《巧克力天使》	作者：[日]小川未明 内容简介：每个巧克力匣子上都画有一个天使，每个天使的命运都各不相同。三个匣子被运到了农村，被一个老奶奶买走后。因为老奶奶把巧克力寄给了在东京的孙子，天使们又回到了东京。该书讲述了巧克力天使在完成了自己的使命后走向不同的命运的故事。 书中还有《野蔷薇》《红蜡烛与美人鱼》《黑色的人影与红色的雪橇》《千代纸之春》等其他故事
《巧克力火山》	作者：李志伟 内容简介：该书收录了作家的多篇童话作品，有《变色狼》《彩虹鸡尾饮料》《翅膀专卖店》《兜兜里有车》《发条地球》等。其中《巧克力火山》讲述了一个小男孩去找一个叫作"方博士"的人，方博士一进餐厅就被桌上的巧克力火山吸引住了，一回去方博士就利用物质转变原理把普通火山变成食物火山。这时一个叫袁总的人找到了方博士要和方博士合作，让火山喷石油。在向当地的村民了解情况后，方博士得知袁总强行把村民的房子买下并赶他们走。方博士二话不说就把优盘扔进了火山，不一会儿火山里喷出了大块的石头，把袁总安装的管子都砸烂了，又喷出了地沟油。之后方博士便走了，又赶到了另一个火山那里，那个火山喷出了方便面

表5-3　部分温泉相关文学作品

文学作品	简介
《温泉》	作者：[法]居伊·德·莫泊桑 内容简介："温泉"是世界文豪莫泊桑重要的长篇小说之一。该书创作于七月王朝覆亡以后，代表法国大资产阶级利益的第三共和国走向垄断资本主义阶段的时代。莫泊桑在这部小说中，以女主人公克莉丝蒂娜的爱情遭遇为线索，忠实生动地叙述了封建贵族阶级没落、资产阶级兴起的新旧交替过程。 小说以"温泉"为书名，一切因温泉而起，一切又因温泉而改变。作者匠心独用，布局巧妙，围绕温泉的开发、享用，通过人物言语和内心活动的精刻细镂，把人物性格刻画得细致入微，跃然纸上
《雪国》	作者：[日]川端康成 内容简介：作者在作品中，以温泉旅馆为背景，描写了东京一位名叫岛村的舞蹈艺术研究家，三次前往雪国的温泉旅馆，与当地一位名叫驹子的艺伎、一位萍水相逢的少女叶子之间发生感情纠葛的故事。 日本的温泉文化礼仪礼数，通过川端康成的这部旷世之作得到了充分的展现
《遥远的温泉》	作者：阿来 内容简介："我从小就听牧马人贡波斯甲老人说在遥远的地方有一汪措娜温泉。草地青碧，蓝天高远，那个温泉边有一个四周扎满帐篷的盛大集市，很多的小买卖，很多的美食，很多盛装的马匹，当然还有很多很多的人穿着盛装来自四面八方。他们来到泉边，不论男女，都脱掉盛装，涉入温泉。洗去身体表面的污垢，洗去身体的疲惫。温泉里是一具具漂亮或者不够漂亮的躯体，都松弛在温热的水中。温泉成了我童年喜怒哀乐要去洗涤的一个向往。" 著名画家何水法创作了该书的封面及插画，并特制精美藏书票，作者笔下的温泉用艺术的方式呈现出来。这是一部集文学与艺术于一体的畅销作品

续表

文学作品	简介
《温泉疗养客》	作者：[德]赫尔曼·黑塞 内容简介：作者用浪漫幽默的笔触描写了温泉在人的精神层面的治疗作用。 "忧郁像发病一样时时来袭，我不知道两次发作之间的间隔，但我的天在缓缓结集云层。开始时总是感到心神不宁，伴着一种对恐惧的预感，很可能夜里还会做许多梦。" 书中这样细腻的描写放在了温泉疗养院的背景下，发人深思
《苍白的轨迹：箱根温泉杀人手稿》	作者：[日]松本清张 内容简介：世界推理小说三巨匠之一松本清张，把离奇精彩的推理故事放在日本最著名的温泉——箱根温泉。遭受最悲凉的背叛之后，或许再纯粹的人心，也会升起恨意……当红女作家突然发疯，其丈夫与仆人相继失踪，新闻记者坠崖惨死……离奇的事件接二连三地发生，就像一张绵密巨大的蜘蛛网，将无处可逃的猎物不紧不慢地锁定、消灭

古往今来，有多少文人骚客为一池温泉留下千古诗篇（见表5-4）。曾经，温泉是中国人心目中的"帝皇汤"。以温泉为主体的文学作品在中国文学史上占有极其重要的地位。这些无疑是当代创作影视作品的宝贵源泉。温泉和爱情的故事，古往今来一直不缺，绝色美女杨贵妃一生和温泉结缘，留下了千古流传的爱情佳话。"春寒赐浴华清池，温泉水滑洗凝脂"，云澜湾的温泉和千年的华清池一样，都是富含偏硅酸元素的"美人汤"，这更为文学创作留下了想象空间，历代文人歌咏温泉的部分诗作见表5-4。

表5-4　历代文人咏颂温泉诗词摘录

诗词名称	作者	关于温泉的名句
《温泉赋》	〔东汉〕张　衡	览中域之珍怪兮，无斯水之神灵
《侍从游宿温泉宫作》	〔唐〕李　白	日出瞻佳气，葱葱绕圣君
《长恨歌》	〔唐〕白居易	春寒赐浴华清池，温泉水滑洗凝脂
《骊宫高》	〔唐〕白居易	迟迟兮春日，玉甃暖兮温泉溢
《华清宫》	〔唐〕张　继	只今惟有温泉水，呜咽声中感慨多
《温泉行》	〔唐〕韦应物	北风惨惨投温泉，忽忆先皇游幸年
《奉和圣制温泉歌》	〔唐〕张九龄	临渭川，近天邑，浴日温泉复在兹， 群仙洞府那相及
《温汤对雪》	〔唐〕李隆基	未见温泉冰，宁知火井灭。 表瑞良在兹，庶几可怡悦
《温泉宫》	〔唐〕鲍　溶	山蒸阴火云三素，日落温泉鸡一鸣
《温泉僧房》	〔唐〕于　鹄	古塔巢溪鸟，深房闭谷泉。 自言曾入室，知处梵王天
《温泉宫行》	〔唐〕王　建	宫前内里汤各别，每个白玉芙蓉开
《温泉即事》	〔唐〕皇甫冉	树含温液润，山入缭垣多
《和李员外扈驾幸温泉宫》	〔唐〕钱　起	经寒不入宫中树，佳气常薰仗外峰
《从驾温泉宫》	〔唐〕徐安贞	神女调温液，年年待圣人。 试开临水殿，来洗属车尘
《奉和扈从温泉宫承恩赐浴》	〔唐〕蔡希周	彩殿氤氲拥香溜，纱窗宛转闭和风
《温泉冯刘二监客舍观妓》	〔唐〕张　说	秀色然红黛，娇香发绮罗
《宿直温泉宫羽林献诗》	〔唐〕张　说	恩深灵液暖，节劲古松贞
《扈从温泉宫献诗》	〔唐〕张　说	温泉启蛰气氤氲，渭浦归鸿日数群
《奉和圣制温泉言志应制》	〔唐〕张　说	汤池薰水殿，翠木暖烟宫
《奉和幸新丰温泉宫应制》	〔唐〕徐彦伯	仙石含珠液，温池孕璧房
《扈从温泉奉和姚令公喜雪》	〔唐〕苏　颋	泉暖惊银碛，花寒爱玉楼
《余过温泉壁上有诗云直待众生总无垢我方清冷》	〔宋〕苏　轼	若信众生本无垢，此泉何处觅寒温
《温泉》	〔宋〕张舜民	岩峣华清宫，下有温泉水。 绣领络千门，玉莲喷九蕊
《温泉》	〔宋〕喻良能	我来试作泉间浴，一洗平生病恼轻
《温泉》	〔宋〕喻良能	来作温泉浴，如逢痒处搔
《温泉》	〔宋〕易士达	更于洗滑凝脂处，尚忆胡儿在锦绷
《蕉溪温泉》	〔宋〕颜克宗	木酸火炎两不用，清流自沸跳明珠
《经温泉》	〔宋〕魏　野	尧水不垫民，温泉溺唐祚

诗词名称	作者	关于温泉的名句
《题温泉》	〔宋〕魏了翁	庐山一滴水，彫尽诗人肠。 道傍有湿泉，恝然如遗忘
《温泉》	〔宋〕孙懋	蒸蒸百鼎沸，衮衮骊珠吐。 温然可人意，了不变寒暑
《郴江百咏并序·温泉》	〔宋〕阮阅	从赐骊山妃子沐，人间处处得温汤
《依韵和温泉》	〔宋〕强至	肯独澡身汤室里，行推润泽浃民肤
《温泉》	〔宋〕强至	壮观悲凉旧迹存，莲花泉暖至今温
《温泉诗》	〔宋〕钱易	骊山温泉宫，昼幸与夜游。 一游百司备，万费一日休
《汤岭温泉》	〔宋〕柳德骥	地气烛烛烧石乳，水香郁郁喷硫磺
《题黄山温泉》	〔宋〕刘谊	山有灵砂泉色红，滌除身垢信成功
《温泉》	〔宋〕李吕	持彼炎凉态，指目为温汤
《温泉》	〔宋〕李吕	泉脉或寒温，初非择地出
《温泉行》	〔宋〕李复	骊山鸿蒙凝白烟，山根阴火煮玉泉
《题鲁山温泉》	〔宋〕晁冲之	当年太液金井碧，温泉宛在关山间
《温泉》	〔宋〕黄人杰	离火自天烁，温泉由地生
《晋安城东温泉》	〔宋〕胡仲弓	美人含羞弄清沚，一朵芙蓉蘸秋水
《温泉院二绝》	〔宋〕洪咨夔	神虎护泉寒翠壁，灵虬吐沫暖冰壶
《温泉院二绝》	〔宋〕洪咨夔	老火欺人客路长，舣舟取次浴温汤
《温泉》	〔宋〕范成大	郁攸甑常蒸，礜沸鼎百沸。 人生本无垢，安用涤肠胃
《温泉》	〔宋〕朱熹	谁燃丹黄焰？爨此玉池水。 客来争解带，万劫付一洗
《临沂沂水道中尘沙眯目不可行闻东北有温泉即》	〔元〕陆文圭	从有温泉能自洁，雩坛安得可乘风
《温泉宫行（并序）》	〔明〕张羽	六宫粉黛不敢唾，今日行人斗来洗
《上巳日浴温泉》	〔明〕熊鼎	绣谷春融丹井火，金波月满鉴池莲
《骊山温泉》	〔明〕王格	咸阙无雕辇，骊山尚浴泉。 汤池同野墅，水殿只寒烟
《扈驾马兰峪赐观温泉恭纪十韵》	〔清〕纳兰性德	瑞征泉是醴，喜溢沼生芝

　　"从巴克特一家的窗子望出去，可以看到全世界最大的巧克力工厂——旺卡巧克力工厂。那是座神秘的工厂，出产的旺卡牌巧克力销往世界各地，深受孩子

们的喜爱。小男孩查理，在每个夜晚的梦乡中，都幻想自己可以亲身进入那座工厂……"许多年以后，电影《查理和巧克力工厂》中的这一幕还深深地烙印在很多人的脑海里。文学创作是如此，影视作品创作也是如此。在巧克力相关的电影中，最为有名的便是《查理和巧克力工厂》。这部 2005 年上映的电影，一直到现在仍深受人们喜爱。电影改编自 1964 年罗尔德·达尔的同名小说，由华纳兄弟影片公司出品，蒂姆·伯顿执导，约翰尼·德普、弗雷迪·海默等联袂出演。影片于 2005 年 7 月 15 日在美国上映。电影讲述了包括查理在内的 5 个幸运的孩子抽中了金色的奖券，并获得参观一个充满神秘色彩的巧克力工厂的资格。于是几个孩子来到了这个已经 15 年没有人来过的古怪工厂，参加一场神秘莫测的冒险。部分巧克力相关电影见表 5-5。

表 5-5　部分巧克力相关电影

电影	简介
 《血腥巧克力》	《血腥巧克力》是由卡嘉·冯·加纳执导，艾格尼丝·布鲁根、休·丹西主演的奇幻爱情电影，于 2007 年 1 月 26 日在美国上映。影片讲述了年轻的艺术家艾顿根据史料来到了一所废弃的教堂寻找狼人的踪迹，在这里，他没有找到狼人，却遇见了薇薇安。薇薇安的神秘和美丽让艾顿坠入了情网，在艾顿的火热攻势下，薇薇安心中的坚冰逐渐化解。然而，薇薇安目前所面临的状况却不容乐观：一方面，她要极力隐瞒自己的狼人身份；另一方面，为了延续狼族的血脉，她即将成为同类加布里埃尔的妻子。矛盾不已的她必须在家族与爱情之间做出抉择

电影	简介
 《亡情朱古力》	《亡情朱古力》又名《亡情巧克力》，是由克劳德·夏布执导，伊莎贝尔·于佩尔、安娜·莫格拉莉丝主演的一部惊悚犯罪片。影片改编自夏洛特·阿姆斯特朗的同名小说，于 2000 年在意大利威尼斯电影节上映。 著名钢琴演奏家安德烈跟丽斯贝斯结婚并诞下一子纪绕姆。当时，安德烈还不是十分出名，初到巴黎的一家人生活十分窘困，不得不寄住在好朋友米卡的家中。米卡外表温柔体贴，对安德烈一家人十分照顾，深受这家人的感激。纪绕姆六岁生日当天，一家三口在米卡家中庆祝后，丽斯贝斯赶去参加一个晚会，却不想在途中因车祸不幸逝世。而法医给出的结论是，丽斯贝斯服用安眠药过多，以至于她在开车的过程中睡着。从此，母亲的死一直成为纪绕姆心中的一个阴影。 该片以其对家庭和情感问题的细腻刻画引起了众多观众的共鸣。由于影片探讨了深刻的社会伦理问题，上映时还引发了有关家庭责任和爱情的热烈讨论
 《巧克力情人》	《巧克力情人》是由阿方索·阿雷奥导演，马克·莱昂纳蒂、卢米·卡范佐斯、埃达·卡拉斯科等主演的一部具有魔幻色彩的电影，于 1992 年 4 月在墨西哥上映。 艾莲娜是一个抚养着三个女儿的寡妇，她的小女儿蒂娜和青年佩德罗相爱，但她却按照家族规矩，要把大女儿柔沙嫁给佩德罗，同时声明蒂娜要照顾自己直到自己归西。佩德罗和柔沙结婚了。婚礼上，他向蒂娜吐露爱意，让蒂娜更加心伤。她的眼泪簌簌掉下，落到正在制作的菜肴上，于是，客人们竟然尝出了苦味。从此，蒂娜把自己压抑的爱意都融化在烹饪中，一家人的情绪竟随着她的烹饪心情或情欲高涨，或压抑阴沉。当蒂娜终于等来和佩德罗相守的日子时，压抑已久的感情却化成了熊熊燃烧的烈火

续表

电影	简介
 《藏秘巧克力》	《藏秘巧克力》是 2005 年上映的一部印度电影，由 Vivek Agnihotri 执导，亚尼·卡普、桑尼尔·谢迪等主演。 影片讲述圣诞节前夕，伦敦一对不幸的印度夫妇发现自己被伦敦警察当作替罪羊移交送审后的故事。继 2001 年 9 月 11 日在美国发生恐怖袭击事件后，在宁静的平安夜，伦敦发生了一起汽艇爆炸事件，破坏了当地的和平气氛。这是一宗大胆的抢劫事件，匪徒用装甲车辆载运十亿英镑离开。警方怀疑两个来自东印度的人，Pipi 和 Simran Chopra（化名 Sim）。他们被严密审问，警方断言他们可能与阿尔盖达有联系。新闻记者 Monsoon Iyer 随后赶来，了解他们的处境，与他们会面，并要求自己的男友，调停者 Krishan Pundit 为他们辩护。Krishan 会见两人，倾听他们所知道的事情后，相信他们是清白的，并确定 Pipi 和 Sim 的三个朋友都是被臭名昭著的恐怖分子 Murtaza Arafi 所杀的
 《情迷巧克力》	《情迷巧克力》是由莱斯·豪斯特洛姆导演，朱丽叶·比诺什和约翰尼·德普等联袂出演的一部爱情故事片，改编自作家琼妮·哈里斯的同名小说，于 2000 年 12 月 15 日在美国上映。 故事发生在 20 世纪 50 年代末的一个冬天。薇安带着她 6 岁的小女儿来到一个平静而闭塞的法国小镇。薇安在小镇教堂的街对面开了一家风味独特的巧克力店，该镇镇长以及神父等用各种方法阻止居民光顾薇安的小店，并企图把她永远赶出小镇。英俊的吉普赛人流浪汉洛克斯充当了薇安的护花使者，带着她和其他向往新生活方式的居民们向旧势力发起了挑战
 《一点巧克力》	《一点巧克力》由 Aitzol Aramaio 执导，丹尼尔·布鲁赫、Héctor Alterio 等主演，于 2008 年 4 月在西班牙上映。 Lucas 是位年迈的老人，已在医院住了 40 天了，他妹妹 Maria 一直陪伴在他左右。他神志有些恍惚，总是沉浸在过去，幻想着自己还年轻。而当这对兄妹从医院回到他们美丽的海边小屋时，他们发现一个陌生人也发现了这处地方的美丽，莽撞地闯入了进来——Marcos 是位年轻的风琴手，为了躲避冷漠的家而来到这儿。Lucas 热情地欢迎他并邀请他留下，一起漫游往日时光，爱、梦和家是他们最亲密的旅伴。 电影为我们描绘了一幅充满气息的西班牙地中海小城的缤纷画面，轻柔而准确地展示了生命的循环，以及几代人之间的互相理解……

关于温泉的故事或者以温泉为场景拍摄的电影作品也比比皆是，在这些享誉全球的艺术作品中，温泉被寓意于爱情、甜蜜、幸福，仿佛是战胜疾病、治愈心灵的灵汤妙药。部分与温泉相关的电影见表5-6。

表5-6　部分与温泉相关的电影

电影	简介
 《伊豆的舞女》	中篇小说《伊豆的舞女》是川端康成早期的代表作和成名作，这部杰出的作者发表于1926年，曾先后6次被搬上银幕。 14岁的山口百惠扮演的"伊豆的舞女"，堪称经典。影片中多次出现沐浴温泉的场景：旅馆温泉浴池、天然露天温泉浴池……少年学生仿佛借沐浴来洗脱烦恼："情绪不安静，一而再地入浴。"山口百惠的那份纯朴自然、纯洁而又稚嫩的气质，青春的困惑、那份已远逝的淡淡情愫，永远萦绕在一代人心里。 影片中的日式文化与优雅的天然环境，让我们对温泉也有了无限的遐想；我们也能知晓，或许永远都不可能有这样一个机会，在千山万壑之间，看见自己心上人一瞬的出浴神态而为之倾倒，一如伊豆舞娘之于少年川端康成，因为一个绝美的镜头，而拥有永不磨灭的回忆，一刹即是永恒
 《温泉疗养院》	美国电影《温泉疗养院》拍摄于2005年，由约瑟夫·萨金特执导，肯尼思·布拉纳、辛西娅·尼克松、大卫·佩默等著名实力派明星加盟。 富兰克林·罗斯福，美国第32任总统，是美国历史上唯一一位残疾人总统。这部电影讲述了美国总统罗斯福病居温泉疗养院，战胜小儿麻痹症的故事。温泉不仅帮助他恢复了健康，更让他重新认识了自我，从而重新投入到公共事业中。 电影从罗斯福动身前往温泉疗养院开始，从最初他对温泉能治愈疾病抱着嘲笑的态度，到最后他买下了这个温泉旅馆，希望有一天温泉旅馆成为世界上最著名的小儿麻痹症治疗中心。 影片用一种艺术的手法就温泉对人体的康复作用进行了真实的描述

续表

电影	简介
《大希望温泉》	《大希望温泉》由大卫·弗兰科尔执导，梅丽尔·斯特里普、汤米·李·琼斯、史蒂夫·卡瑞尔等领衔出演。 Kay 和 Arnold 是一对相敬如宾、充满深情的老夫老妻，可是几十年平淡如水的婚姻长跑却使心思细腻的 Kay 希望自己的婚姻生活能有更多的乐趣。当 Kay 打听到在一个名叫大希望温泉的小城镇里，有一个非常著名的婚姻咨询专家的时候，她就说服一辈子都过于严肃和循规蹈矩的丈夫，一起来到这座温泉小镇。 温泉在影片中不断出现，寓意它是着家庭婚姻幸福的源泉
《非诚勿扰》	《非诚勿扰》由冯小刚执导，拍摄于 2008 年，是一部爱情电影。葛优、舒淇在电影中饰演一对情侣，去日本北海道游玩。北海道的温泉在电影里一再出现。 一见钟情，就是一种味道。闻到了，就会彼此互相吸引住，到死都不会忘记。电影结尾处，舒淇饰演的女主人公在黄昏的夕阳下，沐浴着温泉水，似乎是为了忘却，更是为了一场新的爱情的开始。 温泉在电影中被寓意着爱情、浪漫、一见钟情的味道
《千与千寻》	《千与千寻》是宫崎骏执导、编剧，吉卜力工作室制作的动画电影，影片于 2001 年在日本正式上映，该片荣获 2003 年奥斯卡金像奖最佳长篇动画。 《千与千寻》讲述了少女千寻意外来到灵异世界后发生的故事。这个童话故事里折射出的是对整个人生和社会的反思，几乎每个人都可以在这个故事里读出自己的理解。 影片中宫崎骏笔下的"汤婆婆的汤屋"充满神奇，充分展示了日本的泡汤文化，以及日本文化中以温泉洗涤身心的深刻含义

电影	简介
《汤之趣——日本人的温泉文化》	《汤之趣——日本人的温泉文化》是日本 NHK 拍摄的纪录片。 纪录片对日本的温泉文化进行了深入的展现与剖析。温泉，是日本最大的特色之一。这种已经揉入日本民族精神的事物，究竟对日本人而言有多重要，它又有怎样的历史与传承，这是本片想要着重探寻的
《温泉艺伎》	《温泉艺伎》是由铃木则文导演，池玲子、杉本美树主演的电影，于 1971 年在日本上映。 电影讲述了伊势志摩的多湖家母女三人的故事。这部以日本最常见的温泉汤池文化为背景的作品，通过三个女人的经历，将日本的温泉文化和艺伎文化表现得精彩绝伦
《王朝的女人·杨贵妃》	《王朝的女人·杨贵妃》由张艺谋、十庆、田壮壮导演，范冰冰、黎明、吴尊等主演，2015 年上映。 华清池温泉、杨贵妃、中国历史上最鼎盛的王朝……最家喻户晓的故事，在张艺谋的导演下，呈现出不一样的视觉冲击

　　小镇的文化影响力持续扩展，与附近地区的交流更加频繁，周围居民的所见所闻也就有了新的变化，比如会受到旅游者所带来的文化的影响，而思维方式上的更新必将直接推动产业的发展。

　　2015 年 4 月，《浙江省人民政府关于加快特色小镇规划建设的指导意见》要求全省各地规划建设一批"小而美、特而强"的特色小镇，要融入青山绿水，传承历史文脉，凸显产业特色，谋求"三生"融合，这正是未来特色小镇所追求的文化功能完善方向！

本章参考文献

[1] 郭瓅，李成茂，冯雷，等.水乡花园 乐居大云[J].城乡建设，2012（3）：64-67.

[2] 兰建平.建设工业特色小镇加快转型升级发展[J].浙江经济，2015（19）：14-15.

[3] 李强.特色小镇是浙江创新发展的战略选择[J].今日浙江，2015（24）：16-19.

[4] 茅盾.茅盾全集：第18卷[M].北京：人民文学出版社，1989：270-271.

[5] 乔海燕.基于地域文化特征的嘉兴旅游特色小镇建设[J].城市学刊，2016（3）：13-16.

[6] 荣开明.论思想方式的现代化[J].江汉论坛，1986（2）：26-35.

[7] 亨廷顿，哈里森.文化的重要作用：价值观如何影响人类进步[M].程克雄，译.北京：新华出版社，2010.

[8] 王欢.巧克力的制作工艺各不相同[N].中国食品质量报，2014-12-02.

[9] 吴义能.区域文化对区域经济的发展影响研究[D].武汉：华中师范大学，2016.

[10] 许益波，汪斌，杨琴.产业转型升级视角下特色小镇培育与建设研究：以浙江上虞e游小镇为例[J].经济师，2016（8）.

[11] 严家炎.《20世纪中国文学与区域文化丛书》总序[J].创作与评论，1995（1）：9-11.

[12] 杨敏芝.地方文化产业与地域活化互动模式研究：以埔里酒文化产业为例[D].台北：台北大学都市计划研究所，2002.

[13] 詹美艳.地方文化产业对区域竞争力的影响研究：以千岛湖"淳"牌有机鱼文化产业为例[D].杭州：浙江大学，2011.

本章作者：王 艳

第六章

孕育甜蜜旅游地

一、聚焦于"甜蜜"主题的旅游特色

嘉善大云当前的旅游特色可以归纳为聚焦于"甜蜜"主题的六大要素，分别为：巧克力、温泉、婚庆、农庄、花海、水乡。其中，温泉、农庄、花海、水乡为嘉善大云的先天旅游资源，而巧克力、婚庆则是延续"甜蜜"主题的后天资源。勤劳聪慧的大云人将这六大要素不断叠加，在酝酿出越来越浓的"甜蜜"旅游事业的过程中逐渐摸索出一套围绕"甜蜜"主题的旅游功能叠加模式。

（一）嘉善大云的"甜蜜"旅游资源

1.温泉：云澜湾美人温泉

基于云澜湾温泉已有的设施，云澜湾当家人张虹借特色小镇东风将云澜湾温泉打造为全国首个以女人温泉为核心，达AAAA级景区标准的云澜湾温泉小镇。

◇ 云澜湾温泉小·镇规划图（此图由云澜湾温泉小·镇提供）

云澜湾温泉小镇，总规划面积为 1300 余亩，总投资 30 多亿元，是浙江省重大产业项目，是嘉善第一个写入国家发改委文件的旅游项目，是巧克力甜蜜小镇的核心项目。小镇以全国首个女人温泉——云澜湾美人温泉为核心，集温泉养生、休闲度假、购物玩乐、商务会议、餐饮住宿为一体，2016 年获评国家 AAAA 级景区。小镇包含有：云澜湾美人温泉、樱花风情街、四季花海乐园、泓庐精品酒店、希尔顿五星度假酒店、国际宴会中心、斯维登温泉度假酒店、一站式蜜月基地、全国拓展教育基地、华东通用航空旅游基地等。

作为大云温泉省级旅游度假区的核心项目，同时也是巧克力甜蜜小镇的核心项目，云澜湾温泉小镇还是浙江省中医药养生旅游示范基地、中国青少年活动基地，云澜湾探索"游居业合一"的全域旅游新模式，被嘉善视为可与西塘比肩的下一个服务业龙头增长点。

云澜湾美人温泉由迪拜帆船酒店副总设计师马丁先生亲自担纲设计，通过深度挖掘大云鲜切花之乡的文化底蕴，运用现代建筑写意手法，精心绘制"冷热双泉，井上添花"双莲建筑，总建筑面积为 3 万平方米，可同时接待 5000 人；日接待量达 2 万人次，是目前长三角区域规模最大、档次最高的温泉综合体之一。

"三星九区六十汤"由女人专属区、琼浆美肤区、时尚女人区、梦幻星座区、动感水疗区、童游水乐区、情侣 VIP 区、六合养生区、八卦木桶区九个主题区域 60 余个汤池组成，50 多种文娱功能配套，满足游客"吃喝玩乐购"一站式需求，更配有美容美肤、健康养生、专属关爱等"美丽服务计划"，让游客身心全享，泡出更美丽的自己！

云澜湾美人温泉，不仅首次将"女人温泉"的概念带入国内温泉市场，更是凭借与之配套的产品和服务，深耕于满足女性群体的深层需求，"美人"服务在云澜湾温泉体现得淋漓尽致。凭借独特的温泉服务，云澜湾还结合古法养生之道，围绕女性推出了从美容护肤到健康养生的"女性专属"特色服务。其首创的"一泓花宴"曾被誉为"'超越米其林'的极致盛宴"；"一泓善宴"更是在继承地方传统名菜特色的基础之上，巧妙融入嘉善"善文化"内涵，在食客品尝菜品的同时，构建起一种强烈的文化氛围，让"善文化"走进每一个人的心灵。在世界温泉及气候养生联合会第 70 届年会暨世界温泉科学大会"美丽中国，温泉 +"的中国温泉旅游推荐交流日上，世温联主席恩贝托索利曼称："人们总说温泉对女性很好，我们一直在研究到底好在哪里，如何让世界上更多的女性受益。这也是温泉在康养医疗方面需要做的研究工作。这一点中国的云澜湾美人温泉做得很好，已经走出了让人惊艳的第一步，云澜湾美人温泉与西方先进的科学技术和知识融合促进的未来，很值得我们大家关注和期待！"

四季花海乐园环绕温泉泡汤区域而建，整个乐园堆坡造景，种植四季花卉。目前种植有百万株郁金香、百亩薰衣草、樱花林、金丝皇菊、桂花、梅花等四季特色鲜花，通过坡地和水岸环绕组成各式鲜花造型，被称为大地拼布。园区设置有亲子游乐区、椰林白沙滩、绿茵大草坪、情侣临水管屋、霍比特小屋、游船烧烤野营区等景点，是亲子互动游玩、家庭旅游的欢乐场所。这里每年会推出各种大型活动，如一年一度的郁金香的樱花展、薰衣草节、金丝皇菊采摘节等已成为甜蜜小镇颇具影响力的节庆活动。每到活动期间，景区迎来四方宾客，景区的道路上车车水马龙，欢庆的人潮为温泉小镇赢得了良好的口碑。花海景区还先后引进不同主题活动，如：嘉善首届灯光展、首届蝴蝶昆虫展、首届恐龙化石展，等等。2017 年国庆期间，还引进了世界级的俄罗斯大马戏嘉年华，其世界一流的

◇ 云澜湾温泉小·镇温泉（此图由云澜湾温泉小·镇提供）

精湛表演受到了中外游客的交口称赞。层出不穷的节庆和主题活动极大地提高了温泉小镇的知名度、美誉度。

云澜湾国际宴会中心总建筑面积达 1 万多平方米，是云澜湾倾力打造的国际一流宴会中心，也是目前嘉兴最大的五星级国际宴会中心。国际宴会中心共三层楼，一楼为奢雅的中餐厅，二、三楼为两个 1700 多平方米的多功能无柱宴会大厅，每层可布置 100 桌左右，可满足千人同宴。此外，宴会中心还有 3 万平方米的广阔草坪，以及配套的直升机、热气球等特殊服务，可满足商务宴请、家庭聚会、商务会议、中西式婚礼及草坪婚礼等各种需求。云澜湾国际宴会中心在设计的规模、装修规格上都在嘉兴地区原有的宴会中心的基础上有了超越，在服务配套上更是依托整个景区的优势，致力于为客户提供更加尊贵、更加完美的一站式服务。

"梦栖泓庐，自在于心"，以"泓文化"为特色的泓庐精品酒店由五道禅院区、微澜止水客房区、泓上微澜景观区、上膳房花宴区、一泓大堂吧等组成。五道禅院区"琴道、书道、茶道、香道、花道"深耕中国传统文化内涵，户户设幽静的私家温泉养生池，琴棋书画巧妙布置引导游客穿越时空，尽享岁月静好。

　　酒店总建筑面积约为 7500 平方米，含私家别墅、古意禅意标准间共 21 间，特别提供禅意 SPA、花宴养生套餐、私人主题定制、精品商务住宿等多项独特服务，是温泉私密体验、弥修心灵的最佳之所。整个酒店的楼台亭院皆按中国传统园林造景巧妙布置，园内泉水潺潺、古树参天、长廊深深、移步异景，是一个充满中国禅意的古雅浪漫空间。

　　樱花风情街是一条集文化艺术创意、特色餐饮、娱乐休闲于一体的浪漫风情街区。街区的建筑富含东情西韵，英伦式的屋檐尖顶、墙面上圆圆的原石贴面招人喜爱；每家每户的屋檐下挂满绿植鲜花，步道旁青石板的小桥下流水叮咚；整条街区遍植樱花，每到阳春三月，盛开的樱花在春风中飘洒，似阵阵樱花雨。在浪漫的樱花街上漫步、品茶、闲谈，寻觅最爱的甜品，坐在街角的咖啡店邂逅那个她，在街头的渠宜美术馆鉴赏美术大展，挑几件心爱的伴手礼，带走温泉的温馨甜蜜。唯美的樱花树、淙淙的溪流、精美的甜品美食，如此甜蜜，怎能错过！

　　云澜湾温泉度假酒店坐落于云澜湾温泉小镇内，位于温泉中心顶层，是一家高档温泉休闲度假酒店。酒店目前拥有 33 套客房，包含豪华大床房、豪华套房、豪华双床房、温泉观景房等，为游客提供更为周到的人性化尊贵服务和室内泡汤体验。酒店拥有宽敞的露天平台，可远眺璀璨星空，房间内可俯瞰温泉园林美景。酒店客房空间宽敞，每间都设有奢华温泉大泡汤池，是一家舒适的温泉特色酒店，令游客在居停之余享受现代而温馨、奢华而低调的度假生活。

　　斯维登温泉度假酒店，被誉为温泉旅途中的家。现代风格的主题复式公寓，空间大，房间内有套房、书房等，并提供大冰箱、洗衣机和厨房设备，可以满足一家三代共聚一堂。同时，斯维登提供国际五星级酒店式服务，温馨舒适、便捷贴心，为身在异地的游客提供管家式服务。游客可在度假的同时感受当地的风土人情、尽享当地的独特物产。

　　希尔顿五星度假酒店以细致入微、体贴入心著称。酒店的设计充分考虑到旅客商务与休闲的不同需求，华美的建筑中囊括配置齐全、装饰时尚雅致的客房与套房共 200 余间，融合经典优雅格调与现代时尚设计，先进的设施带来便利、舒适的住宿体验。

云澜湾拓展基地是嘉兴市首家全国青少年成长教育基地，每年接待拓展培训10万人次以上。基地现已开设活动项目60多个，已经形成了教学实践区、主题教育区、户外拓展区、农林体验区、帐篷露营区等五个功能区块，并开设有航空飞行实训中心、国际攀岩实训中心、MMUN模拟联合国实践、渠宜书院、国学培训、中国结艺工作坊、陶艺制作体验坊、手工造纸体验坊、桑蚕织染体验坊、竹木工艺实践室、多米诺骨牌活动室、创伤救护实训室、趣味科普体验室、革命传统礼仪美德教育馆、农家土灶头、在地野米饭等30余门特色课程。

作为青少年校外活动的阵地，云澜湾拓展基地为广大青少年提供红色教育、国防教育、职业体验、国学教育、手工制作、拓展训练、团队建设、科技旅游等多种社会实践活动，整合长三角大都市资源、南湖红色教育资源，打造功能齐全、丰富多样的青少年校外实践培训教育基地，为促进青少年的健康成长服务，培养青少年德智体全面发展。

云澜湾拓展基地还将以"国学经典、传统艺术和民俗文化"为主题的国学教育作为重点，在基地建设云澜湾国学馆，通过挖掘中华优秀的传统文化资源，为青少年量身打造一个集知识性、趣味性、体验性于一体的国学教育体系，培养青少年的精神内涵。

2. 休闲农业与花海：植物王国的"碧云花园"

现在的大云流传着这样一句话："没有碧云花园就没有大云的旅游业，没有歌斐颂巧克力小镇就没有大云的特色小镇。"

"碧云花园"现为浙江省省级林业重点龙头企业、浙江省骨干农业龙头企业、浙江省生态文明教育基地、全国农业旅游示范点、全国休闲农业与乡村旅游五星级企业、中国杜鹃花盆景产业化示范基地、国家AAAA级旅游景区、2015年全国十佳休闲农庄，2017年被嘉兴市人民政府确认为首批7家教育型企业之一。碧云花园总投资为1.97亿元，占地面积为2200多亩，主基地面积为1100亩，坚持走以生产带动休闲，以休闲促进生产的可循环之路，将农业生产与休闲观光有机融合在一起，已经把农业生产场所打造成了一个集休闲观光、体验农业、了

◇ 碧云花园（此图由碧云花园提供）

解农村于一体的休闲场所，并通过花卉和自然田园风光，吸引大量观光游客和农业设施观摩人群，形成了农业休闲观光的新模式。

碧云花园内有园林式休闲、鲜切花生产、高档盆花、地被植物、果蔬苗木等五大功能区，主要景观有杜鹃园、花·世界、彩虹廊、高架草莓园、农家动物园、蓉溪水村、杜鹃园、下沉式花园、玫瑰庄园、花溪、天堂鸟迷宫、杜鹃山、杜鹃坊、云湖（垂钓）、七彩花田、桂花园、乡土植物园、碧湖、大风车和现代农业生产区，以及葡萄园，现已形成农业观光游、自驾采摘游、婚纱摄影等多种形式的旅游模式。碧云花园始终将发展现代农业放在首位，又将农业生产与休闲观光相融合，尤其凸显农业观光的特色。

碧云花园水果采摘游贯穿全年，6月至11月是葡萄采摘期，12月至次年4月是高架草莓采摘期，5月至6月是车厘子、樱桃、番茄采摘期。此外，还有无花果、火龙果等水果也可采摘，每年吸引游客20万人次以上。碧云精品葡萄园种植面积为150亩，引种29个葡萄品种，规模生产有早红无核、黄蜜、早甜、巨玫瑰、金手指、新农笑等六大主要品种，口感丰富，含糖量最高可达22%，丰产期长达半年。

高架草莓园从日本引进无土栽培模式，白色薄膜覆盖下的培养基质经过高温处理，不但有效防止了土传病害，更体现了农业旅游的人性化，游客不用弯腰就可以采摘到干净、美味的草莓。在丰果期步入其中，放眼只见白底、绿叶、

◇ 碧云精品葡萄园（此图由碧云花园提供）

◇ 碧云花园高架草莓园（此图由碧云花园提供）

红果，煞是鲜艳，既夺目又诱人。近年来，碧云花园还将水果采摘游与农事科普教育、民俗故事传播相结合，令老少游客接踵而来，进一步提升了景区的知名度和美誉度。

　　碧云花园内设商务接待中心和榕溪水村，融江南园林风格与现代设计风格于一体，集中国传统和西欧文化之精粹，风格独特，韵味无穷，拥有住宿、就餐、会议室，以及娱乐活动等设施，可供游客休闲度假，也可举办商务会议或承办各类培训、节庆展会活动。

　　餐厅以风味农家菜和精品蔬菜为特色，农家草鸡、草鹅，以及精品时令蔬菜都时刻挑动着游客的味蕾，大锅烧制的农家菜饭更是让游客赞不绝口。

　　目前的碧云花园，已然水波荡漾，花香馥郁，林鸟成趣。碧云人将继续将农业生产经营活动和农村自然环境有机结合，形成农业生产和观光旅游双赢的现代产业模式，努力向社会奉献"碧水云天的生态农庄，鸟语花香的人间天堂"。

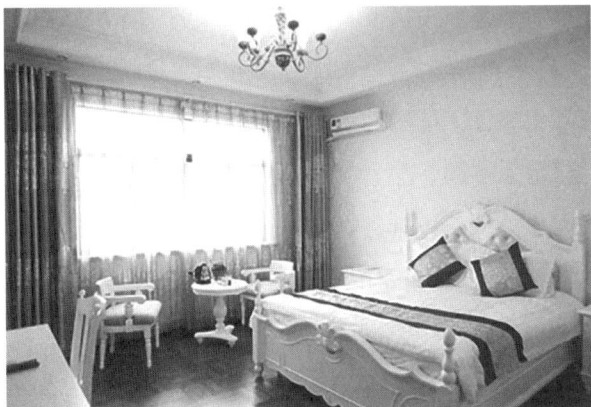

◇　碧云花园住宿客房（此图由碧云花园提供）

◇　碧云花园庭院式餐厅（此图由碧云花园提供）

　　3. 水乡：十里水乡景区

　　水是江南的"毛细血管"，纵横交错地分布在江南一望无际的平原上，也把错综复杂的各种地形地貌连接在一起。巧克力甜蜜小镇地处长江水系、太湖地区与钱塘江流域合围的中心，加上地处平原，河流与湖泊无疑成了最具特色的一大地理标志。大云镇上的蓉溪成为小镇规划的准线，小镇上的所有景点都经由这条宽度从几米到几十米不等的蓉溪水系环绕，出发点与终点均在蓉溪水系上，蓉溪以后也将是小镇通往各个景区的一条重要水上交通线路。而在小镇的各个景区里面，均分布着面积巨大、形态各异的湖泊。小镇在建设过程中保留修整了原有的江南水乡丰富的河道，在原有的静态水系中，加入"瀑布"群"喷泉"湖"云雾"池，让水灵动、跳跃、奔腾，并将河道扩展为波光粼粼、船舟戏栖的大小湖泊，同时大大小小的六十余个温泉汤池也如珍珠般洒落在花海间。花海泉韵、水岸湖泊，绿水环绕着整个小镇。碧云花园的生态休闲区内建有水乡风情的泛舟唱晚、生态草地、碧湖流芳、葡萄采摘园、草莓采摘园、盆景园、杜鹃园，以及纵览全景的杜鹃山等景观景点。歌斐颂巧克力小镇内部也有近百亩的爱情湖，以及山顶可以纵横交错的小河萦绕着整个项目，犹如漂亮的玉带围绕着中间的翠玉。

因此，不仅这里的鲜花、温泉与水密切相关，诸多的特色景点也与水息息相关。游客既可以乘坐一叶扁舟欣赏河岸、湖泊周边的各色景点，也可以偎依在湖边栏杆上陶醉于湖光山色之中，一时之间竟然不知时间流逝。

4.农庄：如宫殿般气派的拳王农庄

嘉善大云大大小小的农庄数十家，其中尤以拳王农庄规模最巨、影响力最大。

拳王农庄坐落在嘉善县大云镇十里蓉溪旅游风景线上的缪家村，风水宝地状元浜，是由浙江拳王实业有限公司投资的旅游区，是嘉善最有名的农家乐，有嘉善最好吃的农家菜，是集休闲度假、餐馆娱乐、农事体验、商务会所于一体的旅游区。

第一次到拳王农庄的客人，总有种被震撼的感觉，农庄三面环林，一面临山（嘉善唯一的一座山云峰山），总投资为3000多万元，一期投资为2000多万元，占地300多亩，水面60多亩，绿化覆盖率达80%以上。休闲农庄的湖心建筑是"文化生态型新概念酒店（拳王会所）"，以餐饮业为主。建筑像宫殿一般，分东南西北宫，如同皇城大院。西宫是后厨，其他宫殿都是大大小小的包厢，东宫、南宫、北宫共有80余桌，并有大小包厢35个，其中拳王大堂可设38桌以上宴席和酒会。

岛中央是状元阁（会议中心），包括五个会议室，可容纳 20 至 80 人不等。

拳王农庄也是一个婚纱摄影基地。农庄有一棵六枝组成的幸运树，寓意"枝繁叶茂、六六大顺、多子多福"。云峰山后有一对喜树，农庄东大门则长有许多大红枣树，寓意"早生贵子"，是结婚办喜宴的最佳胜地。另外，农庄还有迎客佛、状元阁、赏月桥、状元桥、八仙桥、情人岛、思源岛、钓鱼台、乘竹排、坐木排、烧烤区等景点，天然的葡萄藤和扁豆藤遍布四周，湖边还有一些茅草小屋，环境非常幽雅，游客可以在这里喝茶、打牌。

5. 巧克力：歌斐颂巧克力小镇

歌斐颂巧克力小镇是国内首个以巧克力文化为主题的特色旅游项目，也是国内首家、亚洲最大的巧克力特色旅游风景区。该项目是以巧克力文化为核心，以巧克力生产为依托，集巧克力文化体验、探索研学、休闲度假等功能于一体的特色旅游景区。项目规划总面积 430 亩，总投资 9 亿元，计划年产高品质巧克力 2 万吨、年接待游客 160 万人次，到规划期末年综合收入突破 20 亿元。

小镇通过第三产业的肌体，将第一、第二产业一一嫁接，通过第一、第二产业带动第三产业，又通过旅游业等第三产业促进了第一、第二产业的转型升级，开发了以生态观光为主的休闲农业和可供体验的巧克力工业游，将现代精品农业、

◇ 歌斐颂巧克力小镇外景（此图由歌斐颂巧克力小镇提供）

工业和生态旅游深度融合，让小镇的生产、生态、生活"三生"融合。

6. 婚庆：小镇"甜蜜产业链"的延伸

美丽的早晨，清风徐徐，暖暖的阳光洒在小镇的石子路上，三五成群的游客在街边漫步，或赏小镇的异域风情，看碧云花园的万亩花海，泡云澜湾的养生温泉，游歌斐颂巧克力小镇，或兴致勃勃地参加小镇的寻宝行动，参与虫虫乐园的亲子游戏。若有兴趣的话，他们还可以欣赏新郎新娘在山花烂漫中的美丽身影。在此期间，可以在嘉善最大的婚宴中心云澜湾国际宴会中心吃上一顿酒席，参与策划一场完美的婚礼，成为每天都在上演的童话婚礼中的一员。这是小镇正在描绘的婚庆产业板块的美丽场景，就像英国的泰晤士小镇，一站式的蜜月度假模式，已经在小镇建设的浓浓氛围中蓬勃发展，并不断提升着小镇的幸福浓度。

完整的歌斐颂巧克力小镇包含有歌斐颂婚庆庄园和玫瑰庄园在内的浪漫婚庆区。在歌斐颂巧克力小镇的婚纱摄影基地，除了拥有大面积室内欧式场景及室外花海、大草坪、荷兰风车、水上教堂等独特硬件设施之外，独有的"巧克力DIY"拍摄环节成为60%以上新人的不二选择。"巧克力DIY拍摄颠覆了传统的婚纱拍摄模式，采取体验式的拍摄方式，让新人以'玩'的心态，在舒适悠闲的环境中完成整个拍摄流程。"单涛说，"这可以缓解拍摄过程中的疲劳，拍完之后，还可以带走自制的纪念品，留下特别的回忆，因而受到很多新人的追捧"。2015年全年歌斐颂实现巧克力销售1500万元，其中80%以上来自婚庆板块。"来基地拍摄的新人都是我们喜糖销售的准客户，有一半以上会选择订制我们的喜糖。"单涛介绍，"可以说，产业链的两大环节已经形成了良性互动"。歌斐颂巧克力小镇的酒店建设、婚礼策划等婚庆产业链上的部分环节也已提上日程。

早在2013年年初，云澜湾甜蜜小镇董事长张虹在参加一场婚庆产业博览会时就嗅到了婚庆产业的巨大商机，返回公司后，立马召集公司骨干研究方案，并力邀上海摩玛兄弟联合打造华东地区最大的一站式蜜月基地。云澜湾·一站式蜜月基地是集婚庆策划、婚纱摄影、婚礼宴请、礼仪演艺、蜜月度假于一体的华东地区最大的一站式蜜月基地。温泉旅游、酒店住宿、餐饮娱乐宴会、四季花海等国家AAAA级景区全配套，真正满足恋爱、求婚、订婚、结婚、蜜月度假、结婚纪念周年庆一站式的甜蜜需要。

　　云澜湾·一站式蜜月基地特邀全球知名实景制作团队联合打造，是全国首个依托温泉旅游、挑高 20 多米的 2000 平方米室内无柱穹顶式巨大摄影基地，拥有中外古典现代场景 100 多个，根据最新时尚潮流斥巨资打造而成。汇集全球影视经典爱情场景，有欧风典范、韩式清新、中式古典等系列，场景分春、夏、秋、冬四季无缝对接，创造出源于生活高于生活的摄影实景，帮情侣们实现现实中无法触及的完美梦境。场景的新颖和独特为摄影、化妆、后期制作带来无限的创作空间，满足恋爱中的人们对于婚纱拍摄的极致幻想。同时，云澜湾温泉小镇拥有室外摄影场景 200 多亩，原汁原味的哥特式教堂、树屋花厅、荷兰风车、地中海小屋、海角亭、热气球、古罗马喷泉广场、绿茵芳草坪、摩崖瀑布、旋转木马、豪华游艇、樱花林、露天咖啡厅等各式场景，在湖光涟漪、绿树成荫、花海连绵的小镇自然美景中，甜蜜的场景和大自然的花开花落交相辉映，将艺术性、观赏性及参与性表现得淋漓尽致。

　　千亩四季花海是云澜湾·一站式蜜月基地的一大优势，在一马平川的平原堆坡造景，借鉴北海道花海拼布、荷兰花海等国际著名花海设计理念精心打造，独具匠心的点缀，呈现高低错落的光影层次。花园里用芬芳铺出的小径，随处可见美丽新娘裙摆所撒播的艳色，还有 6000 平方米的绿茵大草坪，四周环绕一年四季的鲜花烂漫，白色的沙滩上椰树婆娑，翠绿的草坪上有鲜花和绿叶做成的一个个鲜花拱门长廊，整整齐齐的大长桌上铺上了雪白整洁的桌布，有簇簇鲜花和目不暇接的美食。这是户外表达爱情和甜蜜的绝佳选择。

　　醉在温泉，5 分钟后你会忘掉自己，20 分钟后你会忘掉整个世界，共浴汤泉，灵魂飞翔，爱情的滋养超越了时间。穿着婚纱来旅游，穿着婚纱来泡温泉目前也成为一种时尚。作为甜蜜小镇的重要组成部分，基地由云澜湾甜蜜小镇统一管理，新人们在享受婚纱摄影的同时，还可以在这里感受景区文化、温泉泡汤及婚礼宴会等一条龙服务。

　　为了给新人创造更加完美的婚礼旅程，云澜湾国际宴会中心可为新人提供婚礼婚宴一站式服务。特色婚礼秘书团，从婚礼策划、宴会设计、新娘造型、摄像摄影、

◇ 云澜湾婚纱摄影实景（图片由云澜湾温泉小·镇提供）

演艺主持等方面为新人提供专业意见。专人专项服务，可提供婚纱定制、婚宴布置、头纱设计、请帖设计等定制服务，拥有两个170平方米的超大无柱婚宴大厅，以及巨大电子屏和专业音响设备，梦幻级的布展空间，满足不同主题风格的婚礼布置，并提供嘉兴首家直升机结亲服务，让新人的婚礼更加出众。幸福仪式圆满结束后，云澜湾温泉小镇为甜蜜的佳偶们预备了温馨浪漫的特色住房，泓庐SPA精品酒店、云澜湾温泉度假酒店等拥有豪华的客房设施、瑰丽旖旎的氛围，更添万分浓情蜜意。

未来，云澜湾还将建设一处爱情故事馆，收集全世界的经典爱情故事，把这些经典的爱情故事以情景化或展品的形式呈现给世人，让永恒的爱情故事永留世间。云澜湾还将在目前的温泉旅游基础上进行跨界整合和产业升级，通过温泉养生衍生发展妇幼精品保健、月子中心、美丽微整塑形中心等产业，为天下有情人提供幸福一条龙服务。

碧云花园在婚纱摄影、婚庆服务等方面也着力推进，不断开创新路子。2013

年年初开始启动嘉娜伯格摄影基地，目前已有包括上海、江苏、安徽、浙江等地60余家影楼加盟，将基地环境建设和拍摄外景地结合，推进婚庆产业在农业基地的完美融合。2014年10月碧云花园开始涉足微电影行业，并被中国影视平台评为微电影互动基地，碧云花园开启微电影事业发展篇章。

◇ 碧云花园婚纱摄影（此图由碧云花园提供）

（二）巧克力甜蜜小镇的旅游现状

1. 小镇旅游市场现状

2015年6月，巧克力甜蜜小镇入选首批省级特色小镇创建名单。 2015年全年小镇完成投资12.28亿元（其中特色产业投资11.12亿元），累计完成投资14.2亿元，超额完成年度投资任务，投资完成率在全省旅游类特色小镇中位居第一，其中核心项目歌斐颂巧克力项目完成投资4.59亿元，云澜湾温泉项目完成投资5.09亿元。

2013年，云澜湾温泉体验馆对外开放，引起周边市场关注，仅仅一个体验馆年接待温泉游客就超过 10 万人次。2015 年 9 月 28 日云澜湾温泉中心项目开业。2014 年 10 月，歌斐颂巧克力小镇一期开放，到 2015 年 6 月，不到一年的时间，已经接待了 35 万人次的游客。2015 年 1 月至 6 月，小镇共接待游客 49 万人次，实现旅游总收入 2600 万元；自下半年起，小镇一下子"火了"，知名度陡增，来大云的游客、客商、参观考察人员都呈爆发式增长，从政府人员到项目主体工作状态都是"连轴转""加速跑"。到了 9 月，小镇总计接待游客达 83 万人次，实现服务业营业总收入 2786 万元。2015 年全年歌斐颂巧克力小镇一期项目接待游客突破 51 万人次。

2016 年五一小长假，小镇迎来了史上最具人气的五一假期，十几万人次蜂拥而至，其中单日游客量最高突破 9 万人次，远超上年同期的 2.2 万人次，具体表现有：（1）单日游客量突破 9 万人次。2016 年五一小长假的头两天，春光明媚。大云十里水乡景区迎来了史上最具人气的五一小长假。5 月 1 日当天，在十里水乡的游船码头，人头攒动，呈现一派供不应求的场面。500 余名游客悠闲地等待在码头边，想要享受泛舟湖上的优哉时光。"我们码头只有十几条船，却要同时满足 500 余名游客的需求，这么火爆的场面是从来没有过的。"十里水乡景区相关负责人告诉记者，"许多游客即使在这里等上一个小时，都觉得很值得。"不仅是十里水乡，歌斐颂巧克力小镇和云澜湾景区也同样是人山人海。仅 5 月 1 日当天，歌斐颂巧克力小镇就接待游客 3.6 万多人次，云澜湾景区接待游客约 3.5 万人次。"五一期间，我们单日游客量最高突破了 9 万人次，远远高于去年同期数倍。"大云旅游投资管理有限公司相关负责人表示。（2）亲子游"当道"。据了解，五一小长假来大云旅游的游客中，绝大部分由"亲子游"的队伍构成，有很多是来自上海、宁波等周边地区的三口之家。因"特色小镇"慕名而来是原因之一。另一原因是在五一小长假期间，"歌斐颂巧克力小镇推出的糖果嘉年华、云澜湾景区推出的灯光展和恐龙化石展等活动的精准定位，也吸引了一大批'亲子游'的游客"。

此外，令人期待的是，协议总投资 60 亿元、以中国"善文化"为主题的天洋·梦东方项目、意向入驻的法国薰衣草项目、基本敲定落户的德国啤酒工业旅游项目都给小镇带来别样的"甜味"。2017年，小镇工业和商贸产值达到42亿元，税收收入3.2亿元以上，旅游人数达到260万人次以上，旅游收入13亿元以上。

2.小镇婚纱摄影市场现状

到2015年年底，歌斐颂巧克力、云澜湾温泉、碧云花海、拳王农庄婚纱摄影基地年接待新人已达5万多对，年接待游客121万人次，服务业营业总收入实现3.35亿元。

据介绍，在歌斐颂巧克力小镇的婚纱摄影基地，每天都要接待上百对新人。目前，该基地已经与苏浙沪地区135家大中型影楼达成战略合作，仅宁波维纳斯影楼去年就带来600多对新人。为什么小镇的婚庆旅游会如此火爆？除了日益增长和爆发的婚庆市场本身所蕴含的能量之外，一方面，大云镇站在建设"特色小镇"的风口，大项目"大干快上"，全力打造了生态优美的环境，为婚庆产业的"放量"增长加大了砝码。比如，大云镇投资超过1亿元，高标准建设了巧克力大道、温泉大道、花海大道等景观大道，完成小镇区域水环境整治、景观农业等项目建设，整治出一派优美田园风光的景观底色。歌斐颂一期、云澜湾温泉等相继盛大开业，直接带动旅游市场的井喷式发展。另一方面，各个婚纱摄影基地自身独有的特色也成为它们吸引新人的筹码。

碧云花园婚纱摄影基地有近30亩柳叶马鞭草种植成的花海，还有教堂、游艇、马场等拍摄实景，平均日拍摄量达80对新人左右，最高峰时达到150对一天。

（三）嘉善大云的"甜蜜"旅游功能叠加

在发展嘉善大云旅游特色小镇进程中，大云人摸索出一套围绕"甜蜜"主题的旅游功能叠加模式。

1.以旅游为主线，以产业为基础，走出"旅游+"特色化产业发展之路

巧克力甜蜜小镇围绕产业培育和旅游度假两大功能，力争通过3~5年的建设，把小镇建设成为国内著名的巧克力特色风情体验高地、婚庆蜜月度假胜地和文化创意产业基地，打造休闲度假、文化创意和特色风情有机结合的文化主题一

站式体验小镇，形成以巧克力产业链为基础、以文化创意创新链为支撑、以休闲蜜月度假配套链为核心的宜业宜居宜游的产业特色。在产业特色上，坚持把小镇作为产业集聚的新平台，把旅游作为产业融合剂，走"旅游+"特色之路，重点培育与甜蜜小镇主题相关的工业旅游、文创旅游、休闲旅游、农业旅游等特色旅游产业，推动资源整合、项目组合、产业融合，推动三次产业融合发展，实现"以旅游集聚产业、以产业支撑旅游"的发展目标。

2. 以甜蜜为主题，以浪漫为元素，以文化为灵魂

在人文气质上，小镇坚持把小镇作为文化传承的大舞台，充分整合大云温泉、水乡、花海、农庄、婚庆、巧克力等元素，把文化基因植入产业发展和产业链延伸的全过程，挖掘温泉养生、巧克力甜蜜风情、水乡田园等文化内涵，打造鲜明的区域特色文化标识，打造甜蜜小镇独特的个性与灵魂。

3. 以生态为主调，以农业为底色

在环境肌理上，坚持把小镇作为"两山"理论的实验田，按照 AAAAA 级旅游景区的标准对小镇进行景区化环境配套，把农业作为底色，打好"环境牌"，发展以"参与体验、生态观光"为主要内容的休闲农业，促进现代精品农业和生态旅游深度融合，促进小镇生产、生态、生活"三生"融合，把乡村田园风光转化成产业优势。

4. 以企业为主体，以投资为关键

小镇由嘉善大云文化生态旅游发展有限公司、浙江云澜湾旅游发展有限公司、斯麦乐集团有限公司、梦东方文化投资有限公司等主体联合投资建设。在推进路径上，坚持把小镇作为有效投资的主战场，按照三年 35 亿元、五年 55 亿元的投资目标，加强政府引导，激发市场活力，围绕转型抓投资、围绕特色抓投资、围绕有效抓投资，最大限度地调动企业的积极性和社会各界的参与热情，开足马力抓建设，大力度推进云澜湾温泉、歌斐颂巧克力等重点项目快出形象，高标准推进花海大道、温泉大道、巧克力大道、云海路等道路基础设施和游客集散中心、停车场等旅游配套设施建设。同时，根据产业定位精挑细选与甜蜜主题相关的特色旅游产业项目，进一步夯实小镇发展后劲。

5. 以节庆活动为载体，以营造人气为根本

小镇十分注重通过举办节庆活动来营造氛围、聚集人气。2015 年 9 月 24 日至 11 月 8 日，嘉善甜蜜小镇整合景区内各主体的资源，围绕"浪漫大云、甜蜜小镇"这一主题，举办为期一个半月的"2015 甜蜜小镇文化旅游节"系列活动，策划推出歌斐颂国际巧克力旅游文化节、云澜湾温泉文化旅游节、"水乡·花海"亲子拓展、2015 嘉善大云半程马拉松赛等 16 项精彩纷呈的活动。碧云花园从 2007 年开始，每年 4 月中旬在"花·世界"举办杜鹃花展，截至 2017 年已成功举办 11 年。

二、巧克力甜蜜小镇旅游问题诊断

（一）"甜蜜"度不够，更有过度稀释的风险

歌斐颂巧克力小镇的入驻为嘉善大云的空气带来了巧克力的芳香与甜蜜，巧克力、水乡、花海、温泉、婚庆等元素的混合的确能让这种"甜蜜"浓得化不开，因此"甜蜜"主题具有强大的概括度、丰富的联想度，以及超强的解释度。小镇目前拥有的项目，诸如歌斐颂巧克力项目、碧云花园项目、云澜湾温泉项目、十里水乡项目、拳王农庄项目，以及相关的婚纱、婚庆、蜜月等文创项目和即将进驻的德国啤酒庄园，都可以解读为"甜蜜事业"！从目前元素的融合度、项目的融合度来看，"甜蜜"度仍然远远不够，需要从产品多元化、产业链条化等方面促进深度融合，提升"甜蜜"浓度。但从小镇近三年的规划和在谈项目来看，有过度消费"甜蜜"主题、过度稀释"甜蜜"度的风险。笔者以为天洋·梦东方等项目是与"甜蜜"主题相去甚远，具有稀释效应。

（二）热闹有余，浪漫不足

纵览国外知名风情小镇，通常都会开展重大节庆活动，如嘉年华、音乐节等持续性、周期性活动吸引聚集人气。这种做法可以借鉴，也应该借鉴。小镇自

2015年以来举办过多次大型活动，热闹非凡，人气大升，表面上看是成功的，但若从大型活动中的子活动项目来看，比如歌斐颂巧克力小镇的"羊村活动""水乡·花海"亲子拓展等，却是热闹有余，浪漫不足，因为浪漫的对象和热闹的对象并不完全是同一批人。这些活动吸引的是一日游的年轻游客或周末全家游群体，对于追求情调、浪漫、闲淡、恬静、慢生活的度假群体来说不仅缺乏吸引力，还有可能对其产生排斥力。

（三）文化过多，消化不良

从小镇已经引入的项目着力打造的文化和规划文件中提到的文化来看，小镇存在文化过多、消化不良的问题。

歌斐颂巧克力项目打造的异域巧克力文化，这于嘉善、于整个中国都是从0到1的运动，将存在相当长时间的"移植"存活问题；婚庆文化，所有项目中都延伸出婚纱摄影这一产品；依赖温泉有养生文化；拟深挖乡村文化，延伸农居民宿产业链，将农耕文化、"善文化"等传统因子植根于农居民宿的开发中；天洋·梦东方项目也意在以中国"善"文化为主题，而其规划中有吴越文化、唐宋文化、明清文化和现代文化，许多文化的展现将借助于硬件建设和现代声光技术，笔者担心所谓的"善文化"主题怕只是流于口号而已；还有德国的啤酒文化、法国的薰衣草文化、意大利文化，等等。如此众多的文化都集聚在这个江南水乡之地，确实存在"狂吃海喝"之后消化不良的风险。

（四）目标消费群体泛化，胃口太大

构成小镇的水乡、花海、农庄等元素的十里水乡、碧云花园、拳王农庄，其目标消费人群都是很接地气的普通市民；巧克力时至今日自然也是人人消费得起的普通食品。即将入驻的天洋·梦东方似要带着很深的文化气质而来，但从其欲设的项目来看，最后很可能成为一个游乐场，所有这些项目都是可以接收团队旅游，甚至以接收团队旅游为主体。德国啤酒庄园、高端民宿项目也是面向高端消费人群的休闲产品，这些项目以个体旅游为主体。团队旅游和个体旅游属于两种完全不同，甚至相冲突的旅行方式，这样的局面有可能引发旅游社会容量上的问题。所谓旅游社会容量，是旅游容量的一种，是指一种建立在社会价值观、道德习俗、宗教信仰、文化传统和生活方式等社会规范基础上的量值。

事实上，不同的市场人群具有不同的消费行为与消费需求，集聚在同一个小镇必然会存在行为与需求的冲突，比如前述热热闹闹的活动必然会对泡温泉、享受啤酒文化、玩赛车的消费者产生干扰。因此，笔者认为这种将目标消费者泛化的目标市场定位胃口太大。因此，小镇应从旅游环境容量的视角思考其目标人群的定位问题。

（五）各自为政，项目间呈竞争关系

旅游特色小镇不同于纯粹的风景度假区，不仅要旅游要游客要收入，更要民生。当地居民要生活，这就不能是景点经济的概念，做各种分割，然后圈起门来自扫门前雪。嘉善甜蜜小镇尽显自然资源之丰富、生态环境之优美，这是甜蜜小镇的天然优势。但现有的项目各自为政，竞争有余，合作与融合不足，上演你有我有全都有的戏码——所有项目都有花海，都有草坪，都有水塘，都有喷泉，更加都有婚纱摄影服务，项目间瓜分资源、竞争客源。这种各自为政、互为竞争的局面不仅无益于甜蜜小镇旅游的长足发展，更是对地方居民的巨大伤害。在这种圈地运动、抢滩资源高地的竞争市场下，留给当地居民的怕只有残羹剩渍。

特色小镇原本土地面积就不大，若要发展旅游，需要打破门票经济的陈旧思维，形成全域旅游的局面，开发无景点旅游。项目间的合作应大于竞争，产品应差异化定位，呈现合作、互补、共生的关系。

综上所述，嘉善大云甜蜜小镇将品牌内涵聚焦于"甜蜜"二字上已形成共识，但对于"甜蜜"的外延界定尚比较模糊；此外，协同合作是特色小镇发展为旅游目的地的必经之路，嘉善大云项目间虽也表现出前所未有的协同合作精神，但更多表现在对外宣传上，而在产品的差异化上尚有竞争之态。

三、巧克力甜蜜小镇的旅游定位

（一）小镇旅游功能定位

特色小镇旅游功能定位要解决好 4W 问题：（1）Who，解决人的问题；（2）What，解决旅游主题定位问题；（3）Where，解决空间要素问题；（4）When，解决时间要素问题。

1.Who：解决人的问题

特色小镇旅游要解决两类人的问题，即"谁来旅游"和"谁来提供旅游"。

"谁来旅游"解决的是旅游目标人群定位问题。旅游特色小镇尽管产业定位为旅游，但其仍属特色小镇范畴，带有很大的人造成分，而其区位特点及资源特性决定了旅游特色小镇的目标消费人群必不同于游览知名山川、名胜古迹、繁华都市等的游客。长途奔袭专门造访特色小镇的游客有之，但绝不是主体。其旅游目标人群的主体一定是特色小镇周围的都市圈，出行人员多为周末一族、自驾一族、休闲度假一族。依据周末自驾游的相关理论，2 小时以内车程为最佳自驾旅游半径。小镇位居苏、沪、杭、甬"1 小时经济圈"内，地理位置得天独厚，其目标人群的重点不是在全国各地遍地撒网，而在于针对这"1 小时"都市圈人群，吸引他们多次前来消费，提高他们的人均旅游消费水平。

"谁来提供旅游"解决的是旅游利益相关者问题。依据"利益相关者理论"，利益相关者是指"任何能影响组织目标实现或被该目标影响的群体或个人"。特色小镇建设强调生产、生活、生态"三生"融合，因此旅游特色小镇旅游功能的发展就必须将可持续发展放在首位，要的是生态旅游而非掠夺式旅游。世界环境发展委员会明确指出，引入利益相关者理论是可持续发展过程中必不可少的要求之一。基于所有的利益主体都具有本质上相同价值的理念，索特 (Sautter) 和莱森 (Leisen) 两人在利益主体谱系图的基础上，绘制了一幅旅游业利益主体图。

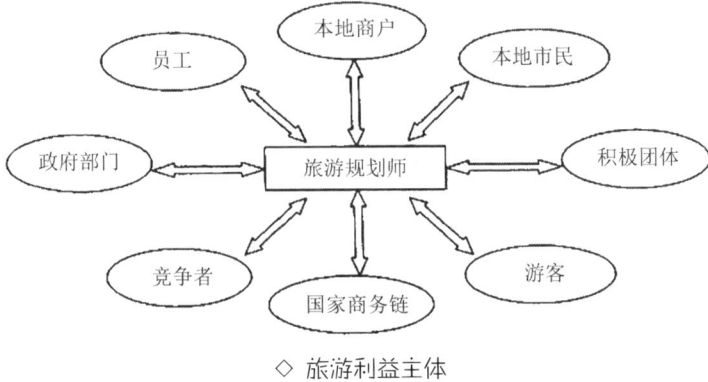

◇ 旅游利益主体

特色小镇旅游中的利益相关者涉及特色小镇生态、政府、旅游者、旅游企业、非旅游企业、当地居民。在这些利益相关者中最应该关注的是当地居民，因为他们在某种程度上扮演着接受者的角色，没有多少话语权，可他们又是特色小镇环境生态、文化生态的维护者、创造者和长期承受者。有关目的地居民与旅游关系的研究结果显示，目的地居民在当地旅游业长期、可持续、协调发展过程中扮演着非常重要的角色。"城市宜居性"的研究也表明，"宜居"是"宜游"的前提，"宜游"是对"宜居"的提升。由此可见，特色小镇旅游功能定位更加要将当地居民的利益考虑进去，站在当地居民"宜居"的立场思考特色小镇的旅游开发问题，要有长期的战略眼光，不可一味地野蛮开发。巧克力甜蜜小镇在确立小镇旅游功能、引入项目时应考虑当地居民的接受性与适应性问题。

2.What：解决旅游主题定位问题

小镇关于"甜蜜"的主题已经抢占了先机，已有不少游客一提到"甜蜜"就会想到巧克力甜蜜小镇，"浪漫"的主题也是适时而确切的，因为至少象征"浪漫"的婚纱摄影产业在小镇已经遍地开花，形成了婚纱摄影一条街，远到湖北等地的新人都会慕名而来，拍摄婚纱照。因此，小镇"甜蜜+浪漫"的主题确立应该说是独具特色，也符合已有的产业优势，甜蜜的食品（巧克力、水果）、甜蜜的亲情、友情和爱情（婚恋、婚纱摄影、蜜月、月子）、甜蜜的休闲时光（碧云花园、四季花园、拳王农庄、德国啤酒庄园）、甜蜜的康乐生活（云澜湾温泉、养生）都可以理解为是"甜蜜事业"。嘉善甜蜜小镇今后要引入的项目也一定要紧紧围绕"甜蜜+浪漫"这一主题，要对现有主题起到增效作用，决不能稀释。

以上是就整个小镇的主题定位来说的，需要体现的是统一性。统一才能凸显个性，才能发出同一个声音。但就每一个旅游项目来说，旅游功能定位应体现差异性，以避免项目间功能高度雷同而产生的恶性竞争。特色小镇各个旅游项目间应呈有机融合之势，互为产品链上的上下游关系，满足游客不同的旅游需求，促进游客多元化消费。那么，要如何实现单体旅游功能定位的差异性？

从旅游业产业构成视角上来看，传统旅游六要素"吃、住、行、游、购、娱"精辟概括了旅游活动，是直到现在对旅游业描述最简洁、最准确、传播最广的概念。2015年，时任国家旅游局局长李金早指出，"如今，激发人们旅游的动机和体验要素越来越多，需要拓展新的旅游要素。总结旅游业这些年的发展，在现有'吃、住、行、游、购、娱'旅游六要素基础上，可否概括出新的旅游六要素——'商、养、学、闲、情、奇'？前者为旅游基本要素，后者为旅游发展要素或拓展要素"。李金早表示，"商"是指商务旅游，包括商务旅游、会议会展、奖励旅游等旅游新需求、新要素；"养"是指养生旅游，包括养生、养老、养心、体育健身等健康旅游新需求、新要素；"学"是指研学旅游，包括修学旅游、科考、培训、拓展训练、摄影、采风、各种夏令营冬令营等活动；"闲"是指休闲度假，包括乡村休闲、都市休闲、度假等各类休闲旅游新产品和新要素，是未来旅游发展的方向和主体；"情"是指情感旅游，包括婚庆、婚恋、纪念日旅游等各类精神和情感的旅游新业态、新要素；"奇"是指探奇，包括探索、探险、探秘、新奇体验等探索性的旅游新产品、新要素。

依据上述新旧旅游六要素理论，嘉善巧克力甜蜜小镇的各个项目间完全可以有所差异。譬如，整个小镇可以以商务旅游为目标定位，充分整合小镇的所有资源开展商务旅游。希尔顿酒店、歌斐颂巧克力项目开设的高端酒店都可作为会议会展中心，所有的项目资源均可用于奖励旅游；歌斐颂巧克力项目专注研学旅游，开发围绕"巧克力""可可""咖啡豆"等元素研发修学旅游、科考、培训、拓展训练、各种夏令营冬令营产品，亦可将巧克力文化深入其他项目之中，延伸研学旅游。云澜湾温泉项目专注养生旅游、碧云花园专注情感旅游、拳王农庄和十里水乡专注休闲度假……

　　3.Where：解决空间要素问题

　　在物理空间相对有限的特色小镇，创新、融合、拓展、提升旅游空间，对于破解区域空间资源瓶颈，实现"小空间大聚合"具有显著意义。由此可见，特色小镇在进行旅游功能定位时，"空间"要素的考量变得十分重要。

　　易开刚、厉飞芹指出，在游客多元化、品质化、复合化需求驱动下，旅游目的地一方面需要不断丰富和增加旅游吸引物，通过"旅游+"将更多元素纳入到旅游体系中来，由此扩大旅游景观空间（核心旅游要素）；另一方面要不断完善交通、住宿、支持设施和基础设施（节点旅游要素），通过"旅游+"，强化节点要素对核心要素的支撑，由此扩大旅游活动空间和环境保护空间。旅游吸引物借由节点旅游要素，形成旅游空间网络。为此，他们基于"旅游+内容"和"旅游+手段"两个方向提出了三大类旅游空间开发模式（见表6-2）。

表6-2　基于价值网络理论的旅游空间开发模式

旅游空间开发方向	具体开发模式	核心内容
方向一：旅游+内容	存量空间提升模式 （纵向深耕）	旅游+项目
		旅游+营销
	增量空间挖潜模式 （横向拓展）	生产空间融入旅游空间 旅游+工业、旅游+农业、旅游+商务等
		生态空间融入旅游空间 旅游+生态等
		生态空间融入旅游空间 旅游+文化、旅游+社区等
方向二：旅游+手段	智慧旅游发展模式 （空间有序）	旅游+信息技术 （智慧交通、智慧设施等）

　　至于嘉善巧克力甜蜜小镇，他们认为是典型的增量空间挖掘模式，分析指出，小镇以甜蜜为旅游主题，融合巧克力、水乡、花海、温泉、农庄和婚庆等六大旅游元素，逐步形成了"旅游+X（工业、农业、文化、休闲）"的旅游空间开发模式。

在"旅游＋工业"方面，小镇引入瑞士巧克力制造及其项目，面向市场生产销售巧克力产品。与此同时，建立歌斐颂巧克力工业旅游示范区，实现巧克力生产流水线的公开化、可参观化，从而将工业生产空间发展为旅游空间。同时鼓励当地居民积极种植杜鹃花，在旅游业发展的同时增加了社会效益。在"旅游＋文化"方面，小镇着重挖掘巧克力文化内涵，通过建立歌斐颂巧克力主题园区，引入了多项巧克力风情文化体验活动，同时积极打造婚庆蜜月度假基地和文化创意产业基地，将文化生活体验空间发展为旅游空间。在"旅游＋休闲"方面，小镇充分利用温泉、山水等自然资源开发旅游休闲项目，依托云澜湾温泉休闲度假园区、十里水乡休闲配套区，将生态空间发展为旅游空间。笔者也认为，小镇这种增量空间挖掘模式有助于凝练已有的"甜蜜小镇、浪漫大云"的旅游主题。今后小镇旅游开发应放在加强已有要素集聚和已有产业间的耦合上。

4.When：解决时间要素问题

自媒体人罗振宇在 2016 年的一次演讲中，说到了他对互联网的六个认知，其中一个认知是：互联网已经进入了下半场。他提出"时间才是真正的战场"。消费升级，本质上是从空间消费转移到时间消费。现在的新兴中产阶级，其实已经买不动东西了，在未来你给人送个礼物，如果这个东西要占据对方的家庭空间，其实对他来说都有可能是个负担。所以，未来的战场，消费升级中很重要的一个领域，是从消费有形产品到消费无形产品，比如各种服务、娱乐、旅游，等等。在这些领域里，空间不再起作用，时间变成了唯一刚性的资源。笔者也以为，甜蜜特色小镇发挥旅游功能，游客的时间要素必须考虑，要比游客更对他们的时间都花在哪里锱铢必较。现如今许多旅游业态争夺的是旅游消费者周末两天的时间，纵然这也是旅游特色小镇争夺的时间主体，但不应该局限于此。因为，旅游特色小镇的游客主体应该是那些愿意住下来、坐下来、慢下来的休闲度假者。针对此类人群，旅游特色小镇要在满足度假者基本"吃、住、行、游、购、娱"需求之时，项目间进行差异化定位，各自做最好的"商、养、学、闲、情、奇"需求提供商，让消费者周一到周五的时间也能有很好的旅游消费去处。除此之外，还有四季、昼夜、特定时节等的时间资源均要充分利用，这就是有学者所说的"时间性旅游资源"。

（二）小镇旅游形象定位

"定位"一词最早出现在 20 世纪 60 年代的广告业中，由特劳斯和里斯提出。当今世界享有"目的地博士"之雅号的著名学者斯坦利·帕洛格将"定位"这一概念界定为："定位（positioning）就是确定某一产品或服务的重要品质，从而能够以有意义的方式向消费者展现其有别于竞争产品或服务的特色（内含利益）"。简单地讲就是，对于你所提供的各种利益，你的目标市场最应牢记的是哪些品质。摩根指出，约 70% 的国际游客只寻访 10 个国家，剩余国家的旅游部门只能激烈地竞争余下 30% 的国际旅游市场份额。由此可见，精确而清晰的旅游地定位是占据旅游市场一席之地的基石。旅游地形象定位是在综合分析内部产品要素和外部市场要素的基础上确立对自身发展有利的旅游地形象。目前在旅游地形象定位的研究方法中，国内学者以定性分析为主，发展出旅游形象定位的"脉"理论。这个"脉"理论经历了从"一脉"到"四脉"的丰富和发展历程。国外学者对旅游地形象定位的研究更多地将定量和定性相结合，运用了一批成熟的感知定量方法如重要表现性方法（Importance-Performance Analysis，IPA）、城市感知分析法（CPA）等对旅游地形象定位展开研究。旅游地形象的定位归纳起来无外乎三种模式：第一种模式是基于目的地资源优势的形象定位，其特点是通过对当地自然地理特征及历史文化特征加以概括、提炼，从而提出本地形象定位。这是当前最为常用的定位模式。有学者对这样的定位模式做过总结："一是有些地方的定位表述所反映的似乎是该地性质的定位，而非作为目的地定位；二是有些地方的定位虽然考虑到了目的地定位，但往往都是一味强调该地资源的客观特色，很少考虑所欲争取的目标市场是否会对这些特色感兴趣，或者在何种程度上会对这些特色感兴趣。"第二种模式是基于目标市场需求的形象定位。该种定位模式重视考虑目标市场，或者说客源地市场的需求和兴趣，将定位是否切合目标市场利益作为首要衡量标准。第三种模式是基于竞争对手差异的形象定位。这种定位模式回到了特劳斯和里斯的观点，即基于差异化而非优点进行定位。

徐尤龙等人（2013）借鉴"四脉"理论，构建了旅游地形象定位分析的"二维三地四脉"模型。该模型指出，"二维"是立足于旅游目的地，从内部外部两个维度分析该旅游地的理念形象和营销形象。"三地"指旅游地、竞争地和客源地，是旅游形象分析的物质载体，其中旅游地属于内在维度，以旅游资源为核心，提炼旅游形象的内在构成因素，形成本体形象。竞争地和客源地属于外在维度，竞争地从旅游形象区分和替代性出发，研究其对旅游地形象品牌和旅游者形象感知的干扰，进行相关形象比较分析；客源地以旅游者为中心，研究旅游者对特定旅游地的形象感知。旅游地本体形象、竞争地相关形象和旅游者感知形象构成旅游地形象定位分析的三大要素。"四脉"指的是地脉、文脉、商脉和人脉，其中，地脉和文脉分别从自然因素和社会因素两个方面对旅游地进行分析，以资源为导向，着重研究旅游地的核心资源和主体脉络。地脉指旅游地的自然地理背景，包括自然旅游资源、自然环境和区位条件。文脉指旅游地的社会文化背景，即社会人文脉络，是一种综合性的历史文化传统和社会心理积淀的组合，包括人文旅游资源、社会环境和旅游业发展现状。商脉是指旅游形象竞争性分析，即在旅游地本体形象分析的基础上，将其预备营销形象和竞争地的相关旅游形象进行比较分析，着重研究竞争地对旅游地形象的影响（屏蔽效应或叠加效应），是对旅游

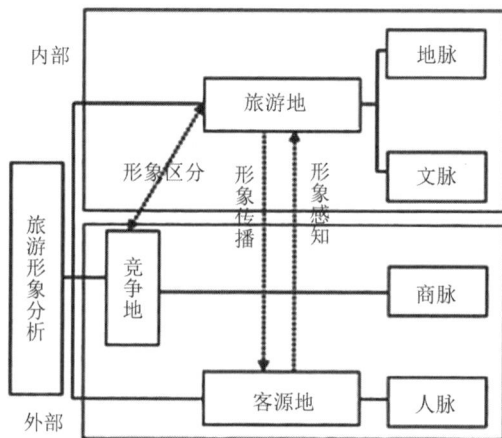

◇ 旅游形象分析的"二维三地四脉"模型

营销形象的第一次修正。人脉特指旅游者形象感知，即客源地的现实或潜在的旅游者对旅游目的地形象的心理判断和接受度，着重研究旅游者的需求特点、主要客源市场的形象感知及旅游形象受众调查，是对旅游地营销形象的第二次修正。

在笔者看来这是最适用于"特色小镇"旅游形象定位的一个理论模型，只是就"特色小镇"而言，笔者认为对于"人脉"的理解应采纳熊元斌等人的观点，即"目的地居民和利益相关者对旅游目的地形象的心理判断和接受度"，该观点既包含旅游者也包含目的地居民，又包含更广泛的其他利益相关者，尤其强调了目的地居民的心理判断与接受度，这是因为"特色小镇"即使是旅游功能的建设，首先要满足的也应该是当地居民而非外来游客，"宜居"才能促进"宜游"，此是"特色小镇"创建的三大目的（宜居、宜游、宜业）之一。此外，建在城乡接合部"小而精"的特色小镇，其历史使命是"在有限的空间里充分融合特色小镇的产业功能、旅游功能、文化功能、社区功能，在构筑产业生态圈的同时，形成令人向往的优美风景、宜居环境和创业氛围"。如此历史使命决定了即使是旅游类特色小镇，作为旅游目的地，其在旅游综合竞争力上也具有先天缺陷，比不过繁华大都市的现代性与便利性，比不过名胜古迹山川河流的独特性与博大性，比不过古镇的沧桑感与厚重性，比不过乡村的原生性与悠然自得性。苏、沪、杭、甬是距离以巧克力甜蜜小镇为核心的"1小时经济圈"的四个经济大都市，因而成为小镇第一方阵目标市场。随着高铁的飞速发展，半径为600公里的2小时交通圈大都市也将被纳入小镇的客源地，成为第二方阵目标市场。在这2小时的交通圈内将会有许许多多的特色小镇与之形成有较大重叠度的目标市场。所以，小镇旅游形象定位必须综合考虑目的地资源要素、目标市场需求要素和竞争者的差异要素，通过全盘考虑赋予这个"小而精"的空间能够兼具现代与便利、独特与博大、沧桑与厚重，以及悠然自得亲近自然的生活方式，从而获得自身吸引游客的魅力。

巧克力甜蜜小镇在进行旅游形象定位时可以根据《旅游资源分类、调查与评价》标准（GB/T18972—2003）对自身的地脉和人脉进行系统调研，但比起系统调研，确定这些资源中哪些是小镇最具特色的优质资源则更为重要；接下来，小镇还需要从诸多优质资源中优中选优，择其一项或者几项特质（决定性特质）作为目的地旅游形象定位的依据，太多易引起游客的认知混淆。斯坦利·帕洛格根据自己多年从事旅游营销工作的经验对目的地资源特点进行品质分类总结，并给出了一份清单，这份清单共涉及 12 项标准——其中属于第一层级的标准（最重要的标准）有 4 项，属于第二层级的标准（次级重要的标准）有 8 项。

嘉善巧克力甜蜜小镇目前已凝练出"温泉、水乡、花海、农庄、巧克力、婚庆"六大资源要素，并据此确立"甜蜜小镇、浪漫大云"的旅游形象。这六大资源要素的确契合了斯坦利·帕洛格列出的第一层级的四大品质"如画般的景色、可供开展多种活动的程度、独特性、理想的气候"，但其在此四大品质上的表现程度到底如何却不得而知，目前的判断多半属于盲目的自信。笔者以为从长远计，还是有必要对小镇旅游形象定位精准与否进行定量研究。上文提到的 IPA 分析法是一个比较成熟且在国外被广泛运用的进行旅游形象定位定性与定量相结合的研究方法，它把重要因素和满意度的测量值置于二维象限中，以重要因素和满意度的平均值作为交叉点，具体划分为四个区域（类似波士顿矩阵），即优势区（继续努力）位于第一象限、改进区（重点改进）位于第二象限、机会区（低预先事项）位于第三象限、维持区（不宜刻意追求）位于第四象限。IPA 研究方法对目的地

第一层级：我们可以将这些品质称为"四大天王"。一个地方如果同时拥有这些品质，则会吸引大量的游客前去访问。按照重要程度进行排列，这四项品质包括：

- 如画般的景色（dramatic scenery）
- 可供开展多种活动的程度（perception of lots to do）
- 独特性（uniqueness）
- 理想的气候（predictable weather）

第二层级：虽然这八项品质在重要程度方面比不上第一层级，但同样，一个目的地在这些方面拥有的数量越多，则其成功的机会也就越大。同样，也按其重要程度进行排列，这些品质包括：

- 未遭破坏的环境（unspoiled environment）
- 清洁（cleanliness）
- 民众友善（friendly people）
- 良好的价格／价值比（favorable price/value relationship）
- 无犯罪现象（crime free）
- 当地人会讲来访游客的语言（the natives speak the visitors' language）
- 高质量的旅馆（quality hotels）
- 可口的饮食（good food）

◇ 旅游目的地优势品质清单

旅游资源测量过程中既涉及资源这一客观要素又涉及目标市场这一主观要素，因而更具科学性、实用性和针对性。

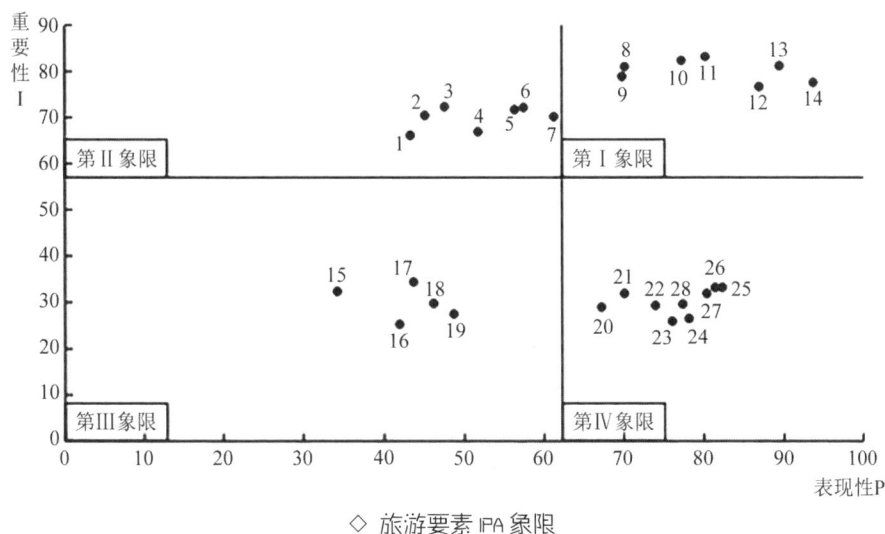

◇ 旅游要素 IPA 象限

四、巧克力甜蜜小镇未来发展路径：全域旅游

全域旅游将是巧克力甜蜜小镇旅游功能未来发展的必由之路，这是由"特色小镇"的历史使命和"全域旅游"的内涵共同决定的。

1. 特色小镇的历史使命

2015 年，时任浙江省省长李强在《政府工作报告》中指出，特色小镇不是行政区划单元上的"镇"，也不同于产业园区、风景区的"区"，而是按照创新、协调、绿色、开放、共享发展理念，结合自身特质，找准产业定位，科学进行规划，挖掘产业特色、人文底蕴和生态禀赋，形成"产、城、人、文"四位一体有机结合的重要功能平台。于浙江而言，特色小镇的历史使命在于：第一，它是破解浙江空间资源瓶颈的重要抓手，是要在功能的集聚与扩散之间找到最佳平衡点，在城市化与逆城市化之间找到最佳平衡点，在生产、生活、生态之间找到最佳平衡点。第二，它是破解浙江有效供给不足的重要抓手，定位最有基础、最有特色、最具潜力的主导产业，通过产业结构的高端化推动浙江制造供给能力的提升，通过发展载体的升级推动历史经典产业焕发青春、再创优势。第三，它是破解浙江高端要素聚合度不够的重要抓手。高端要素的集聚、产业链、创新链、人才链的耦合是特色小镇发展之道。第四，它是破解浙江城乡二元结构、改善人居环境的重要抓手，通过产业生态、自然生态、政务生态、社会生态，集聚创业者、风投资本、孵化器等高端要素，促进产业链、创新链、人才链等耦合，为特色小镇注入无穷生机。嘉善大云甜蜜小镇作为旅游类特色小镇，不同于以往景区旅游纯粹满足游客"到此一游"的需求，需要遵循上述特色小镇创建要求、完成其特定的历史使命。特色小镇建设的第一服务对象不是别人，而是当地现有居民和未来潜在居民，其建设的主体也是这些人。因此，小镇旅游功能的实现首先必然是以"三生"平衡为前提，让当地现有的居民愿意住下去，让游客愿意走进去，让外来人才愿意留下来，而不能是短期掠夺式的。其次是旅游业自身的高端要素需不断叠加、融合与耦合，而非一股脑地奉行"拿来主义"、简单相加，这需要在创新旅游业态上下功夫。

2. 全域旅游的内涵

国家在"十三五"规划中明确提出，全域旅游是一个总的战略。国家旅游局如此界定"全域旅游"：全域旅游是指在一定区域内，以旅游业为优势产业，通过对区域内经济社会资源尤其是旅游资源、相关产业、生态环境、公共服务、体制机制、政策法规、文明素质等进行全方位、系统化的优化提升，实现区域资源有机整合、产业融合发展、社会共建共享，以旅游业带动和促进经济社会协调发展的一种新的区域协调发展理念和模式。由此可见，旅游类特色小镇建设的本质就是全域旅游。

商务部品牌专家顾环宇是这样理解全域旅游的，他说："简单地说，景区旅游与全域旅游最大的区别就是，前者看山峰河流、历史古迹，而后者更注重去感受当地人的生活方式，看看他们是如何借助自然禀赋来生活的。"笔者认为此观点一针见血，言简意赅！这也是笔者在前文就已提出的主张，即特色小镇的游客对象主要是休闲者而非观光客。休闲者对旅游的互动性、参与性、深入性、体验性要求很高。小镇在做旅游开发的时候应尊重当地原有的生态环境、原有的生活方式。动不动改造、动不动迁居的做法实不可取。高端酒店、民宿固然是游客所需，但要让外来游客住下来去感受当地人的生活方式，就要让他们有像当地人一样生活的条件，让他们有机会与当地人杂居在一起，让他们看得到集城镇与乡村于一体的"原真性"。所以，没有围墙的风景、散布在四处的民居、未被过度干预的原住民生活方式才是保持"原真性"的必备条件。

要如何实现小镇的"全域旅游"，中国城市和小城镇改革发展中心学术委员会秘书长冯奎研究员在 2016 年世界休闲农业与乡村旅游峰会上提出的"四则运算"可资借鉴：一是加法。加法就是把全域旅游背景下特色小镇发展的各种有利的优势、机遇、劣势、威胁因素都找出来；把"旅游 +"的可能性空间找出来；把下一步延伸出的东西找出来。二是减法。减法就是在形成定位、目标、发展路径的时候，逐步去减掉一般性的定位、目标提法、发展路径、产品业态，等等，去伪存真、去粗存精，找出具有核心竞争力的东西来。三是乘法。新技术的运用，将带来翻天覆地的变化，翻几番的过程就是乘法。大数据、智慧化、移动互联网、云计算这些内容，更是带来了发展的新手段、新动力。四是除法。除法就是要计算比值，需要重视投入产出之比、人均消费、人次这些概念，体现集约、节约的发展方式，而不是粗放式经营发展。小镇现阶段运用了很多"加法"，加了很多项目，但这些"加法"的成效需要审慎评估。

综上所述，笔者认为，甜蜜小镇需要依据全域旅游理论的指导，有针对性地发展旅游业。

本章参考文献

[1] 李金早.提出新旅游发展六要素：商养学闲情奇[EB/OL].（2015-01-15）. http://travel.people.com.cn/n/2015/0115/c41570-26391660.html.

[2] 冯奎.全域旅游背景下的特色小镇发展[EB/OL]. http://www.ccud.org.cn/2016-11-03.

[3] 高静，章勇刚.基于目标市场的旅游目的地定位模式研究[J].旅游论坛，2009（3）：433-438.

[4]　熊元斌，柴海燕.从"二脉"到"四脉"：旅游目的地形象定位理论的新发展[J].武汉大学学报（哲学社会科学版），2010，63（1）.

[5]　徐尤龙，李柏文，王志秀.旅游形象分析的"二维三地四脉"理论模型[J].旅游研究，2013，5（1）.

[6]　易开刚，厉飞芹.基于价值网络理论的旅游空间开发机理与模式研究：以浙江省特色小镇为例[J].商业经济与管理，2017（2）：80-87.

[7]　张伟，吴必虎.利益主体（Stakeholder）理论在区域旅游规划中的应用：以四川省乐山市为例[J].旅游学刊，2002（4）：63-68.

[8]　张子昂，黄震方，谈志娟，等.基于IPA方法的旅游地形象定位分析：以南京市为例[J].南京师范大学学报（自然科学版），2014，37（2）.

本章作者：季　靖

第七章

创建甜蜜共生区

一、特色小镇的社区功能

（一）现代社区与社区特征

1.现代社区

"社区"作为一个社会学的概念，由德国社会学家滕尼斯提出。1887 年，滕尼斯的著作《共同体与社会》出版，被誉为社会学历史上划时代的著作，书中提出了社区和社会之间的区别：社区是自然形成的，而社会则是组合性的；社区是同质的或异质共生的，而社会则是异质的；社区是相对封闭的、自给自足的，而社会则是相对开放的，相互依存的；社区一般有共同的价值观、相同的信仰，甚至还有相似的兴趣，而社会则是拼凑的，由拥有多元价值取向的人组成，等等。

据英国学者拜尔和钮巴研究发现，目前有近百种各不相同的有关社区的定义。1955 年，希莱里通过对这些定义的分析，提出尽管不同的学者对社区概念的理解和表述各不相同，但其主要要素是相同的：地域、共同关系和社会互动。这种提法，得到了不同学科领域学者的认同。1955 年美国学者希莱里对已有的 94 个关于社区定义的表述作了比较研究。他发现，其中 69 个有关定义的表述都包括"地域""共同纽带"，以及"社会交往"三方面的含义，并认为这三者是构成社区必不可少的共同要素。

因此，要构成一个完整的现代社区，笔者认为至少需要包括四个要素。

（1）人民

社区由人组成。不论何种类型的社区，因人聚集与互动，方能满足彼此的需求，而且聚集的人还必须达到一定的数量，人数太少一定不可能形成利益互惠与维持生活的团体，但是究竟需要多少人却没有一个相对一致的定论。

（2）地域空间

传统社区的边界主要限于地理范围，依靠疆界的大小来界定社区的范围与大小。但是，并非所有的社区都有明确的地理划分。例如以选举为目的的政治社区，以及最近出现的网络社区，都突破了物理空间的限制，但也存在虚拟空间的边界。

（3）社会互动或活动

传统社区更多的是一种居民小区，社区内居民由于生活所需彼此产生互动，如食、衣、住、行、育、乐皆需与他人共同完成，由此产生了相关的经济、交通、娱乐等系统。现代的社区中还出现了以兴趣为纽带的社区，互动活动往往是兴趣活动。

（4）社区认同

社区居民习惯以社区的名义与其他社区的居民沟通，并在自己的社区内互动。同时社区居民形成一种社区归属意识与防卫系统，由此产生明确的"归属感"及"社区情结"。

2. 现代社区的特征

在一系列剧烈的演变过程中，社区的特征与形式越来越复杂，社区的功能也越来越多样化。我们认为，一个现代意义上的社区，基本上是由一定地域范围内工作生活的人共同体构成的。因此一个完善的现代社区必然需要具备几个方面的特征与相应的功能。

（1）社区是拥有一定社会结构关系的社会单元

社区不仅包括一定数量和质量的人口，而且包括由这些人所组成的社会群体和社会组织；不仅包括人们的经济生活，而且包括政治和文化生活。在一些以农业为纽带发展起来的社区里，不仅包括一定的经济关系，而且包括血缘、地缘等其他社会关系。在一些以生产为基本功能的社区中，它们不仅包括一定的地域，而且包括人们赖以进行社会活动的生产资料和生活资料。总之，社会有机体的政治关系、经济关系、人际关系等一系列结构关系在具体的社区里都体现出来。因此，它是一个社会实体，或者说是社会的基本单元。

（2）社区是同一区域里具有相似价值观的社会共同体

人是群居的动物，从最初级的原始社会，到如今高度发达的现代社会，都是如此。历史上，人类最早从生存、发展的需要出发，寻求适合自己的居住场所和各种活动的基地，并逐渐由临时的、移动的向固定的、永久的方向转化，形成了由多所房屋组成的居住地。这种生活方式恰恰说明了聚居地部落是人类改造环境的产物，既是人们居住、生活、休息和进行社交活动的处所，又是人类进行生产劳动的场所。我国的聚居地形式有村落、集镇、县城和城市等，它们都是社区的承载体，群体里的成员具有意识形态方面的相似性。正是这些承载体的不同，造就了不同特征的社区，例如按照宗教来分，可以分成不同的教民聚居区，按照风俗习惯来分，也会有形态各异的社区。

（3）社区是一个发挥多种功能的社会集合体

社区是一个社会组织，因此从组织管理的角度来看，社区的成熟程度在某种意义上取决于社区的组织管理水平，或者说社区在发挥各种组织管理功能方面的效能。就功能而言，农村社区的功能比较简单，而城市社区的功能相对来说比较复杂。以现代城市社区而言，社区具有以下几个功能。第一个是经济功能。在很多传统社区中还是存在大量的企业、商店等各种营利性单位，为社区居民提供各种就业机会。第二个是社会协调管理功能。传统社区是自发形成的，通过社区领导人或相互遵守的共同规范来平衡社区。到了现在，社区已经成为上级机构与社区群众联系的桥梁和纽带，它具有维护社区治安，调解民间纠纷，办理社区事务和公益事业，保持基层社会的稳定的功能。第三是民主自治功能。只有通过社区的自治，社区才能发挥自我管理、自我教育、自我服务的作用。一些得到群众高度评价的社区，基本上都是高度自治的组织。这里包括自主发展经济，自主组织群众进行再教育，自主组建各种非营利性社会组织进行活动，也包括自主组织居民进行民主选举，等等。第四是文化功能。基层社区担负着发展教育事业、组织开展文化娱乐和体育活动、组织开展群众性精神文明创建活动等功能。社区文化是基层社会对群众寓管理和教育于服务之中的最好形式，是凝聚人心的工程，因此，文化功能也就是凝聚力功能。第五是场域功能。社区为一种社会行动与互动的场域。它的特征是：所有分子都对彼此产生影响；这个场域是动态的，因为它处于一个连续的变迁状态之中；它是显露的，不完全受分子集团特征所控制。严格地说，社会场域是一个社区的竞技场所或舞台，是人们实现欲望、追求或抱负的地方。社区的场域功能，为人们求学求知、发明创造、成家立业、结亲访友等生存与发展的需要提供着机会和舞台。

（4）社区是可持续发展的一个社会自足体

进入现代化社会以后，社区的发展仍然随着社会的现代化程度，随着先进生产力的进步而步入良性的运行阶段；在美国这样的移民国家，以及在我国许多多民族聚居的地区，还形成了以宗教信仰、生活习惯、价值信仰等为纽带的社区，"华人社区""穆斯林社区""客家社区"等各有其侧重的共同文化的属性。这些都是强调人群内部成员之间的文化维系力和内部归属感。所以说，社区是可持续发展的。

毫无疑问，因为地域环境的差异、各地传统习俗的不同、不同地方经济文化发展水平的不均衡等各方面的影响，社区的特点是千差万别的，社区的功能也是各不相同的，千万要避免用一个模式来建设所有社区，来管理所有社区。

（二）特色小镇的社区功能

自从2015年浙江省明确提出特色小镇的建设目标之后，特色小镇的建设逐渐从浙江省扩大到全国范围。国务院和住建部明确强调了特色小镇"产业功能""旅游功能""文化功能"和"社区功能"均衡发展的小镇定位与具体职能。但是不管是哪个文件，都没有就社区功能做出单独和明确的阐释。

2016年2月《国务院关于深入推进新型城镇化建设的若干意见》中与"社区功能"相关内容的主要有：新型城镇化的"总体要求"为"牢固树立创新、协调、绿色、开放、共享的发展理念，坚持走以人为本、四化同步、优化布局、生态文明、文化传承的中国特色新型城镇化道路，以人的城镇化为核心"；在具体策略"提升城市公共服务水平"中包含着"加强对城镇中小学校、幼儿园建设的投入力度，吸引企业和社会力量投资建学办学。统筹新老城区公共服务资源均衡配置。加强医疗卫生机构、文化设施、体育健身场所设施、公园绿地等公共服务设施以及社区服务综合信息平台规划建设。优化社区生活设施布局，打造包括物流配送、便民超市、银行网点、零售药店、家庭服务中心等在内的便捷生活服务圈。建设以居家为基础、社区为依托、机构为补充的多层次养老服务体系"等一系列配套与社区服务功能。

住建部、国家发展改革委、财政部在2016年发布的《关于开展特色小镇培育工作的通知》中，明确了特色小镇的建设目标是"培育特色鲜明、产业发展、绿色生态、美丽宜居的特色小镇"，其中"绿色生态"和"美丽宜居"就涉及了特色小镇的社区功能；在培育要求上，更是在"（二）和谐宜居的美丽环境""（四）便捷完善的设施服务"和"（五）充满活力的体制机制"三个要求中都提到了社区功能，例如"居住区开放融合，提倡街坊式布局""公园绿地贴近生活、贴近工作。店铺布局有管控。镇区环境优美，干净整洁""公共服务设施完善、服务质量较高，教育、医疗、文化、商业等服务覆盖农村地区"和"社会管理服务有创新"等。

浙江省是特色小镇建设相对比较成功的典型。在《浙江省人民政府关于加快特色小镇规划建设的指导意见》中与社区功能有关的规定有：在产业定位上，提出特色小镇要坚持"生产、生活、生态融合发展"，"生活"的定位显然是针对社区功能的，而"生态"虽然指的是旅游功能，但无疑对提升居民生活品质有直接帮助，可以被看作更高级的社区功能。但是对社区功能的具体要求与内容并没有作详细说明。时任浙江省省长李强的《特色小镇是浙江创新发展的战略选择》的讲话堪称是对特色小镇四大功能的最贴切的阐释。在他看来，"不久的将来，在特色小镇工作与生活，会是最让人羡慕的一种生存状态，也会成为浙江新型城市化的一道新风景"。显然，特色小镇是集中了工作、居住、旅游、休闲等综合功能的特殊区域。

从国家层面来看，特色小镇还是作为一个自然建制镇来看待，有关特色小镇的社区功能强调的还是比较传统意义上的社区配套与社区服务，例如医院、学校、养老、公园等配套措施，以及相关的教育卫生等服务。浙江省的特色小镇强调的更多的是融合功能的新型小镇，是创建制。社区功能主要服务于创业者创业的相关配套环境、设施与活动等。下面我们则结合了两种提法来分析社区功能的行政定位。

1. 特色小镇社区功能的内涵

国务院与住建部的文件侧重于"自然建制"意义上的特色小镇，其特色主要体现在产业布局上，但是对特色小镇的其他功能与行政管理比较强调建制镇的传统做法。在特色小镇社区功能的建设方面主要侧重社区的生活配套与生活服务两个层面。

社区配套主要指社区学校、社区医院、社区商业配套、社区健身公园等空间设施，而服务则指与之相应的教育、医疗、文化、商业、养老等服务。对于一些优秀的社区而言，则在此基础上进一步把这些服务发展成为特色服务，主要是针对社区居民的特定兴趣与特色化需求而开展的。例如，2009年浙江省城乡社区建设领导小组办公室开展的"全省优秀社区服务项目评选活动"中就涌现出了许多特色服务。杭州市上城区湖滨街道针对老年人的特殊需求，成立了"帮一把为民服务社"，提供了陪医、代购、陪聊、量血压、家政维修等居家养老服务项目；杭州市上城区小营街道老浙大社区利用社区内有省中医药大学、省卫校、省卫生厅等单位优质医疗卫生人员的资源，成立了"民医馆"，为居民提供医疗服务及"孤寡残幼"晚间医疗需求提供及时上门服务。再如湖州市吴兴区的"社区父母大讲堂",特聘省、市级心理教学专家,儿童教育专家、成功父母组成讲师团,在全市开展巡回讲演等。

但是对于浙江省的特色小镇而言,时任浙江省省长李强很早就明确"特色小镇不是行政区划单元上的'镇',也不同于产业园区、风景区的'区',而是按照创新、协调、绿色、开放、共享发展理念,结合自身特质,找准产业定位,科学进行规划,挖掘产业特色、人文底蕴和生态禀赋,形成'产、城、人、文'四位一体有机结合的重要功能平台"。显然,这里的社区是一种"'产、城、人、文'四位一体"的新型社区,是围绕特色小镇中的"人",尤其是创业者与从业者而建立起来的现代社区。

传统社区,主要以生活居住为纽带,由政府充当行政主体,围绕日常生活来完成配套设施与服务的建设;但是,作为一种新型社区,特色小镇里的主人是一大批年轻的有文化的创业者,其聚集目标就是创业,因此最重要的社区服务就是创业者所需要的创业服务。以被国家发改委重点推荐的浙江云栖小镇为例,这是一个是以云计算、大数据和智能硬件产业为产业特点的特色小镇,产业已经覆盖云计算、大数据、互联网金融、移动互联网等各个领域。根据浙江省有关功能融合的精神,云栖小镇致力为从事云计算、大数据等产业的创业者提供"创新牧场 – 产业黑土 – 科技蓝天"的创新生态圈。"创新牧场"是凭借阿里巴巴的云服务能力、淘宝天猫的互联网营销资源和富士康的工业 4.0 制造能力,以及像英特尔、中航工业、洛可可等大企业的核心能力,打造全国独一无二的创新服务基础设施。"产业黑土"是指运用大数据,以"互联网+"助推传统企业的互联网转型。"科技蓝天"是指创建一所国际一流民办研究型大学——西湖大学。与此同时,云栖小镇创建了真正服务于草根创新创业的云栖大会,是目前全球规模最大的云计算以及数据技术时代技术分享盛会。"2015 年杭州云栖大会"吸引了来自全球 2 万多名开发者,以及 20 多个国家的 3000 多家企业参与。

因此,浙江省提出的特色小镇是一种以创业者为核心的新型社区,相应的社区配套和服务,包括自然的和人文的均应紧紧围绕有利于创业这一理念来配置与建设。

2. 社区功能的融合办法

特色小镇的社区功能不仅在建设理念而且在布局形态上均不同于传统社区的生活功能，最有特色的莫过于与创业者相适应的和与其他功能结合在一起的融合性功能。

"功能融合"指的不是机械的"功能相加"。李强认为，"浙江要的是有山有水有人文，让人愿意留下来创业和生活的特色小镇。要深挖、延伸、融合产业功能、文化功能、旅游功能和社区功能，避免生搬硬套、牵强附会，真正产生叠加效应，推进融合发展"。在建设形态上，不能"大而广"，而是要力求"精而美"。"美就是竞争力。无论硬件设施，还是软件建设，要'一镇一风格'，多维展示地貌特色、建筑特色和生态特色。求精，不贪大。小，就是集约集成的小，就是精益求精。根据地形地貌，做好整体规划和形象设计，确定小镇风格，建设'高颜值'小镇。"从目前建设比较成功的几个特色小镇来看，社区功能已经突破了传统社区配套的硬条件概念，而真正走向一个以人为核心的创业社区的阶段。

融合功能的核心就是以创业者为核心，当然，创业者也是游客，还是居民。相关设施与服务中，你很难明确区分哪些设施服务于产业功能，哪些设施服务于社区功能，哪些设施服务于旅游功能等。比如前面的云栖小镇，那么多从事云计算、大数据的创业者集中在一起，就是那些分布在不同办公大楼里的公司所营造的创业氛围，为了相互交流的微信公众号"云栖小镇"，包含"云栖动态""企业服务"和"云栖生活"三大板块，已经超越了单一功能的范畴；还有修建的云栖大会场馆，更是云计算、大数据方面创业者互动交流的空间，既是为产业提升而建设，也是一个生活的空间。还有，更多的现代公司已经在公司里面把工作空间与生活休息空间融合在一起，既有工作的，也有娱乐的，还有运动的，多种不同功能融合在同一空间中，也完全是基于功能融合的理念而设计的。

我们再看杭州丁兰智慧小镇。丁兰作为杭州市唯一一个镇级"智慧城市"试点和"美丽杭州示范区·智慧江干"的先行试点，2015年6月3日，被列入浙江省首批特色小镇创建名单。我们看到最显著的一点就是产业、社区、文化、旅游的"四位一体"和生产、生活、生态的"三生"融合发展，智慧园区、智慧景区、智慧社区协调发展。我们发现传统意义上的家庭生活已经融合了智慧产业的成果，在这里重点培育了智慧安防、智慧健康、智慧配送、智慧家居、智慧健身、智慧养老、智慧就业、智慧教育、智慧电网等信息消费热点。例如"菜丁兰"系统实施物流精准配送，缓解小镇4.7万居民"买菜难"；试点社区应用智能停车系统，缓解百姓"停车难"；分级诊疗智慧应用网上平台，缓解基层群众"看病难"；"智慧家庭三件套"智能血压计、智能监控探头、管道天然气漏气检测仪，缓解空巢老人"养老难"。再比如传统的社区服务里也实施了智慧产业的服务，例如与华数集团合作实施"公共区域 Wi-Fi 覆盖"工程，试点社区公共区域实现 Wi-Fi 全覆盖；开发"邻里通"智慧社区管理服务平台，实现社工智能化办公；开展"云屏幕进楼道进公园"试点，在廉租房小区楼道、公园内设置200余块电子互动屏幕，打造居民自治"升级版"；开发"丁兰评"APP 评价系统，探索社区居民对社会组织、物业公司、志愿者等各方服务绩效的实时在线评价；打造"社区智慧党建"，推广"党员 e 领办"服务。在社区行政办公方面，丁兰小镇依托智慧应用不断延伸政府服务，加快提升辖区综合治理水平；简化窗口办事流程，在智慧审批中应用电子公章，部分行政审批时间缩短至原来的1/20。

因此，不管是云栖小镇，还是丁兰智慧小镇，都很好地体现了新型特色小镇的融合功能。浙江省发改委在评估浙江省特色小镇时也是按照融合功能来做的，要求"建有特色小镇公共服务 APP，提供创业服务、商务商贸、文化展示等综合功能的小镇客厅，建设成为 AAA 级以上景区，其中旅游产业要按 AAAAA 级景区标准建设。积极应用现代信息传输技术、网络技术和信息集成技术，实现公共 Wi-Fi 和数字化管理全覆盖，建设产城人融合发展的现代化开放型特色小镇"。在浙江省政府的规划与评估政策中，特色小镇"是一个宜居宜业的大社区，既有现代化的办公环境，又有宜人的自然生态环境、丰富的人性化交流空间和高品质的公共服务设施"。基于这样的理念，我在分析嘉善巧克力甜蜜小镇的社区功能时，也秉承功能融合的理念，紧紧围绕以"人"为中心的社区建设理念，把"人"的角色理解为"居民""游客"和"创业者"相融的社会人，针对"居民"，社区功能考察特色小镇的自然环境建设和生活服务配套等，还有社区组织与活动；

针对"游客",开展考察旅游项目与节庆活动;针对"创业者",强调的是"丰富的人性化交流空间",以及由此而形成的创业文化等。因此,特色小镇的社区功能实际上包含三个层面的内容:第一层面,自然环境,例如区位、交通和自然生态等环境;第二层面,互动交流的空间与组织活动,强调的是社会关系的建立,不仅涉及创业环境、创业交流活动和创业组织,还涉及基于关系维护的组织与活动;第三层面,社区文化,最重要的是社区成员的认同感、归属感、互助团结等精神层面的内容。

二、鲜花簇拥的社区环境

嘉善巧克力甜蜜小镇不是行政意义上的自然建制镇,而是"非镇""非区",是按照创建制建设的,而且对特色小镇社区建设方面的要求是"一定的社区功能",也就是说因地制宜地根据相关产业功能、旅游功能、文化功能的需要进行合适的配套建设,而不强求用传统的指标来评估;与此同时,特色小镇中的社区成员是信息经济、环保、健康、旅游、时尚、金融、高端装备制造等七大产业的技术与管理人才,以及茶叶、丝绸、黄酒、中药、青瓷、木雕、根雕、石雕、文房等历史经典产业的传承者与经营者,他们中不仅有"国千""省千"等高级人才,还有大学生、企业高管、科技人员创业者、留学归国人员等高端人士,他们追逐创业梦想,也追求高品质的生活,特色小镇的人力资源特点决定了特色小镇的社区功能要求。2016年5月云澜湾社区正式成立,这是目前巧克力甜蜜小镇中唯一一个新型的宜居社区。

优越的地理位置,四季分明的亚热带气候,长江下游重要的鲜切花基地等,这些有利的条件均为小镇的生态空间环境创造了得天独厚的有利条件。经过几年的打造,小镇已经形成了以"鲜花·水乡·温泉"为象征的生态空间。

第一是"鲜花",大云镇气候宜人,适合种植花草。在鸟语花香的碧云花园,杜鹃、天堂鸟、郁金香等花卉让人眼花缭乱。尤其是杜鹃花作为嘉善县的县花,品种丰富,十分壮观,每年都会举办杜鹃花展。碧云花园一贯注重自然生态环境的保护和利用，坚持"抓生态建设，建一流农庄"。鲜花盛开，阳光明媚，人们在这里漫步犹如进入了花影缤纷、群树苍翠、鸟声清脆、湖水清澈的人间天堂。

云澜湾四季花海，利用江南水乡特色，贯通水系，通过人工造景、推土成坡、人工造湖，引进国外名贵的花种，最终形成了园区三大景致：郁金香花海、薰衣草花海、樱花林，展现出别样的景观特色。同时在郁金香花海的布展上，利用自然式布展的手法，打造了花径、花溪等多个场景，让游客在中国也可以享受如置身普罗旺斯薰衣草花海般的体验。

五颜六色的花海不仅吸引无数游客和摄影爱好者来此参观拍照，更成了新人拍摄婚纱照的胜地。将旅游和产业完美结合，从而推动婚庆产业链的发展，使小镇处处洋溢着甜蜜的气息。

第二是"水乡"，嘉善县是典型的江南水乡，水域资源丰富。依山傍水，风景优美，极富江南水乡独有的特色和气质。蓉溪是大云的花之溪、绿之溪、生态之溪，沿溪景观丰富，规划区文化与自然交相辉映。河道两边的村落，是人与自然和谐相处、生活和生态功能完美融合的场所。十里水乡沿线汇集了蓉溪拱绿、秋芦飞雪、桃源隐渔、丰钱古韵、荷塘月色等多个景点，可谓"绿带成荫闻鸟鸣，清波荡漾满舟情。轻风拂柳为垂钓，信步河边皆是景"。旅游度假区利用规划区内水资源丰富、生态环境优美、田园野趣依旧的自然资源，打造十里水乡休闲区——"十里水乡"生态游线全长7公里，两岸绿荫环河，水中白鹅戏水，坐一艘小船，品一杯醇香的白茶，沿途不仅可以欣赏到两岸的美景，还可以感受江南水乡"小桥流水人家"的诗情画意。

第三是"温泉"，大云温泉历史悠久，资源丰富。云澜湾温泉属于偏硅酸锂温泉，富含锂、锶、锌、碘等微量元素和矿物质，偏硅酸和碘两项指标含量达到医疗矿水浓度标准，具有良好的养生保健疗效，常泡能起到消除疲劳、祛病强身、美容养颜、抵抗衰老等保健作用。

以"鲜花·水乡·温泉"为象征的生态空间，赋予了每一位游客甜蜜自然的旅游体验；也给置身其中工作的员工花园一般的环境享受，诗一般的生活体验。在网上随意搜索了一下，就发现一位游客这样写自身的旅游体验。他说："虽然，今天与大自然共呼吸的放松休闲日，整天没有太阳，但是好在富有江南水乡特色的自然生态环境，在细雨中依旧春色满园，在小雨停止后，景色浸润得更清新，水乡气息更浓，诗情画意更足，目睹春暖花开的碧云花园生态农庄，置身于和亲情、爱情、友情同步盛开的百花丛中，感觉这是又一个乡村休闲地，不虚此行，不由掏出手机记录一下阴天朦胧的碧云花园生态农庄：'泼墨江南，写意碧云……'"

小镇的生态环境优美无比，又兼地理区位无比优越，正好适应了"上海后花园"的城市定位；事实也是如此，不管是周末还是工作日，来小镇的游客几乎有一半来自上海，甚至有些上海的中小学组织学生来此进行爱国主义实践或者亲子游之类的班级活动。

小镇的社会环境主要指不断优化的社区配套，例如交通设施、医疗设施、学校、公园，等等。由于小镇既不是行政意义上的建制镇，也不是城市街道的独立社区，它的宏观管理职能分为两部分：在行政管理方面隶属大云镇，由镇统一规划管辖；在具体旅游业务方面，隶属嘉善大云文化生态旅游发展有限公司，因此它的社区配套也主要依靠原来大云镇的公共配套。

针对特色小镇，从嘉善县一直到大云镇，可谓群策群力。在县级层面，成立了嘉善县特色小镇工作领导小组和嘉善巧克力甜蜜小镇工作推进组，领导小组由县长担任组长，常务副县长统筹全县特色小镇创建面上工作，组织部部长、县人大常委会副主任、旅游分管副县长3名县领导具体协调甜蜜小镇推进过程中的困难和问题。镇级层面，成立了小镇创建工作领导小组，由全体班子成员任领导小组成员，下设规划建设、资源保障、征地拆迁、项目融资、招商服务、环境整治等11个工作推进组，举全镇之力推进小镇创建。

大云镇城镇建设按照"高起点规划，高品位建设，高效率管理"的要求，以镇区为中心、以工业区为外延、以行政村为依托的镇村体系，新建了卫生院、农科教大楼、中心幼儿园、镇接待中心、广电站，总投资2200万元的中心学校完善了镇区主要道路、路灯、水电、通信、排水、绿化、卫生等基础设施，小镇所在的缪家村被列为省级示范新农村规划；小镇电话已达3500多部，有线电视用户2960户，入户率达94%以上，实现电话和有线电视普及镇；全面实施了合作医疗统筹工作，参保率达 94.6%，属于国家级环境优美乡镇。

土地规划调整与小镇建设规划编制同步推进，对不符合现有土地规划的小镇空间进行及时调整，2015 年完成 492 亩小镇建设土地空间方案调整，落实省预拨小镇土地指标 200 亩。资金方面，筹措发展资金 13 亿元，包括小镇基础设施建设项目融资 10 亿元、度假区环境综合整治提升项目融资 3 亿元，并累计获国家发改委专项建设基金 1.32 亿元。同时，大云旅游投资管理有限公司被升格为县级国资控股平台。投入 7031 万元，完成了巧克力大道、温泉大道延伸段等主要道路建设，并全面实施花海大道路面提升、主要道路沿线环境提升及绿化整体提升工程；高标准推进生态环境整治。始终贯彻"两山"理念，把小镇建设与"五水共治""三改一拆""四美嘉善"建设等重点工作紧密结合，投入 4542 万元，完成小镇区域水环境整治、景观农业等项目建设，整治出自然乡村田园风光的江南水乡生态新优势，整治出宜业宜居宜游的旅游产业发展大环境。

完成前期准备后，这几年小镇在社会环境配套提升建设方面取得了一系列成效：第一是完成特色小镇规划展示馆和小镇入口标识建设，启动小镇客厅和游客集散中心建设。第二是提升了交通配套服务。完成停车场、中心广场、公交中转站及景点换乘点建设，启动区域公交联动。加快开通高铁至大云、西塘至大云旅游专线，完善公共交通配套。编制农业景观规划，重点开发花海大道沿线、云海路等主要道路的四季景观农业。第三是道路基础设施的提升工程。加快路网建设，完成东高线拓宽、云梦路提升、云海路提升等项目建设，实施度假区主要道路绿化、亮化、美化工程。第四是加快五通配套，启动特色小镇区域高压管线、变电站建设，完成供水、污水、天然气、通信管网等建设。第五是加快十里水乡游线实景建设，延伸游线，新建殷家桥码头、钱家浜码头，增加水上游线运力，并加快景点绿道建设和景观提升，启动游步道和绿道建设，提升十里水乡承载力。

通过多年的建设，小镇所在的大云镇已经在社区配套方面形成了完整体系，从而形成了从道路、管道等基础硬件建设，到学校、医院、银行等社区配套服务，在小镇居民、创业者等进行公共沟通的交流空间等方面也取得了巨大进步。

三、小镇与地方居民之间的关系管理

小镇"非镇""非区"的创建制特点，决定了它在社区管理方面的独特性。首先，它地处嘉善县的大云镇，不是城市街道意义上的社区，因此不管是在大云镇还是在巧克力甜蜜小镇中，唯一现代化的城市社区是"云澜湾社区"，其居住人口年轻化，知识水平和经济实力强，地域辐射性强，20%是嘉善本地的成功人士，80%是来自上海及周边城市的白领精英阶层。在这里不存在固定的社区居民，至于小镇所在村庄的居民大多数属于拆迁户，小镇内新型社区新大云人与周边原住民之间的互动关系成为甜蜜小镇社区管理的第一环，我们将在后面作简单分析。根据企业管理人员与大云镇政府领导的看法，小镇实际上主要还是一些企业的集聚地，不是完整意义上的社区，因此所谓的社区功能除了前面所讲的社区环境、社区基础配套之外，社区组织与社区管理实际上并不完善，甚至是缺失的。其次，小镇同时有别于以往的产业园区。以往的产业园区一般集中了大量的制造业，有些产业园区能够把同一产业的不同生产要素集中在一起，发挥集约化功能，从而最大可能地降低生产的成本。这些产业园区只专注单一的生产功能，随着社会的快速发展，这种理念与模式已经与现实需求不相适应，无法吸引更为高端的人才，也无法提升园区的产业，因此旅游、文化和社区功能的建设就成为一种需要。

与目前建设领先的一些特色小镇相比，例如专注云计算与大数据的杭州云栖小镇、专注互联网创业的梦想小镇、专注金融投资的玉皇山南基金小镇等，巧克力甜蜜小镇在运用新技术方面显然有些差距，但是它由于充分利用了得天独厚的自然生态条件，而且专注于工业旅游和生态旅游项目，已经显示出了自身的独特优势。在社区建设方面，除了社区环境之外，在处理小镇与地方居民，与游客，与员工方面也积累了比较丰富的经验，而为了处理这些关系而建立起来的组织、制度和开展的活动，都成为小镇社区功能的重要组成部分。

小镇新型社区与周边村原住民之间的关系构成了小镇社区管理功能的第一个重要内容。根据最近几年的工作来看，可以归纳为三个层面。

（一）拆迁安置

建设"小而精"的特色小镇，就是要在有限的空间里充分融合特色小镇的产业功能、旅游功能、文化功能、社区功能，形成令人向往的优美风景、宜居环境和创业氛围，这就需要在有限的空间里达到要素资源的最优配置，其中的一项重要任务就是实施小镇区域内农房整体搬迁，通过搬迁搬出发展空间，搬出优美环境，搬出经济效益。据排摸，小镇周边涉及度假区共有农户1099户，实现整体搬迁后可节约宅基地747亩，可为开发建设提供较大的发展空间。同时，通过农房搬迁和土地流转，可实现农民向农业产业工人转型，拓展以农家乐、农居民宿、休闲农业等为重点的众创空间。

大云镇地方很小，但是地理位置却非常特殊，因此拆迁的问题是很早就出现的，2000年开始建设的沪杭高速公路和2009年建设的沪杭高速铁路都经过大云镇。大云镇几个村庄的居民都面临拆迁安置问题；2011年开始，嘉善县城开始往南部扩展，大云镇成为县城的郊区，面临重新规划与拆迁；大云镇政府进一步开始生态建设，所属村庄的居民也开始面临产业转型问题。原来的大云镇是重要的生猪饲养基地，但是也污染了环境。大云镇提出从"猪栏子"往"花篮子"和"菜篮子"转型的计划。根据"中国第一水乡花园"的宏伟蓝图，大云镇大力发展生态建设之路。2000年左右，大云镇党委书记沈宏伟就说，"环境就是生产力，生态就是竞争力。这是大云人深信不疑的理念"。到2015年，大云镇开始在原有几个项目的基础上大力推行巧克力甜蜜小镇的建设，面临拆迁安置的农户更多了。

在这前后，小镇周边涉及度假区共有农户1099户，实现了整体搬迁。拆迁的政策与落实十分人性化且富有弹性，安置方式既有公寓房安置方式，也有宅基地安置方式，而且补偿的面积、地段与费用都是十分优厚。例如在新城区南区的建设中，大云镇洋桥村林祥荣家的农宅被列入了征迁范围。对此，林祥荣选择了农村公寓房安置。这次，林祥荣家分得的面积为335平方米，在现场抽签大会上，他抽到了一套 130 平方米、两套 89 平方米、一套 58 平方米，共 4 套公寓房。经过估算，林祥荣只要付 30 万元就能拿到这四套房子；另外有村民刘爱国选择了宅基地安置的方式，他家位于嘉善县大云镇的江家村，紧挨着高铁嘉善南站。根据政府下发的拆迁补偿协议，刘爱国原来 370 多平方米的房子，最后按每平方米 500 多元补偿。但因刘爱国老房子里有一部分是猪圈，这部分面积相应要赔得少些，所以等刘爱国看着老房子被推成平地时，真正到手的补偿费是 11 万元。政府把江家村和另一个自然村的集体拆迁村民合并到了一个宅基地安置的小区。所谓小区，实际上就是一块几十亩的地，每户拆迁农民能免费划分到一块地基，盖房费用则自负，相当于政府除了补偿费之外，再赠送了一块地基。从国道上往江家村这儿一望，就能轻易地找到这个名为"新农村小区"的拆迁安居小区，百来栋房子密密麻麻排列，大多是崭新的四层楼，与村里其他分布零散且年代久远的老房子相比尤为显眼。刘爱国掰着手指算，新房子大约已经值上百万元了。这样的资产显然是他之前从未想到过的，"四层楼的房子大约有 440 多平方米，就按周围同等房子的均价——每平方米 1000 多元算，也值个六七十万元了，再加上这块地基就值 36 万元，总共就是 100 万元了"。

（二）拆迁居民的转型与再就业

嘉善县与大云镇政府早在特色小镇建设之前，就提出了"三年再造一个新大云"的口号，将大云 40% 的面积规划成国际温泉度假区，又有近 2000 亩的歌斐颂巧克力小镇和碧云花园，再加上沪杭甬高速公路与沪杭甬高速铁路所带来的旅游客潮，大云旅游市场得到快速发展。2016 年接待游客突破 200 万人次，同比增长 40% 左右，而且作为嘉善大云省级旅游度假区的三大主体，碧云花园—十里水乡已经是 AAAA 景区，歌斐颂巧克力小镇争创 AAAA 级景区已经通过旅游资源评定，云澜湾温泉小镇和歌斐颂巧克力小镇均已成功创建国家 AAAA 级旅游景区。这意味着，大云省级旅游度假区将全面成为 AAAA 级的景区年接待游客能力达到 200 万人次以上。

随着旅游市场的扩大，周边居民开始走向转型和再就业。大云镇居民的传统产业是养猪与种粮，不管从生态环境，还是从经济效益方面考虑，均不符合旅游业发展的现实需要。所以原来的猪圈要拆除，而且农户要转型。为了引导养殖户转型，大云镇出台了《关于深化畜禽产业转型发展的实施意见》和《关于清理禁养区及违章猪舍专项行动实施方案》，对自行拆除猪舍种植林果业和经济作物，且不能享受上级政策的一次性给予每亩1000元的补助。从"猪栏子"转向"花篮子"和"菜篮子"，养猪产业与传统种植业转向鲜切花种植等生态农业。同时，通过农房搬迁和土地流转，可实现农民向农业产业工人转型，拓展以农家乐、农居民宿、休闲农业等为重点的众创空间。此外，通过小镇创建，一部分人转型为小镇各企业中的工作人员与经营人员。例如歌斐颂巧克力小镇集团的运营总监吴永华告诉笔者，"企业内有一部分员工是大云本地人，约占50%，主要解决了征地时失地农民的就业问题，同等条件下，大云本地员工也会得到优先录用"。再如巧克力生产线的最后一道工序包装，本来也可以采用机器作业，但是为了安置地方居民就业的需要，就采用了人工包装的形式；同时一部分居民还被分流为工人或技术工人。云澜湾温泉小镇也吸引了当地居民转型就业，尤其是云澜湾温泉小镇大力发展第三产业，安置了大量40岁—50岁的人口就业，目前云澜湾温泉小镇员工中有80%来自嘉善当地。大云镇党委书记沈宏伟说："农业转型只是一部分，大云镇的转型是全面转型、全面升级。"近年来，大云镇生态工业转型步伐不断加快，他们始终坚持"开放带动"和"创新驱动"两大举措不动摇，产业方向进一步明确，立足上海、主攻欧美，重点引进电子信息、精密机械、五金机电、新材料等科技含量高、产品附加值高、投资强度高的大项目支撑全镇经济继续加快发展，同时，引导现有传统产业企业加大技改投入，实现产品转型，加快品牌创建。目前，该镇8家企业入围全县科技创新"六个一批"示范企业；新增国家高新技术企业2家，累计达6家；成功申报省级专利示范企业2家……

（三）社会保障政策（含养老金政策）的落实

大量的地方居民转型为大云旅游度假区里的正式员工，同时又有很多地方居民转型为生态工业企业中的工人，按照国家规定，他们都购买了企业保险，得到了基本的医疗与养老保障。另一部分没有正式工作的，或者自己从事花卉与蔬菜种植的，镇政府也想尽办法：失地农民按照国家的标准投了养老保险，同时还参加了农村基本医疗保险，额度基本上与城镇职工保持一致，就是说把失地的一部分补偿变为职工医疗与养老保险，从而解决了失地农民的后顾之忧。

四、精彩纷呈的社区文化活动

嘉善巧克力甜蜜小镇整体上是由大云镇直接管理的非镇非区的单位，也不存在传统中国居民社区的居民委员会或其他社区组织，更不存在现代西方社区所有的大量的公益性组织。根据我们的调研，小镇归属大云镇直接管理，但管理职能是分散的：小镇的公共服务配套、行政事务由大云镇政府协调负责，例如巧克力大道、花园大道、城市客厅建设等一系列公共建筑工程和配套服务等；党务工作与群众活动由大云镇党委负责指导，在各个企业里面分别设立了党支部和工会组织，组织一系列的党员活动与工会活动；在旅游业务方面，则由专门的旅游公司负责，统一协调整个特色小镇的旅游事务。这些机构与组织的情况也得到了相关负责人的证实。歌斐颂巧克力小镇集团的运营总监吴永华认为，"我们歌斐颂巧克力小镇作为嘉善巧克力甜蜜小镇的核心项目，实质上我们还是一家企业，不是行政意义上的'小镇'，目前不具备社区的概念，相应的，目前就我们企业而言也没有相应的社区配套"。同样，另外几家企业也属于同样的情况。嘉善大云文化生态旅游发展有限公司的常务副总经理盛韬也这样告诉我们，目前旅游区基本上还处于企业集聚的阶段，没有设置统一的社区机构，也没有社区组织，但是在各个企业内部已经成立了党支部与工会组织。云澜湾社区成立以来，各级政府正抓紧设计投入新型社区的各项配套建设，新型社区的各项生活服务设施正在不断完善中。

根据现代社区的概念，社区就是围绕共同的兴趣爱好或追求而组织在一起的一群人，他们一般在一个固定的物理空间中，也可以在相对固定的虚拟空间中组织活动。在这点上，云澜湾社区的特征特别明显，社区入驻居民追求生活品质，追求精神深化提升，他们对温泉情有独钟，具有较好的经济基础，对社区居民著名财经学者吴晓波先生所说的"把生命浪费在美好的事物上"的生活理念高度认同。

我们也发现巧克力甜蜜小镇其他区域主要是由几个以工业旅游和生态旅游为产业导向的旅游企业组成，其居民主要由管理人员（包括大云镇政府与旅游公司等）、企业员工与企业管理人员、小镇的周边居民和游客四部分组成。由于这种企业文化娱乐休闲的气息浓郁，上述四类人的参与度又特别高，因而也成为社区服务功能的重要部分。下面根据两个方面来简单描述一下巧克力甜蜜小镇的社区组织与社区活动：第一类是由政府主导、企业参与的公益性活动；第二类是由企业主导的以面向游客为主的商业性活动。

（一）公益性文化休闲活动提升了小镇的社区文化气氛

在嘉善县城南的规划区域中，大云镇就落实了医院、图书馆、公园等公共设施的建设与配套，尤其是公园与图书馆这两类公益性机构组织的活动成为大云镇主要的文化活动形式，其中图书馆组织的活动文化层次较高，而公园里开展的一般属于普及性娱乐性的，这两个地方成了大云镇与巧克力甜蜜小镇重要的公共空间。

大云镇图书馆是全国为数不多的乡镇图书馆之一。走进宽敞明亮的大厅里，经常能看到读者正在看书或借阅图书。"周末，我经常来。"正在图书馆看书的大云中心学校学生小包高兴地说："有了这个图书馆，课余生活变得丰富了。这儿的学习氛围浓厚，我可以带着课本、作业过来学习。"据了解，2009 年 12 月 4 日，大云镇图书馆拉开了该镇首届"全民读书节"的序幕，之后在 2010 年，该镇又成功举办了第二届"全民读书节"。大云镇前党委书记沈宏伟说："读书节已经成为大云镇促进全民学习、提高全民素质的一个有效载体，越来越显示出其凝聚人心、促进和谐的独特作用。举办读书节活动是大云镇努力建设文化名镇、创建'全国文明镇'的一项重要内容。"

2016年10月，为了更好地普及阅读，带动全民阅读，把最新、最好、最实用的图书带到基层去，大云镇图书分馆联合嘉善县图书馆开展了流动图书车进社区借阅活动。

社区是老年群众的主要活动场地，流动图书车来到社区对于老年读者来说是最好不过的了。流动图书主要有养生、饮食、居家养老等题材，受到了老年读者们的青睐。跟固定的图书馆相比，流动图书车可谓是麻雀虽小，但五脏俱全，具备办理借书证、借阅图书、查找文献数字资源等功能提供与实体图书馆一样的基本服务。还有大云镇图书管理员提供贴心周到的导读服务。一座车轮上的图书馆"跑"到了我们身边。老年读者们欣慰地表示：看书真的更方便了！

在2016年5月15日，大云镇图书分馆还举办了国学经典图书展及以"读国学经典、承传统文化"为主题的阅读活动，图书馆共展出近百本国学经典著作，涵盖了经、史、子、集四大部类。经过精心挑选，图书馆将儒家经典如《论语》《孟子》等，记录历史兴衰、制度沿革的历史书，如《战国策》《史记》《资治通鉴》等，记录诸子百家及其学说的著作，如《庄子》《墨子》《孙子兵法》等，历代作家的作品集，如《楚辞》《全唐诗》《宋词》《元曲》等一一展览，同时，提供了具有代表性的儒家哲学著作《国学经典丛书：传习录》、唐朝初期的匡政巨著《群书治要》，以及部分国学入门和国学进阶佳作，如《国学知识大全》《国学概论》《国学略说》等著作，供广大国学爱好者选择，也吸引了更多国学爱好者。

这次国学图书展是大云镇图书馆开展阅读推广活动以来，继"说嘉善话"之后的又一主题活动，旨在引领广大读者深入感受和领悟国学经典文化，营造热爱国学、学习国学的良好风尚和氛围，加深对传统文化的了解和热爱，从而增强读者的文化自觉和文化自信。

该镇有关负责人介绍，在文化事业长足发展的同时，大云镇深入推进"全国文明镇"创建工作，不断开创"文明"与"文化"大繁荣的局面。大云镇积极探索的"文明信用户"评创活动，在全县范围内刮起一阵用"文明""信用"创造财富的新风，县领导对此项活动寄予厚望。而这仅仅是大云镇深入开展群众性精神文明创建活动的其中一项内容。"双结对、创文明"，文明村、文明单位、"星级文明户""文明信用户"等创建工作是大云镇文明乐曲中一直在弹拨的琴弦。2010年，大云镇文明发展的成绩单上，还写有承办全县"十万农民种文化""乡村青年歌手大赛"等令人欣喜且影响深远的活动条目。

自从大云镇开展文化创建活动以来，大云文化广场与公园也成为社区居民活动的地方。每天清晨和傍晚，在大云文化广场、社区花园、农村绿地，随处可见锻炼身体的人们，剑术、排舞、扇子舞，丰富的文体健身活动每每引人驻足。大云镇缪家村村民孙阿姨说，自己就是健身队伍中的一员，跳排舞，让她既锻炼了身体，又陶冶了心灵，生活变得充实起来。

（二）由政府与企业举行的各种社会推广活动

根据我们的调研，在大云镇政府与党委的统一要求下，目前碧云花园等各个企业内部都建立了工会与党组织，再加上企业自身的相关营销部门等业务部门。在这些组织机构的运营之下，除了政府事业单位举行的社区活动之外，大云镇及巧克力甜蜜小镇还开展了一系列具有慈善性质的公益性社区活动和旅游推广营销活动。这些组织与活动不仅对游客开放，而且还经常对企业员工、周边居民开放。即使是商业活动，由于基本涉及生态环境与旅游项目推广，因而周边居民、游客和企业职工的参与度也都很高，社会美誉度也非常高。歌斐颂巧克力小镇集团的运营总监吴永华女士介绍，他们"已成立了歌斐颂巧克力小镇集团工会、歌斐颂巧克力小镇集团党支部；企业在公益事业上也是本着回馈社会、乐于公益的主旨，每年都会资助当地公益事业，同时不定期组织嘉兴市孤儿、智障儿童等来小镇游玩，体验巧克力制作等，企业被授予'爱心公益企业'称号；企业会根据节日推出主题活动，各类优惠政策层出不穷"。

　　在推广地方形象方面，大云镇政府着重从宏观层面，也就是小镇的整体形象角度做了大量的形象推广工作，主要是通过旅游文化节的方式进行，而参与的主体则是小镇中的几家企业。这种"政府搭台，企业唱戏"的形式既保证了小镇整体形象的一致性与完整性，也发挥了不同企业自身的个性。2015年9月24日至11月8日，巧克力甜蜜小镇围绕"浪漫大云、甜蜜小镇"的主题，举办了"2015甜蜜小镇文化旅游节"系列活动，为期一个半月。

　　本次文化旅游系列活动，紧紧围绕"浪漫大云、甜蜜小镇"这一主题，策划推出了16项活动，各项活动精彩纷呈，主要呈现以下特点：一是彰显大云文化旅游特色。整个活动重点突出巧克力、温泉、水乡田园三大元素，比如围绕巧克力元素，推出了首届歌斐颂国际巧克力节、歌斐颂巧克力嘉年华等活动。在这次活动中冲击世界上最大的巧克力雕塑的吉尼斯纪录，英国吉尼斯总部的认证官员到场对最后的结果进行权威认证；围绕温泉元素，推出了云澜湾温泉文化旅游节、云澜湾"万人开业第一泡"、温泉旅游文化高峰论坛、温泉养生文化研讨会、云澜湾大马戏文化节、郁金香艺术节、薰衣草艺术节等活动；围绕水乡田园元素，推出了"水乡·花海"亲子拓展活动，并在碧云花园举办碧云首届音乐节。二是注重文化旅游惠民便民。除围绕三大元素开展活动外，云澜湾温泉小镇还举办云澜湾开业国庆酬宾七天乐、"味蕾云澜湾"台湾美食展、"善美云澜湾"系列活动；歌斐颂巧克力小镇举办歌斐颂巧克力宝贝评选大赛；碧云花园举办碧云首届音乐节。这些活动互动性强、参与度高，能让市场主体成为旅游系列活动的主角，让旅游活动真正成为全民共享的精神文化大餐。三是扩大文化旅游活动效应。整个系列活动期间，积极配合宣传部门，邀请各级媒体报道各项活动，并举办2015嘉善大云半程马拉松赛，来自长三角地区的1500人参与，进一步提升了大云旅游的知名度和美誉度。

　　由于"2015甜蜜小镇文化旅游系列活动"良好的社会效应与市场效应，为期一个月的第二届歌斐颂国际巧克力文化旅游节于2016年9月16日启幕，为小镇再添一道"甜蜜盛宴"。其举办地选在歌斐颂巧克力小镇，包括开幕式、文化创意集市、托马斯小火车主题活动、潮童盛典、梦幻泡泡体验等子活动。

"去年（2015 年）秋天，我们成功举办了首届歌斐颂国际巧克力节，推出的一系列活动广受好评，打造的巨型巧克力雕塑还创造了吉尼斯世界纪录，今年（2016 年）我们将为广大游客呈现更为丰富多彩的活动。"歌斐颂巧克力小镇集团有关负责人单韬介绍说，"本次巧克力文化旅游节看点多多，融表演性、娱乐性、参与性于一体。以托马斯小火车主题活动为例，真实版托马斯小火车将开进小镇，给小朋友们带来一场欢乐之旅。"

据歌斐颂巧克力小镇集团总经理莫雪峰介绍，歌斐颂巧克力小镇是国内首个巧克力小镇，举办国际巧克力文化旅游节，是为了进一步推广巧克力文化，拓展巧克力文化创意旅游内涵，在提升歌斐颂品牌形象的同时，助推嘉善巧克力甜蜜小镇发展。据了解，歌斐颂巧克力小镇的二期项目规划建设目前正在推进实施中，包括新建游客中心、可可文化展示体验馆、歌斐颂巧克力学院、青少年探索研学区等，目标是把小镇打造成国际著名巧克力特色小镇、全国文创产业教育基地和国家 AAAAA 级景区。我们发现，这一系列的企业活动中，不仅游客的参与度很高，而且周边居民也经常会积极参加。这些互动活动不仅让歌斐颂巧克力小镇在"巧克力＋旅游"探索方面取得了巨大成功，实现了重点投资项目与巧克力甜蜜小镇的相辅相成、共同成长，而且促进了整个巧克力甜蜜小镇的社区文化与社区特色，促进了整个社区的凝聚力与影响力。

五、巧克力甜蜜小镇的党组织及其社区效应

传统小镇的社区功能主要服务于社区居民的日常生活，因为这些社区基本上就是居民小区，或者说是以日常居住为主要目的的，所以相应的配套也是围绕这个目的展开的。但是特色小镇不是常规意义上的建制镇，而是"非镇""非区"的"创建镇"。正如前面所说的那样，不管是产业功能、文化功能、旅游功能，还是社区功能，都不是独立的，而是一种新型的融合共享的关系。

这种融合和共享的功能特点与传统小镇功能的本质有差别之处，也就是说，以社区功能为例，传统的社区功能很明显地偏向居住配套，因而侧重菜市场、医

院、学校、健身设备等设施和服务的提供；但是对于特色小镇而言，它的根本目的是创新创业的特色区域，而不是传统意义上的居民社区，因而其社区功能的配套也是附属于产业功能等其他功能。这在前面的内容中已经有了比较充分的阐述。这里再重点探讨一下特色小镇的内部组织。

由于传统小区强调的是居住功能，而且由于受到生活条件的限制，故而有可能这个阶段居民的生活要求相对来说是比较低层次的；随着生活要求的提升，居民开始有了娱乐、文化、交际等多方面的更高层次的要求，于是就开始对社区组织与社区活动提出了更高的要求。在一些相对发达的地区，开始涌现出社区学院、社区组织、社区志愿队等各种组织。但是这些社区组织因为原有社区居住性质的先天限制，一直没有得到很好的发展。而特色小镇由于已经突破了单纯居住的性质，严格意义上是产业、居住和旅游几种功能的叠加，因而在社区组织的构建与社区活动的开展方面显示出了独特的优势。在浙江特色小镇的组织建设中，党建小组作为一种新型的特殊社区组织，在与产业、旅游和文化功能紧密结合的过程中焕发出了独特的生机和活力。作为浙江省首批特色小镇之一的嘉善巧克力甜蜜小镇，自然也不例外。

（一）党组织的社区功能：队伍培养、智慧党建与激励帮扶

在中国，纯粹自发成立的组织一般因为缺乏强有力的领导与充足的经费保障，而往往无法产生持续的影响力与社会作用；与此同时，不管是在企业中，还是在建制镇中，由政府以及党委负责协调完成的组织，因为有完善的组织架构、清晰的行动目标与充足的经费保障，一般得到了很好的发展，也发挥出了很强的作用，这在特色小镇的社区建设中同样如此。

浙江省委组织部、省委两新工委发挥牵头抓总作用，在总结特色小镇的党建探索和实践的基础上，于2016年年底专门出台《关于加强特色小镇党建工作的指导意见》，明确了目标、任务和责任。2017年，浙江省第十四次党代会进一步强调了基层党建工作的重要性与特殊性，明确提出了"推动基层党组织全面进

步全面过硬"的思想与具体方案，就是"认真落实党委（党组）抓基层党建工作责任制，贯彻'一切工作到支部'的理念，强化政治属性，提升服务功能，落实基本保障，把基层党组织建设成坚强的战斗堡垒"。深化'整乡推进、整县提升'，高标准落实农村基层党建'浙江二十条'，全面加强城市、国企、学校、机关、两新组织等领域党的建设，抓好新领域新业态党建工作，大力转化软弱落后党组织，积极探索'互联网＋'党建、智慧党建，健全党内激励关怀帮扶机制，构筑城乡区域联动、领域业态融合、群团工作扎实、技术支撑有力的基层党建新格局。增强集体经济薄弱村造血功能，全面消除集体经济薄弱村。突出敢担当善执行、会做群众工作的要求，大力加强乡镇（街道）干部队伍建设；以培养能带富、善治理的农村基层组织带头人为重点，选优配强村（社区）干部，重视培养好支书群体，努力打造一支冲在一线、敢上火线、群众信赖的基层干部队伍"。

　　浙江省委组织部和省委两工委对特色小镇党建工作的目标与任务大致可以总结为下面几条：从目标上，就是强调"一切工作到支部"，到基层的理念；从具体策略上，探索"互联网＋"的智慧党建与党内激励关怀帮扶机制，同时重点培养一支冲在一线、敢上火线、群众信赖的基层干部队伍。正是有这样明确细致的指导目标、保障机制与具体措施，特色小镇的党建队伍与相关活动才能在短短几年时间里就开展得有声有色。

（二）小镇的党建工作

　　在全省特色小镇党建工作的推动下，嘉善巧克力甜蜜小镇的党建工作也开展得有声有色，而这些工作恰恰是小镇社区中最为核心的组织以及最为牢固的活动体系。这些组织工作也可以分三个层面：工作体系构建、党建队伍建设和党建活动开展等。

1. 工作体系的创造性构建

　　在浙江省党委与宣传部党建工作"一体化"思路的指引下，嘉善巧克力甜蜜小镇进行了富有创造性的开拓。他们灵活的结合巧克力甜蜜小镇建设、美丽乡村生态线、美丽通道风景线及各党建示范点，在具体党建工作体系构建方面创造性地提出了"党建走廊"的工作思路，简单地说就是"党建＋旅游""党建＋生态"两条镇级基层党建示范路径，从而把党建工作贯穿到具体的旅游业与生态建设工作中，真正实现基层党建工作"一体化"的目标。

（1）"党建＋旅游"大云镇基层党建

"党建＋旅游"这条党建走廊怎么走？按照规划，在地理空间上，沿花海大道、缪洪公路、缪王公路，到云海路为止，全长约11公里。在这条党建走廊上，主要节点有哪些呢？代表性的有缪家村文化礼堂（"习近平与缪家"专题展厅、第三网格党员先锋站、先锋长廊等）、碧云花园（红立方党员志愿服务驿站、农村实用人才培训基地等）、歌斐颂小镇（青春研发班组、青春营销班组等）、云澜湾温泉（党员诚信经营户、党员爱心岗等）。

在这条线路上，游客、居民可以体验到党建与旅游业的有机融合。主要融合的思路就是依托巧克力甜蜜小镇建设，深化旅游产业链党建，开展党员志愿服务，组建青春班组，选树党员诚信经营户，助推旅游业健康发展。

（2）"党建＋生态"大云镇基层党建

这条线路从地理空间上来看，沿康兴西路（大云村文化礼堂西侧）、花海大道、云海路、云彩路到拖鞋浜，全长约9公里。沿线的主要生态节点有大云村西罗秋浜（第一网格党员先锋站、先锋长廊、西罗秋浜河滨公园等）、缪家村新社区（丁家浜治水先锋岗、红色代办岗、为民服务一条街等）、十里水乡（党员志愿服务岗、生态公园等）、东云村拖鞋浜（先锋长廊、河道清理岗等）。建设这条生态线，除了旅游之外，更多的是保护生态，通过生态建设，提升党建工作的社会效用。用大云镇党委的话来说，就是党建引领、党员带头、群众参与，深入推进美丽乡村建设，依托美丽乡村精品点、自然人文景点，建设党建主题公园、党建文化园，将党建元素融入美丽乡村建设，融入群众生产生活一线。

2. 党建队伍的建设

显然，任何组织工作都离不开队伍，嘉善巧克力甜蜜小镇的党建工作之所以能够开展得如此红火，自然离不开一支素质过硬、分工明确的党建基层队伍。基层党建队伍要发挥好作用，除了宗旨明确、管理有效之外，在人的构成上至少需要一个好的带头人与一帮积极的成员。嘉善甜蜜小镇也正是从这个方面来建设的，下面是一些代表性的党建队伍。

（1）缪家村党委

到 2017 年上半年，缪家村的党建工作一直走在大云镇，甚至嘉善县的前头。经过多年的建设，缪家村已经建成了很多远近闻名的项目，例如"习近平与缪家"专题展厅、缪家村先锋长廊以及缪家村文化礼堂等。早在 2011 年，大云镇缪家村党委就被嘉善县评为"为民先锋"先进基层党组织。

缪家村积极推行"网格化管理、组团式服务"，将全村的 1030 户村民分成了 6 个网格，在每个网格配置了服务管理团队，实现对网格内居民的全覆盖、全方位、全过程的动态管理和服务。孤寡老人陆阿青就是"网格化管理"中被关心的一位。在缪家村的展厅内，"全国先进基层党组织""学习实践科学发展观示范点""百姓致富工程先进村"等荣誉奖牌或奖杯比比皆是，而这些成绩的取得与缪家村党委的工作是分不开的。

在缪家村党委的领导下，全村经济社会和党的建设各项事业同步推进。围绕农业增效、农民增收的目标，缪家村党委大力发展效益农业，着力推进招商引资，积极拓展第三产业，实现了村集体经济的跨越式发展。

在推进经济发展的同时，村里还在全县率先建立党员提案制度，激发党员参政议政意识，鼓励和引导党员广泛收集群众的意见、建议，积极参与基层党内事务和行政事务。同时，建立健全党员关爱帮扶机制，建立党员关爱专项资金，推行党员创业帮扶工程，加大对党员的帮扶力度，增强党组织凝聚力。村里还大力开展"远教入户"工程，设立远程教育党员中心户家庭播放点 15 个，探索形成了集中式重点学、班组式分类学、菜单式选择学、结合式穿插学、个性式自助学等"五式教育法"，积极构建"支部＋远教＋农户"模式。

（2）歌斐颂巧克力小镇青春班组

歌斐颂巧克力小镇的党建工作是在生产实践的基础上展开的，这些党建小组基本与各种核心的研发小组和营销小组重合。这样做的好处是可以促进党建工作在生产中的落实，也可以使生产工作统筹于意识形态的指导之下。

2014 年 6 月，歌斐颂巧克力小镇集团由研发部骨干、青年党员欧阳城等人组建了 7 人组的青春研发班组，负责新产品的研制与开发，保证车间生产顺利进行。研发班组成立后，欧阳城带领青春班组成员重点围绕技术研发、工艺改进等方面，结合公司年度目标任务，做出目标承诺，并主动接受监督。在开发海盐风味巧克力的项目中，欧阳城带领青春班组成员立下军令状，在两个月内完成开发。在项目开发原料选择中，为了在 15 种不同种类的海盐中选择一种跟可可配合最佳的海盐，欧阳城一一反复品尝。那一阵子，用他的话说，呼出的气都是咸的。截至目前，青春班组已研制出了曲奇黑白、蓝莓等 7 种口味的巧克力，获得了市场的一致好评。

除青春研发班组，还有青春营销班组。2014 年 7 月，在青年党员吴思军、盛晓斌的带领下，成立了由 12 人组成的青春营销班组，主要负责公司网上商城的运营与管理，并配合其他部门共同完成公司下达的全年营销目标任务。自班组成立以来，通过岗位竞赛、头脑风暴、合理化意见建议征集、目标承诺管理等，积极调动青年员工的工作积极性和主动性，在不到半年的时间里，产品已先后入驻天猫、京东、1 号店等电商平台。2015 年"双 11"期间，青春营销班组连续奋战 3 昼夜，"双 11"期间销售额突破 400 万元，尤其是吴思军把行军床搬到办公桌旁，每天只休息 2 ~ 3 小时，虽然休息时间很短，但是他的精神很高昂。

正是由于青春班组的示范作用，歌斐颂巧克力小镇通过党建工作，增强了党员的先锋模范作用和团队的凝聚力，也大大提升了工作效率。

3. 党建队伍及其活动的严格管理与灵活实施

嘉善巧克力甜蜜小镇的党建工作创造性地把党建与旅游，与生态结合在一起，是不是就意味着党建工作就是旅游促销与生态建设了呢？显然不是的，党建是魂魄，而不管是旅游还是生态都是这种魂魄的外在体现，两者具有不可分割的内在联系。正是因为有了党建工作的组织保障，旅游业与生态保护工作才有了一支素质过硬、思路先进的管理、研发和生产队伍的支持。

为全面推进小镇的党建工作，大云镇积极搭建党建平台，有效统筹整合了镇旅游公司、歌斐颂巧克力小镇集团、嘉兴碧云花园有限公司和云澜湾温泉等党建优势资源，建立了大云温泉省级旅游度假区党总支。党总支的建立，实现了党建工作一体规划、党建事务一体管理、党建网络一体构建、党建服务一体开展，使小镇的党建工作成为"甜蜜组合"。

度假区党总支建立每两月一次的联席会议制度，重点围绕发展中遇到的困难和问题、上级的有关政策、优秀青年培养成长等进行交流探讨，明确每年开展两次推优入党工作，使度假区党总支成为发展党员、培养人才和扩大组织覆盖的"孵化器"。

与此同时，度假区党总支广泛开展了"三联三会"制度。党总支书记联系所辖区域内企业出资人制度，建立与出资人顺畅对话机制。下属党支部书记联系各主体中层骨干和车间班组，做到"一联一""一联多"。党员联系职工群众，做到青年职工必联、新进职工必联、外地职工必联、困难职工必联，开展"连心走访""师徒结对"和"学教帮带"等活动。开好民主恳谈会，党总支书记或班子成员利用午休、工间等时间，到车间、班组，面对面征集职工对工作环境、安全生产、待遇福利、文化建设等方面的意见，同时动员职工积极为企业发展献计献策。开好党群议事会，会同各党支部工、青、妇等群团组织每月召开一次党群议事会，共同梳理收集到的意见建议。每季度召开一次党企联席会，面对面交换意见、互提建议。

不管是碧云花园、歌斐颂巧克力小镇，还是云澜湾温泉小镇，它们在团队建设与管理方面都积累了独到的经验，也开展了一系列党建、公益和营销活动，产生了极为积极良好的社会效果。碧云花园利用自己在花卉种植、杜鹃技艺、葡萄栽培、园林景观等方面的经验与技术，不仅组建了杜鹃花大师工作室团队，还举行了一系列针对游客市民的农村实用技术的普及活动。

歌斐颂巧克力小镇在党员职工中开展"金点子"征选活动，根据征集到的意见和建议，确定了巧克力电子营销、水果味巧克力研发等项目。嘉兴碧云花园有限公司征集到了杜鹃盆景造型、高架草莓栽培等项目。针对青年群体，歌斐颂巧克力小镇还开展了青年交友活动。2015年8月19日，歌斐颂巧克力小镇集团党支部与大云镇总工会、镇文化站、镇团委、妇联共同举办了"甜蜜歌斐颂·七夕话浪漫"嘉善县青年公益交友活动，来自全县各企事业单位的60余名优秀单身青年踊跃报名参与，通过自我介绍、互动游戏、才艺展示、温馨聊天、巧克力制作、烛光晚餐、放河灯等活动环节，为单身青年搭建安全可靠、健康向上的交友服务平台。

很显然，嘉善巧克力甜蜜小镇的党建工作构成了社区组织与社区活动最为重要的成分之一。党建工作不仅成功地构建了特色小镇基层党组织与县镇以及省市党委一体化体系，形成了宗旨一致、行动一体的目标，而且又灵活地结合地方旅游产业与生态保护工作成功地完成了基层党组织与党建团队建设，又因地制宜地开展了大量有效的思想与效益相结合的党建活动。不仅在党建队伍中起到了积极效果，而且也赢得了参与群众游客的好评。

◇ 歌斐颂甜蜜党建小组（此图由歌斐颂巧克力小镇提供）

六、一个创新共享的新型社区：云澜湾社区

在国家部委层面上，2017年国家发展改革委和国家开发银行联合发布《关

于开发性金融支持特色小（城）镇建设促进脱贫攻坚的意见发改规划》，在规划任务中明确提出补齐特色小（城）镇发展短板。"一是支持基础设施、公共服务设施和生态环境建设，包括但不限于土地及房屋的征收、拆迁和补偿，安置房建设或货币化安置，水网、电网、路网、信息网、供气、供热、地下综合管廊等公共基础设施建设，污水处理、垃圾处理、园林绿化、水体生态系统与水环境治理等环境设施建设以及生态修复工程，科技馆、学校、文化馆、医院、体育馆等科教文卫设施建设，小型集贸市场、农产品交易市场、生活超市等便民商业设施建设，其他基础设施、公共服务设施以及环境设施建设。二是支持各类产业发展的配套设施建设，包括但不限于标准厂房、孵化园、众创空间等生产平台；旅游休闲、商贸物流、人才公寓等服务平台建设，其他促进特色产业发展的配套基础设施建设。"这份文件显然强调了基础设施（包括居住功能）与创新产业的协调发展，有关安置房、医院学校等公共配套等要求更多的是为了满足社区功能的要求。

国务院下发的《关于深入推进新型城镇化建设的若干意见》（国发〔2016〕8号），更多的是把新型城镇化建设看成农村城市化进程中的一种必然道路，在任务二"积极推进农业转移人口市民化"中提出了"加快落实户籍制度改革政策""全面实行居住证制度""推进城镇基本公共服务常住人口全覆盖"和"加快建立农业转移人口市民化激励机制"等一系列制度。我们发现，国务院更多的是把特色小镇当作新型城镇化的一种类型，希望新型城镇一方面可以化解大城市不断扩大所带来的诸多城市病的困扰；另一方面也可以解决农村往城市有序合理过渡，从而促进中国的城市化发展。

通过研读国务院、国家发改委和住建部的相应文件，我们发现国家层面更多的是把特色小镇作为一种具有居住功能和产业功能，而且环境优美的建制镇来看待。既然它是一种城镇化过程中的建制镇，那么社区功能就是十分重要的。但是对于特色小镇发展具有示范意义的浙江省而言，情况有所不同。首先，特色小镇被界定为创建制小镇，也就是说不是完整的自然建制镇，所以在功能布置上应该因地制宜，有的可以有社区功能，有的不一定需要；其次，在实际操作上，由于这些特色小镇的规模都很小，无法完全按照建制镇的规模来完整布局产业、居住、社会服务等各种功能。事实上，像杭州市周边的这些特色小镇，因为可以完整地接受城市的辐射效应，所以根本不需要配备医院、学校、居民区等社区配套；而那些远离大城市与县城的特色小镇，则很有必要配备一定的社区配套。

嘉善巧克力甜蜜小镇正是处于远离杭州、上海大城市，也与嘉善县城有一定距离的特色小镇。因此，从现实考虑，建设新型现代的居民小区将对特色小镇的产业发展与人才吸引具有十分重要意义。云澜湾温泉小镇在发展温泉旅游的同时，也巧妙地发展了旅游房产，而且建设了云澜湾社区，从而具备了完整意义上的社区功能。

那么云澜湾社区具有哪些特点呢？在笔者看来，与其他小镇相比相同之处在于它是一个现代意义上的完整社区，已经具备了完整的管理机构与管理职能；而不同之处则是一个建立在宜居养生功能之上的新型化社区，云澜湾社区借助云澜湾温泉度假旅游项目以及整个旅游度假区的环境、配套、文化优势，从而使云澜湾社区拥有了旅游＋居住的独特功能，也使云澜湾社区居民享有了与众不同的居住体验。

（一）云澜湾社区的配套与管理

1. 合理的规划

随着人们生活水平的提高，"居者有其屋"上升为"居者优其屋"，住宅消费开始由需求型向舒适型转移。处于城市郊区开发的旅游地产借旅游资源为社区建设服务，提升了社区居住质量、环境品质和生活功能，越来越满足城市中高端人士对于居住的要求。

大云镇政府在特色小镇的建设过程中，发现特色小镇不仅是一个生产的场所，也是一个居住生活的空间，为了综合利用资源，更好地促进产业发展与服务创业者，从而创造性地提出了旅游、产业与居住"三位一体"的思路，在云澜湾旅游度假的基础上提出了建设"云澜湾社区"的设想。整个社区第一期规划用地 1.2 平方公里，规划住户 1400 户 5000 多人，第二期还待建。整个范围四至分别为：东至曹家村叶家泾，南至曹家村圣塘桥港，西至曹家村牛草泾港，北至白水塘。嘉善县人民政府于 2016 年 5 月正式批复同意了大云镇成立"云澜湾社区居委会"。

在规划上，云澜湾社区不但要满足当地居民城镇化转移的居住需求，还要承接接轨上海，引进高端技术人才、创业人才的功能，所以在产品的规划上，云澜湾社区既有一房两房的花园洋房，也有叠加别墅、联排别墅和水岸独栋，凭借便利的交通优势，吸引了大批上海精英人士入住。目前已交付的 SOHO 式酒店公寓吸引了上海及周边地区年轻人士，目前也已涌现出互联网创业、室内设计工作室、美容美发等青年创业项目，展现了云澜湾温泉小镇在宜居创业上的凝聚能力。

2. 逐步完善的配套

成立云澜湾居民委员会之后，第一件大事就是引进优质教育资源。一方面，云澜湾旅游发展有限公司积极与浙江师范大学展开全方位的战略合作，2016 年 7 月与浙江师范大学旅游研究中心签署合作协议，希望能够利用浙江师范大学的教育品牌来提升云澜湾的旅游，也希望能够从中引入智力服务社区；同时，云澜湾又根据云澜湾社区属于国务院批准的重点旅游项目，而且原有大云镇中心小学教育资源饱和的实际情况，积极申请把云澜湾社区划入浙江师范大学嘉善分校学区，不仅希望满足居民就近入学的需要，更是希望借助浙江师范大学的品牌效应提升云澜湾社区的吸引力。在引进优质教育资源的同时，云澜湾社区按照现代居民社区的高端配置来完善相关配套设施。

云澜湾社区在建设中得到了各级政府的大力支持，社区住宅按现代化社区设计配置，是大云地区第一个开通管道煤气的小区，同时开通了光纤宽带网络。为满足社区生活需要，政府还在温泉大道北侧投资建设社区生活配套设施。云澜湾商业街目前有便民超市、美容美发店、农家菜馆等多项配套商业设施，步行不到 1 公里就可以到农家菜场，买到新鲜的有机蔬菜。不到 5 公里，就可以到嘉善县城的医院、银行、影院、大型商超等。小区内已建成社区美术馆，定期进行艺术美术展，让社区业主在空闲时间随时都能接受艺术熏陶。

未来，云澜湾社区还将建立便民服务中心和邻里中心，提供快递寄送、燃气缴费、便民雨伞、手机充电、咨询、文印等综合服务，邻里中心无线网络全覆盖，邻里中心微信公众号及时发布全面的服务资讯，让居民及时掌握一手信息。

3.严格的管理

2016年6月，嘉善县人民政府批复同意大云镇递交的关于成立"云澜湾社区居民委员会"的请示，从而使位于大云镇曹家村的云澜湾社区成为行政意义上的居民社区，也拥有了享受相关行政配套的资质。云澜湾社区进一步制定了《社区管理制度》，强化了自身的社区管理能力。

云澜湾的社区管理制度主要包括"社区居委会职责和社区居务民主管理制度"，以及"社区党支部工作"两大部分内容。在社区居委会职责中，明确提出了"召集居民会议和居民代表会议，并报告工作""执行居民会议和居民代表会议的决定、决议""办理本居民区的公共事务和公益事业"等9项职责，在"社区居民代表会议制度职责和议事规则"中，规定了"居民代表会议由居民代表、居住在本辖区的各级人民代表和居委会成员组成""居民代表会议定期半年召开一次……有特殊情况或三分之一以上居民代表成员提议，可临时召集开会，会议由居委会主任或其他成员主持""居民代表会议议事规则"等一系列规定，同时规范了"社区居务公开民主管理工作制度"，明确了"居务公开的责任人是社区党支部书记和居委会主任"，居务公开的内容主要分为"政务类、事务类和财务类三大类"等。

"社区党支部工作"包括"党支部工作的职责""社区党务公开制度"和"党务公开的监督"等内容。在党支部工作的职责中，提出了"宣传贯彻党的路线、方针、政策，执行党中央、上级组织和本组织的决议、决定，团结、组织党内外的干部和群众完成社区担负的各项任务""领导社区自治组织和群众组织，支持和保证其依照法律、法规和各自的章程开展工作协调好各方面的关系"等；重点提出了"社区党务公开制度"，包括"党务公开的内容""党务公开的形式和时间""党务公开的程序"和"党务公开的责任"，最有特色的是"公开的形式"，"分为两个层次：一是全体党员、全体村民。适宜在党内公开的通过党内有关会议、文件、定期通报等形式进行公开，二是可以对全体社区居民公开的采取党务公开栏、黑板报、网络信息等形式，以社区党务居务公开栏公开为主，定期更新公开的内容，以方便党员和群众查询，公开的内容逐条、逐项予以公布，并由专人负责"，强调了党支部与群众之间的联系。

社区管理与支部管理都可以看作是云澜湾社区进行的内部管理；除此之外，大云镇还构建了一个上级管理机构，就是"大云镇云澜湾社区居民委员会工作组"。2017年3月由中共大云镇党委批准成立的"大云镇云澜湾社区居民委员会工作组"进一步完善了社区的日常工作管理事务。组长由曹家村党总支书记林祥明担任，副组长由曹家村村委会主任沈康燕和大云镇团委书记郁雯、镇民政办助理邱昇程担任，另外还有6名工作组成员。

（二）云澜湾社区的"宜居宜游"

1.新一代的社区功能

目前，小镇已入住人口1400多户，后续还有1000多户待建。小镇丰富的自然资源，吸引来自上海、杭州、嘉兴等地人士来小镇创业，小镇商业街和云鼎公寓内有几十家创业公司，涉及特色美食、创意美发、文化创意、婚纱婚拍婚庆、微店淘宝小站等行业，成为嘉善巧克力甜蜜小镇中最具规模、最具人气、最具创新力的青年创业"孵化地"，让小镇充满新鲜的活力！

与此同时，与嘉善接壤的上海郊区松江地区大量楼盘均价在每平方米3万元左右，部分新楼盘则在每平方米4万~5万元以上；与嘉善更近的金山地区的楼盘也在每平方米2万~3万元。相比之下，嘉善的楼盘不仅房价普遍在1万多元，而且从嘉善到上海，不仅有高速公路、高铁，未来与上海还有同城的轻轨，更为重要的是，嘉善与上海松江等近郊地区具有很强烈的地域认同与文化认同。因此不论是从房价，还是交通距离，以及文化认同等综合考虑，上海人来嘉善置业都是十分合算的。事实上，在云澜湾社区的业主中，除了大量的创业者之外，还有大量的上海投资者。

居民结构的改变，也改变了该社区的性质。这些新一代的居民所需要的不仅仅只是基本的居住功能，还有更多的休闲与创业的要求。

2. 丰富的社区休闲环境

由于云澜湾社区地处大云温泉生态旅游区的核心，所以居住在这里的居民，不出社区可以就近享受云澜湾温泉小镇各种配套服务：白天可以在四季花海赏花漫步，在樱花风情街享受美食咖啡，参加这里的社区活动和观看精彩演出；晚上可以在梦幻的灯光下泡泡温泉，做做SPA，品尝一下这里的一泓花宴、地方善宴等。

另外，社区周边也有很多景点，碧云花海、十里水乡、歌斐颂巧克力小镇、拳王农庄、大云禅寺，以及各种各样的农家采摘，都可以让居民的生活变得丰富多彩。

3. 精彩纷呈的社区活动

云澜湾及整个特色小镇丰富多彩的文化艺术活动，也是吸引云澜湾社区居民的地方。这些活动不仅增添了社区活力，也增强了社区居民之间的互动交流及社区认同感。从2015年到2017年不到两年的时间里，云澜湾社区举行了一系列活动。

这些活动涉及健行、才艺表演、美食、植树、公益等多个种类，不仅很有社会与人生意义，而且活动本身难度也不大，各个年龄段的居民均可参加。例如2015年4月18日举行的"玩美云澜湾 劲走健康行"，运动达人们在劲走团的组织下，从云澜湾出发，经过了大云13平方公里省级旅游度假区各景点，整个劲走线路里程达到了20公里；再如2016年3月12日云澜湾"云尚城"社区特别组织"我与春天有个约会"亲子植树活动，业主们举行了亲子植树活动，为我们的地球家园增添一抹新绿，对于培养孩子们亲近自然、爱护家园、关爱地球的意识具有十分积极的意义；再如2016年12月24日至2018年1月2日，云澜湾"云尚城"社区为业主们举办了两届云澜湾国际美食节，印度飞饼、泰国鳄鱼肉、韩国酱汁鱼豆腐、西班牙拉丁果、泰国手工榴桡酥等百余档国际美食，让业主们享受到不同的美味；2017年国庆期间举办云澜湾大马戏文化节，持续演出10天，每天场场爆满。

　　根据以上描述与分析，我们发现云澜湾社区虽然建设时间很短，但是充分利用了云澜湾温泉旅游的独特资源与"共享""绿色""创新"等管理理念，因地制宜地开创出了一条"宜居宜游"的社区建设思路，从而使业主的工作、居住和旅游有机融合在一起，生活品质、工作效率均得到很好的提升。

◇　云澜湾社区活动（此图由云澜湾温泉小·镇提供）

七、巧克力甜蜜小镇社区功能的不足

　　浙江省作为全国特色小镇建设的示范点，按照"创新、协调、绿色、开放、共享"的发展理念，结合自身特质，找准产业定位，科学规划，挖掘产业特色、人文底蕴和生态禀赋，形成了"产、城、人、文"四位一体的重要功能平台。根据我们对嘉善巧克力甜蜜小镇社区功能的综合分析，再参照浙江省特色小镇的创建要求，以及浙江省优秀特色小镇中社区功能的建设情况，对其不足之处作一个总结。

（一）小镇还缺乏足够清晰的思路来融合社区功能

小镇主要由多家企业构成，其中以歌斐颂巧克力小镇、云澜湾温泉小镇、碧云花园和十里水乡为主体，后期还会有德国啤酒等一系列项目入驻。小镇的这些项目在产业功能上具有高度的一致性，一致针对旅游业，而且歌斐颂主要是工业旅游，云澜湾充分利用温泉养生这一独特资源开展养生旅游，而碧云花园则利用自身对嘉善杜鹃花及花艺的发扬，开展了农业休闲旅游。它们整合温泉、水乡、花海、农庄、婚庆、巧克力等元素，共同形成鲜明的特色文化标识和独特的个性与灵魂，全方位展示了旅游的多样性与丰富性。小镇建设以甜蜜作为主题，以文化作为灵魂，以农业为底色，把自然乡村田园风光生态优势转化成产业优势，发展以"参与体验、生态观光"为主要内容的休闲农业，促进现代精品农业和生态旅游深度融合，在打造巧克力风情体验基地、婚庆蜜月度假基地和文化创意产业基地的基础上，基本实现了"休闲度假、文化创意和乡村风情"有机结合。在婚庆、旅游市场上的地位与份额不断提升，在国内的知名度也在迅速提高。

这些成功秘诀实际上也意味着小镇的产业功能、旅游功能和文化功能的高度融合，从而发挥出了融合功能的效应。但是我们也看到，云澜湾社区虽然做了一些努力，但在融入以上这三大功能中还出处在探索阶段。社区功能是指服务于甜蜜小镇所有居民与游客的建筑配套、社区组织和社区活动，能够起到强化小镇居民的凝聚力、丰富小镇居民与游客休闲生活品质的作用。从组织视角来说，正是社区功能，才使在小镇里工作生活的人们对自己的企业与小镇有强烈的身份认同感、社区归属感、乡土认同感、职业成就感等。但是在小镇内部，直接针对居民的配套措施还是十分缺乏的。

规划中的梦幻嘉善一期城市客厅项目已完成供地，即将开工建设，这是一个把娱乐文化、休闲艺术和激情生活融为一体的全开放式活力中心，总面积约为10630平方米，主要包括多功能演艺中心、文化推广中心、阅览中心、鹿精灵亲子娱乐公园、健身中心、运动场馆等，建成后能进一步将小镇的社区功能进行高效融合，某种程度上可以缓解交流空间不足的遗憾，但是从现有规划设计的理念来看，这个中心的功能还是倾向比较传统的社区交流，对于举办各类活动还是很难满足的。再看云栖小镇所拥有的国际会展中心一期工程，包括能容纳6000人的国际会议中心和1.2万平方米的展览空间，整体设计围绕"云栖筑梦"和"竹径论剑"两大主题展开，与渐成"中国硅谷"的云栖小镇相吻合。再如余杭梦想小镇、玉皇山南基金小镇的公共广场及多个会议中心等，这些公共物理空间极大地促进了小镇居民之间的互动交流与社区融合，起到了黏合剂和稳定器的作用。这恰恰是嘉善巧克力甜蜜小镇需要提升的。

（二）小镇社区中的自组织与自组织内部活动需要大力扶植

除了供互动交流的物理空间之外，能够促进互动交流的相关组织或机构也十分重要。我们研究了几个相对成熟的特色小镇，发现主要有三类社区组织或机构：第一类是传统的政府机构，例如主管嘉善巧克力甜蜜小镇的大云镇政府与旅游公司或云栖小镇管委会等；第二类是介于政府机构与纯民间组织之间的工会与基层党组织；第三类是纯粹的民间组织，例如各种创客空间，甚至以休闲为目的的体育娱乐组织。这些组织或机构的有效运行，进一步把特色小镇中的居民结构化为不同的群体与组织，在组织内部形成了紧密的联系，而且这些组织的成员相互交叉，从而促进了群体与组织之间的互动交流，保证了整个特色小镇内部严密的组织结构与紧密的互动联系，进一步强化了特色小镇的组织归属感与认同感。

时任浙江省省长李强就说，特色小镇的功能融合要求"有山有水有人文，让人愿意留下来创业和生活"。如果要让人"愿意留下来"，政府的参与固然十分重要，通过特色小镇内部员工之间的自组织与相应活动来强化员工之间以及员工对企业与小镇的认同更为重要。

由于特色小镇是以产业而不是居住为根本导向的社区，因此在生活互助方面缺乏足够的组织与活动是完全可以理解的，但是这并不意味着组织与相关服务活动是不重要的。对于特色小镇而言，浙江省的建设思想就是"政府引导，企业主导"。显然，政府的引导只能停留在基本的法律与指导层面，例如成立工会和党支部等组织。但是大量的组织与活动有赖于企业以及企业职工自身的组织与参与。这个方面梦想小镇就做得比较好。通过梦想小镇的网站，我们发现，在小镇内部相关的创客空间，创业活动、游学活动可谓层出不穷，在促进企业员工对创业事业的经验交流的同时，进一步强化了各种创业团体的形成与对梦想小镇创业文化的认可。

嘉善巧克力甜蜜小镇在这个方面的工作是远远不够的。首先，小镇方面缺乏一个维持与协调小镇业务秩序的企业自组织机构；其次是针对员工本身的娱乐性组织与日常活动比较缺乏，而且有关提升企业竞争实力的互动组织与活动也颇为缺乏。从公开的资料来看，这方面几乎没有组织与相应活动，这是工会与党支部下一步需要重点做的工作。在我看来，员工对巧克力甜蜜小镇中的企业以及整个小镇社区的自我归属感与认同程度也许是一个需要强化的重要方面。

（三）小镇的网络社区建设缺乏广度与深度

浙江省的特色小镇是一种"互联网＋"思维下的产物。这可以从两个方面来分析。第一，重点扶植与投资的产业都与互联网有着密切联系，如私募基金、互联网金融、创意设计、大数据和云计算、健康服务业，或其他智力密集型产业。第二，这些新型产业，以及相关配套项目都很明确地强调了"互联网＋"的思想。例如城市客厅实际上是一个与互联网密切相关的互动空间或社区，政府要求有公共服务 APP，推进数字化管理全覆盖，完善医疗、教育和休闲设施，实现"公共服务不出小镇"。再如玉皇山南基金小镇以"办事不出小镇"为目标，开通了国际医保服务，推行证照一站式办理，将普通小学改造提升为双语小学，"零距离""零时差"为小镇企业服务，集聚了大批顶级私募机构，以及包括莫言在内的一批知名文化人士。

再以云栖小镇为例，与之有关的一些网络服务有官方网站、微信公众号、官方微博和博客。如果再加上云栖小镇里创业公司自身的自媒体平台，那么其数量将是十分惊人的。这些不同的自媒体平台共同构成了不同的自媒体网络社区。这些社区集中体现了开放、互动、多元、协调、绿色等"互联网＋"的思维，在这样的虚拟空间中，拥有共同志向与兴趣的人聚集在一起，围绕共同感兴趣的话题（主要是创业，当然也有日常生活）进行互动交流，可以畅谈创业的理想，也可以倾诉创业的艰辛，共同构建成为多样化的网络社区。在云栖小镇官方网站上，我们可以看到"小镇新闻""云上小镇""阿里云开发者大会"和"便民服务"等多个板块。基于以上虚拟空间及一系列活动，构建起了一系列的互动交流的群体。正如云栖小镇上一块石碑上由王坚签名的文字。碑文大意是：2008 年 10 月 24 日，一群有理想的平凡兄弟用了 1079 个日日夜夜，用生命和热血写成了代码，为云计算事业谱写了光荣之梦。下面刻着王坚的亲笔签名，四周是众多开发志愿者的名字。

与云栖小镇相比，嘉善巧克力甜蜜小镇的产业环境与区位环境都有很大差异，但如果不管这些因素的影响，而单纯从网络社区的建设方面作比较，我们发现其中的差距还是比较大的。从网站建设来看，只有嘉善大云温泉旅游度假区官网，虽然核心旅游产品与巧克力甜蜜小镇基本一致，但是不仅名称与甜蜜小镇大相径庭，而且内容粗糙，更新也不及时。小镇没有单独的官方网站，因此无法通过网络手段统一发布信息与推广鲜明的小镇品牌。小镇目前也没有统一的微信公众号。至于其他的自媒体手段，例如博客和微博、贴吧之类的手段，更加没有了。如果从各个企业来看，目前网站建设得最好的就是歌斐颂巧克力小镇了，它有十分甜蜜浪漫的官方网站，不论是图片，还是文字介绍，都十分符合甜蜜、浪漫的品牌内涵。但是微信公众号、微博等自媒体手段并没有得到充分运用。碧云花园的官网是 www.by0573.com，也有微博"碧云花园农场"，不过不仅很难搜索到，而且内容更新也不及时。这样的结果是，企业主体无法发布统一的企业信息、推广信息，无法形成强调的企业形象，而游客不仅无法获取所需要的旅游信息，而且容易造成理解上的困难。网络硬件建设的滞后和内容建设的缺乏，使得巧克力甜蜜小镇还只是一些旅游企业的集聚，而无法形成一个统一的网络社区。在新媒体的运用上，云澜湾比其他几家企业要走在前列，为更好充分利用新媒体资源和优势，云澜湾成立了新媒体部门，专门负责新媒体的运营，官方微博、微信公众号和企业网站及时更新消息，同时利用自媒体扩大宣传。

本章参考文献

[1]　李强.特色小镇是浙江创新发展的战略选择[J].今日浙江，2015（24）：16-19.

[2]　英国朗文出版公司.朗文当代英语词典[M].英国朗文出版公司，1987：202.

[3]　《社区管理》，360百科，http://baike.so.com/doc/5581135-5794022.html.

[4]　《社区》，360百科，http://baike.so.com/doc/5299531-5534245.html.

本章作者：江根源

第八章

特色小镇的甜蜜创建路

嘉善巧克力甜蜜小镇地处杭州、上海、苏州和宁波四大城市的中心地带，地理位置相对优越；但是与玉皇山南基金小镇、云栖小镇、梦想小镇等大部分地处大城市内部或郊区的特色小镇相比，来自大城市的综合辐射效应并不强；而且，嘉善县大云镇自古是传统的农业地区，以种植水稻、黄桃、花卉以及养猪等为主要产业。大云虽然已有一千多年的历史，然而由于地处平原，人口稠密，几乎没有太多的名胜古迹保留至今，也没有远近闻名的自然风光可以吸引游客。然而就是这样的一个地方，经过十多年的建设，从一个名不见经传的小地方一跃发展成为长江三角洲著名的旅游婚庆目的地，成功入选浙江省第一批 37 个特色小镇之一，而且在 2016 年的年度考核中被评为 7 个优秀特色小镇中的一个，得到了浙江省特色小镇规划建设工作联席会议办公室的高度肯定，充分彰显了优秀特色小镇的示范价值。

一、巧克力甜蜜小镇的经验

总结嘉善大云甜蜜小镇的创建经验与管理成果，可以从品牌管理的视角将其概括为"一个独具特色的品牌理念""一个紧追时尚又颇具增长空间的融合产业""一个政治、经济、文化与社会发展均衡的创业环境""一个政府与企业分工协作的运营模式""一种时尚又多元的休闲文化"等，下面从四个方面重点论述相关经验。

◇ 嘉善大云甜蜜小·镇的成功经验

（一）一个独具特色的品牌理念：甜蜜

嘉善巧克力甜蜜小镇作为一个地域概念，在我们看来就是一个完整的地域品牌，而不是一个位于长江三角洲核心区域大云镇的产业园区。作为一个品牌，首先要有一种别具一格而又能吸引人、激励人的精神内涵，这就是作为品牌魂魄的品牌理念，例如好时巧克力小镇的"世界上最甜蜜的地方"、格拉斯小镇的"香水之都"等都是如此。

品牌理念是得到社会普遍认同的体现企业自身个性特征并反映整个企业明确的经营意识的价值体系，一般由企业使命、经营思想和行为准则三部分内容构成。从对小镇相关人员的访谈及对小镇的调研中，我们明显感觉到了不管是大云镇的政府领导，还是特色小镇中各个企业的管理人员和员工，均能清晰地描述"甜蜜"

的理念内涵，并且把它作为自己事业的内在价值观与外在的行为准则，而且这种理念也具体地体现在小镇的各种符号体系中。例如从感官角度来分析，游客一旦进入小镇的旅游区之中，眼前看到的花园、田园、童话般的建筑、撒满玫瑰的温泉等无不洋溢着甜蜜的色彩。不管是游客，还是工作人员身处其中便会感觉正在经历着一段"甜蜜"的美好时光。对于甜蜜小镇而言，"甜蜜"的品牌理念也正在成为指导小镇经营发展的核心思想，甚至是具体的经营原则。

综合嘉善巧克力甜蜜小镇的多方经验，我们认为这种"甜蜜"理念的呈现可以概括为核心元素、核心产业、核心感觉、核心体会。

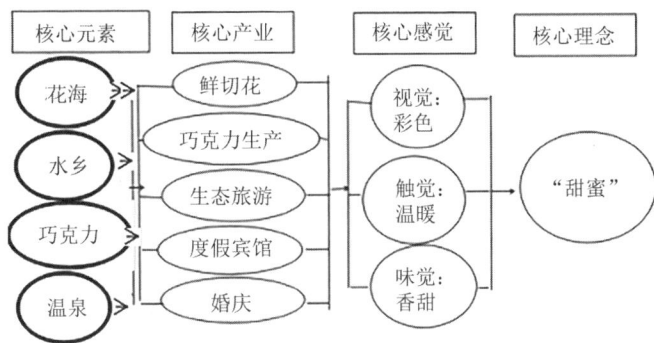

◇ 巧克力甜蜜小镇的"甜蜜"主题

我们看到"甜蜜"成为巧克力小镇的品牌理念是有牢固的现实基础的。在大云镇的旅游度假区里，花海、温泉、水乡和巧克力都是最核心的自然或物质资源元素，在这些元素基础上发展成了鲜切花、巧克力生产、生态旅游、度假宾馆和婚庆等产业，形成了歌斐颂巧克力小镇、云澜湾温泉小镇和碧云花园三家主要企业。这些企业所从事的产业给游客的感官体验就是"甜蜜"。我们通过调查发现，"甜蜜"这个小镇主题也是游客所期待的。作为旅游目的地，这里的游客主要是亲子游的家庭、婚纱摄影的新婚夫妇、休闲娱乐体验的中小学生等，他们无一不是热切渴望获得甜蜜的感觉。"甜蜜"主题显然是巧克力甜蜜小镇成功的原因之一，应该说有特色，有个性，不但浙江其他地方没有，而且全国也独此一家(镇)，即使在世界上也不多见。

（二）一种多元融合的甜蜜文化：田园文化＋婚庆文化＋休闲文化

有关特色小镇的文化功能发挥、特色文化发掘方面，浙江省文化厅提出"强化特色小镇文化、旅游、产业功能融合，以文化资源为内涵，以产业资源为引导，以旅游业态为载体，充分发挥我省历史文化、民俗文化、海洋文化、生态文化、农耕文化等文化资源多样性、丰富性、独特性优势，结合当地文化特色和自然生态，加强静态和活态展示，大力发展文化旅游业，实现文化资源与旅游发展深度融合"。对于嘉善巧克力甜蜜小镇而言，就是充分利用了文化资源，通过深度挖掘、多元融合，逐渐形成了田园、休闲与婚庆融合的"甜蜜文化"。

在"甜蜜"主题的主导之下，小镇充分整合大云的温泉、水乡、花海、农庄、婚庆、巧克力等元素挖掘温泉养生、巧克力甜蜜风情、水乡田园等文化内涵，打造鲜明的区域特色文化标识，创造出了多元的休闲文化，尤其是异域文化与田园文化的融合。从文化类别而言，异域文化集中体现为巧克力元素带来的旅游体验。巧克力元素有历史、有产业、有文化、有故事，而且是国际化的"品牌"，有足够多的文章可以做。歌斐颂巧克力小镇以巧克力文化为核心，以巧克力生产为依托，以文化创意为手段，充分挖掘巧克力文化内涵，拓展巧克力文化体验、养生游乐、休闲度假等功能，经过多年的开发和经营，已经建设成为国内著名的巧克力特色小镇、巧克力文化创意基地、现代化巧克力生产基地、全国工业旅游示范基地。

田园文化则紧紧扣住大云的江南水乡风情，不仅有水乡、田园、鲜花、水果等元素，还有从农耕文明发展起来的草莓采摘、划船、农家饭、钓鱼等一系列活动，共同构建起了一派恬静、安逸、闲适的传统江南水乡风情画面。田园文化还体现了文化的层次性，有纯粹天然的小桥流水，有人工种植的花草树木，更有高度符号化的欧式建筑、"两朵莲花"和乡村别墅，当然还有诸多有故事的活动。

与此同时,田园文化与巧克力文化被进一步升级为工业旅游文化与婚庆文化，直接面向现代都市游客，尤其是以上海为代表的长三角都市群中的居民，因而也成为都市文化的另一种表现形态，或者说是都市休闲文化。在云澜湾温泉小镇中，温泉元素进一步提炼升华为中药养生文化，不仅在温泉区域是如此，而且在房产项目的开发上，也充分体现了这种温泉养生的休闲文化。整个小镇围绕"休闲"主题，举行了都市式的亲子活动、青少年团体活动、婚庆仪式，这些活动不仅保存了都市的记忆与历史，也延续着都市的文明脉络。小镇中的婚庆文化与养生文化，不仅具体延伸到婚庆蜜月产业链以及中医药养生基地这样的新业态，还把文化融入产业，使游客在婚庆活动与养生体验中获得一种精神上的甜蜜感受与人生思想的升华。

（三）一个紧追时尚又颇具增长空间的产业定位：生态旅游＋

小镇的产业为"旅游业＋"，也可以称为以旅游为主的融合产业。我们都知道，在国内的旅游业同时存在多种形态，主要有以自然景色为资源的观光游、以开会和公务为主的公务游、以精神放松享受自由为目的的休闲游和利用假期进行疗养康体、放松身心的度假游等，总体而言，观光游与公务游的层次相对比较低，前者侧重对自然风光的欣赏，后者倾向公务之余的附带放松，这两种旅游中的游客与旅游目的地的融合程度都比较差；而度假游和休闲游都可以被看作高级的旅游方式，同时具有特色观光、康体养生、回归自然、颐养性情、文化消费等一系列特点。目前我国，尤其是政治、经济和文化高度发达的长三角地区，正在从低端的观光休闲游向高端的度假休闲游过渡。

小镇积极响应浙江省政府有关特色小镇产业规划的战略思想，积极按照"创新、协调、绿色、开放、共享的发展理念"进行积极尝试。在产业定位上，瞄准了信息经济、环保、健康、旅游、时尚、金融、高端装备制造等七大核心产业中的旅游业，而且灵活地结合自身所拥有的优势旅游特质，挖掘产业特色、人文底蕴和生态禀赋，很好地做到"产、城、人、文"四位一体，形成"休闲旅游业＋"的产业特色，集中体现为：

第一，产业内容方面强调"休闲旅游＋"的融合模式。嘉善县大云镇是传统的种植农业与养猪业基地，旅游资源是极度缺乏。到 2000 年之后，大云镇在现实面前大胆求变，开始瞄准高端的休闲度假旅游业，而且"把旅游作为一根红线和产业的融合剂，走'旅游+'特色之路"，重点培育与巧克力甜蜜小镇主题相关的工业旅游、文创旅游、休闲旅游、农业旅游等特色旅游产业，实现了"以旅游集聚产业、以产业支撑旅游"的发展目标。目前来看，旅游业带动了餐饮宾馆、鲜切花销售、巧克力生产、婚庆、文化创意等相关产业，这些产业都紧紧围绕"甜蜜文化"与"生态休闲"这一品牌理念，取得了高度的融合；而且小镇中的不同企业还实现了错位发展，歌斐颂巧克力小镇以工业旅游为特色，以巧克力生产与巧克力文化为依托，延伸至文化创意产业、婚庆摄影业、餐饮旅馆业。云澜湾温泉小镇则以温泉休闲为主要特色产业，延伸到婚庆、餐饮旅馆等产业。碧云花园以生态旅游为主业，发展婚庆、餐饮、旅馆、鲜切花等一系列相关产业。小镇在功能上，真正把产业功能、文化功能、旅游功能和社区功能融为一体，即使就产业功能而论，也是多种产业的高度融合。漫步于各个园区之中，犹如进入了一个精致优美的风情小镇之中，这里不仅有别于传统的产业园区，也有别于传统的旅游景区。

第二，坚持目标区域的错位发展与营销。大云镇针对地处南京、苏州、上海、宁波和杭州大都市圈的区位特点，有利于其进行错位发展。南京旅游以古都为特色，苏州以园林建筑为特色，周庄和西塘、乌镇都是南方水乡古镇，杭州则以湖、河和江为基本旅游元素，周边城市旅游业的高度发达促进了这一地区旅游业的高度发展，也对大云镇的旅游产业发展提出了严峻挑战。大云镇从无到有，从小到大，逐渐抓住"花海""温泉"和"巧克力"三大基本资源，发展农业旅游、生态旅游、工业旅游等独特的旅游业；而游客除了来自本地杭嘉湖地区之外，也来自上海及其周边地区。嘉善一直以来是上海的后花园，两地在地域文化上具有亲近性。上海一直是一个经济中心，而旅游休闲资源又相对缺乏。最近二十年，上海的快速发展一定意义上已经使嘉善成为它的郊区。大云镇则努力把郊区改造为后花园。从目前的发展情况来看，显然是做到了，也显然获得了很好的效果。

（四）坚持"政府引导、企业主体、市场化运作"的运行模式

这种运营模式在浙江的市场运营中是比较常见的，是几十年市场经济发展的必然结果。但是对于很多其他地区而言，这还是十分具有创新意义的。这种模式的根本好处在于充分界定了政府、企业与市场的不同权利边界，同时又最大限度地发挥了各自的积极性与优势，说到底就是发挥各自的长处，互不干涉，又积极互补合作，从而达到最优效果。

浙江省政府在培育特色小镇的报告中就明确提出特色小镇的运行要"坚持政府引导、企业主体、市场化运作"方式，而且明确了各自的职责，就是说政府的职责是"做好规划编制、基础设施配套、项目监管、文化内涵挖掘、生态环境保护、统计数据审核上报等工作"，或者说三大职责：做规划编制，做公共配套服务，做项目监管。企业的地位是"建设主体"，职责在于"推进项目建设"。那么，"市场化运作"又是什么意思呢？就是根据目标市场的需要投资项目和建设项目。

对照这一点，小镇的运营模式是非常高效的。小镇所在行政区域为嘉善县大云镇，由于地处市场经济最为发达的长三角地区，大云镇政府很早就知道政府的职责边界在哪里，哪些事情是自己应该做的，哪些是自己不应该插手的。在大云镇温泉旅游度假区里，大云镇政府主要做了这些工作：

（1）做好巧克力甜蜜小镇的整体规划编制。大云镇政府特别邀请浙江工业大学建筑规划设计研究院做好特色小镇的总体规划编制，尤其是工业旅游与产业生产的空间布局，充分协调组织各方关系。

（2）做好规划编制之后的政策落实工作。大云镇政府严格按照省市县建设特色小镇的文件精神做好地方居民的住房搬迁、土地指标落实等一系列工作。

（3）做好公共配套服务。只要是企业外部的公共设施都是由大云镇政府统一建设的，例如城市客厅项目，巧克力大道、花海大道、学校、图书馆等一系列公共服务设施的规划、设计和建设。

（4）文化内涵的挖掘与项目的监管。不管是歌斐颂巧克力小镇、云澜湾温泉小镇和碧云花园的项目用地，还是规划设计，以及具体项目的运营，都离不开

大云镇政府的支持与协调，当然还有相关的环保、安全等方面的监管。大云镇政府还组织人力着手巧克力甜蜜小镇文化内涵的挖掘，最后确定以"甜蜜"为主题，以巧克力文化为特色的基本文化战略思路。

企业是市场运营的主体，这是毫无疑问的，否则，特色小镇会成为无源之水、无本之木，不符合市场经济发展规律，因而也不会有持久生命。但企业主体必须落实到有效的投资和高质量的项目上，这样才能落地生根、开花结果。项目投资是小镇建设的主战场、主抓手。巧克力甜蜜小镇的建设就坚持了以企业为主体、把投资作为重中之重的思路，按照总投资 55 亿元、三年完成 35 亿元的目标，最大限度地调动企业的积极性，这是非常正确的。歌斐颂集团是巧克力甜蜜小镇的投资、建设主体，这个项目于 2011 年 12 月正式立项，计划总投资 9 亿元，规划用地 430 亩，计划年产高品质纯可可脂巧克力 2 万吨、年接待游客 160 万人次，到规划期末年综合收入突破 20 亿元。这就使得巧克力甜蜜小镇的建设"巧借"了歌斐颂集团之力，保证小镇建设、投资主体能落到实处。歌斐颂巧克力小镇二期规划计划投资 5 亿元，项目计划于 2018 年下半年全面开工建设。

同时云澜湾温泉小镇于 2011 年 5 月 18 日开工奠基。位于嘉善"嘉热 2 号"井地块，地处占地 13 平方公里的大云旅游度假区内，项目一期占地约 360 亩，总建筑面积约 27 万平方米，预计投资 20 亿元，是大云温泉生态旅游区核心项目。该项目以温泉度假旅游为主导，联动健康养生、运动康体、休闲购物、商务会议、生态人居等相关产业链的产业复合体，旨在打造比肩世界顶级温泉区的度假休闲天堂。在产品配置上，云澜湾温泉小镇将集成温泉艺术主题公园、国际顶级五星级酒店、樱花风情街、运动休闲公园、原汤别墅、LOFT 养生艺宿，满足不同阶层人士的温泉度假需求。

再如碧云花园项目，这是最早落户大云镇旅游度假区的项目。项目创始人为本地土生土长的潘菊明，他原来经营服装厂，从 2001 年开始，开始种植花卉和经营农庄，后来逐渐转移为综合休闲产业。目前碧云花园是一家集应用示范、规模生产、资源循环、生态旅游、休闲度假、商务会议于一体的休闲农庄，公司除杜鹃生产外，还建有一批集观光、休闲、体验、度假、健身、教育、科普示范等功能于一体的农业项目，可开展水果采摘、赏花观景、婚纱摄影、商务会议、烧烤垂钓、拓展运动、亲子游乐等活动。

一句总结性话就是：如果没有碧云花园，就没有大云的旅游休闲产业；如果没有云澜湾，就没有嘉善大云温泉省级旅游度假区；如果没有歌斐颂巧克力小镇，就没有巧克力甜蜜小镇这一特色小镇。由此看来，企业作为市场主体的作用显然是不言而喻的。

"坚持政府引导、企业主体、市场化运作"的运营模式正是大云镇与巧克力甜蜜小镇成功的秘诀核心。

二、巧克力甜蜜小镇的实践反思

小镇已经有了一个很好的起步，今后的发展空间和潜力更大。但是就一个特色小镇而言，永远只有更好，没有最好。品味国外的特色小镇，我们发现，这些小镇不仅仅是令人向往的旅游休闲特色小镇，更已成为享誉全世界的地域符号。一谈到巧克力工业旅游，人们就不得不想起美国的好时巧克力小镇和法国坦莱尔米塔日巧克力小镇；一谈到香水，香水之都格拉斯小镇成为人们津津乐道的谈资；一谈到花海旅游，法国的普罗旺斯花海和日本的北海道花海总是让人特别着迷；而一谈起温泉，美国格伦伍德温泉镇和日本草津温泉小镇又总是那么使人回味无穷。显然，这些特色小镇已经达到了一种图腾般的高度，也为巧克力甜蜜小镇的创建提供了可资借鉴的典范。与此同时，我们在前面所提到的国内（尤其是浙江省内）的其他特色小镇，在信息化、自然资源的开发等方面也有自己独到的经验。

借鉴国外和省内其他小镇的成功经验，再对照中国以及浙江省有关特色小镇创建的一些指导性文件内容，我们还希望对巧克力甜蜜小镇的创建提几条意见或建议。

（一）小镇品牌的品牌概念清晰度有待进一步提升

品牌概念也可以被通俗地称为一个名称，是呈现给游客或当地居民的一个符号化的称呼。品牌名字属于品牌接触点的最直接、最显著的要素，直接与游客、居民和管理者的联想发生联系。

笔者经过网络搜索以及现场调查，发现大云镇直辖的有嘉善巧克力甜蜜小镇、嘉善大云温泉省级旅游度假区（嘉善大云温泉生态休闲旅游度假区）、嘉善大云文化生态旅游发展有限公司，其中又包括多家企业，例如十里水乡、碧云花园农场、云澜湾温泉小镇、歌斐颂巧克力小镇。笔者认为这些单位的名称与内涵给游客造成了不同程度的误解与误读，主要有这样几个地方：

第一，嘉善大云温泉省级旅游度假区与嘉善大云温泉旅游度假区、嘉善大云温泉生态休闲旅游度假区、嘉善大云文化生态旅游发展有限公司等名称容易让人混淆。嘉善大云温泉省级旅游度假区是经浙江省政府正式批准的嘉善县首家、嘉兴市第三家省级旅游度假区；但是在旅游度假区的官方网站中显示为"嘉善大云温泉旅游度假区管理委员会"，其中"省级"两个字被省掉。在编制度假区规划（《嘉善大云温泉生态休闲度假区总体规划》）时，度假区的全称却是"嘉善大云温泉生态休闲旅游度假区"，又多了"生态休闲"四个字，少了"省级"两个字。还有旅游公司的全称是"嘉善大云文化生态旅游发展有限公司"，多了"文化"两字，少了"休闲"和"省级"两个词语。作为一个经过浙江省政府发文批准的地方单位，其单位名称已经成为专有名词，是不能轻易更改的。但是这里用了多个不同名称，显然是一种误用。

第二，传播主题的不确定。浙江省政府批复省级旅游度假区时用的是"嘉善大云温泉省级旅游度假区"，显然是希望强化大云旅游度假的独特自然资源。但是在申报浙江省特色小镇时却使用了"嘉善巧克力甜蜜小镇"的名称，强调了"巧克力"这一元素。同时在传播特色小镇主题时，又强化了"甜蜜"。三者之间虽然有关联，但毕竟不是一回事。"温泉"和"巧克力"属于有形资源，而"甜蜜"则为心理价值。两者显然产生了冲突，究竟哪个更重要？这样的申报主题误导了游客，让人很疑惑究竟这两家单位是一种什么关系？地域范围是相互包容，还是各有不同？

第三，甜蜜小镇内部的主题冲突。巧克力甜蜜小镇内部有歌斐颂巧克力小镇、碧云花园农场、云澜湾甜蜜小镇和十里水乡等一系列项目。那么，一些人就产生了巨大的误解，把两者等同起来，以为巧克力温泉小镇与歌斐颂巧克力小镇就是一个企业，这样理解就把特色小镇狭隘化了。其实也难怪，很多当地人都不了解，更何况外地人。与此同时，小镇内部各企业自身名字与传播主题也是千变万化，朝令夕改。歌斐颂巧克力小镇的官方网站上还是"斯麦乐巧克力乐园"，意思是微笑的巧克力村庄。且不说内涵如何，单是品牌识别上的混淆是显然的。云澜湾在这几年的宣传中，也曾分别以"云澜湾国际""云澜湾温泉小镇"等名称来描述社区建设和温泉旅游项目，这也容易造成混淆，直到最近才统一整合成"云澜湾甜蜜小镇"。碧云花园相对较好，不过也用了多个名称，"花园"与"农场"在内涵上是截然不同的。不同的名字虽然也是创业者对企业主题概念理解的演变，但是也反映了一种不够自信、跟风与浮躁的心态。对于一个地域品牌而言，品牌内涵的积累比单纯的借鉴与借力重要得多。

针对以上误读、误解的问题，我们认为不管是嘉善大云温泉省级旅游度假区还是嘉善巧克力甜蜜小镇的主题都需要进一步清晰化，避免用单一物质资源作为区域单位名称来推广，而适宜用"甜蜜"这样的情感元素作为灵魂予以推广，原因有两个：第一，不管是"温泉""巧克力""花海"还是"水乡"，或者未来的"德国啤酒"，甚至"法拉利"等，都很难涵盖其他主题。既然无法替代，就索性弃之不用。第二，自然资源很难刺激游客丰富的想象力，很难激发游客的共鸣，相反"甜蜜"这样的主题容易与社会习俗或传统文化嫁接在一起，而成为吸引游客的精神符号。

现在小镇的名称既有人叫"巧克力小镇"的，也有人叫"巧克力甜蜜小镇"的，还提出了打造"中国最甜蜜的地方"以及"甜蜜小镇·浪漫大云"等。从传播学角度讲，建议用"甜蜜小镇"这一简洁明了、易记易传播，又相对科学的名号作为地域品牌的主题，集中力量主打一个品牌、一个名号，有利于积聚力量提升品牌影响力。

（二）小镇产业与功能的"创新"程度有待强化

浙江省特色小镇建设之所以能够脱颖而出，一个原因就在于"创新"，而巧克力甜蜜小镇也是如此，其中最有代表性的就是产业创新。碧云花园从原来的鲜切花生产基地，发展为农业旅游休闲观光园，同时又进一步发展为婚庆基地。在产业创新上从第一产业的种植业，拓展到第三产业的旅游业与婚庆业；而且继承了嘉善杜鹃花园艺这一非物质文化遗产，把非物质文化遗产与农业旅游休闲业结合在一起；歌斐颂巧克力小镇也是如此，从巧克力的工业生产拓展到工业旅游和婚庆行业；云澜湾的产业更多地体现为"叠加"，酒店业+温泉休闲养生+婚庆业是在"温泉"资源的基础上发展起来的叠加产业，或者是产业集聚的"融合体"。小镇各企业从产业选择与产业升级方面已经最大可能地做到了"创新"与"叠加"，从而发挥了显著的市场效应与社会效应。

如果做更高要求，小镇各企业的"创新"还具有很大的可替代性和可复制性，因此如果不在创新深度上更上一层楼，就很容易被其他旅游目的地替代。例如歌斐颂巧克力小镇的产业叠加生态是复制好时巧克力小镇的产业形态，然而在产业创新的深度上还有很大的距离，技术的创新与文化的厚度比较欠缺。浙江省特色小镇中，余杭互联网创业小镇、云计算产业的云栖小镇、德清的地理信息小镇、丁兰的智慧小镇强调的是技术创新，而基金小镇则偏重产业模式创新。大量的旅游类特色小镇碰到的问题实际上是最严重的，在技术与模式上的创新严重不够，淳安千岛湖啤酒小镇、建德三江口渔家小镇、临安颐养小镇等都是如此。好时巧克力小镇的巧克力文化已经上升到节日这样的文化仪式层面，具有不可替代性。云澜湾温泉小镇使温泉元素上升到女性温泉和健康养生是很好的品牌规划，不过在创立品牌的道路上还要继续努力。"碧云花园"的符号化程度最好，已经充分挖掘了杜鹃花园艺的非物质文化价值，不过杜鹃花毕竟没有达到类似法国薰衣草般全国甚至世界级的声誉，因此如何走向全国，以及如何让两者融合起来是十分

242

关键的。因此参照国外旅游类特色小镇的创新经验，巧克力甜蜜小镇可以从旅游业、制造业和旅管服务业上升到文化层面，同时把单一产业发展成为产业矩阵，产生立体效应，而且把创新活动上升为文化仪式，从而奠定一个文化图腾的品牌地位。

（三）小镇产业与功能的"融合"程度有待强化

"融合"是与"创新"相一致的，通过"融合"也可以引导创新。相较于产业园区和传统小镇，特色小镇的"融合"体现在：从要素来看，是产、城、人的有机融合；从功能来看，是生活、生态和生产的"三生"融合；从配套来看，是人文、生活、旅游的完整融合。根据笔者的理解，特色小镇的融合，实际上就是对一个人多方面需求的一种融合，满足其生活需求、社会交往需求、精神需求等多方面。就"融合"而言，前面提到的美国好时巧克力小镇、法国"香水之都"格拉斯小镇等都是成功的典范，真正做到了生活、生态和生产的融合，人、城和产的有机融合。如果参照这个要求，我们认为巧克力甜蜜小镇在"融合"方面还有很大的提升空间。

第一，不同企业之间的产业融合需要强化。目前来看，这些企业在发挥产业集聚效应优势的同时，已经形成了客源方面的不良竞争，例如同样是婚庆产业，碧云花园、云澜湾和歌斐颂巧克力小镇之间的产业相似度过高，不管是目标消费者的定位，还是婚庆产品的区隔度都没有做明显的区分，也就无法达得融合的目的。在我们看来，不同企业之间的婚庆产业可以依托自身的自然资源与经营特色作分别的定位和错位发展。碧云花园的优势在于具有田园特色的鲜花产业，可以发展具有回归自然心理诉求的婚庆业；而云澜湾的优势在于具有养生功能的温泉资源，可以发展基于养生休闲业的古典婚庆；而歌斐颂的特色就是具有异域特色的巧克力文化，可以发展具有西方宫廷特色的西方婚庆。只有错位发展，才能最终达到融合协调共同发展的目的。

第二，旅游业与信息技术的融合度有待提高。"信息化"是浙江省特色小镇创建的特色之一，也是时代的要求，而巧克力甜蜜小镇在信息技术与相关功能的融合方面显然还需要做得更多。从生活的角度看，进入小镇区域，Wi-Fi没有全覆盖。暂且不说云栖小镇这类特色小镇，就是杭州市余杭区很多村庄也已经实现网络全覆盖；再就是游客服务，我们发现不管是游客买票，还是想了解小镇的情况，根本找不到一个统一网站，更别说在网络里互动交流，使网络成为组织与动员小镇居民、外来游客与周边居民的信息工具。没有信息技术的介入，没有新媒体的有效传播，一个旅游小镇要成为一个休闲业中的图腾符号几乎没有可能。

再如产业与城镇、生产与生活、旅游与社区、流动人口与地方居民如何更好地结合起来也是需要认真思考的问题，只有解决这些问题，小镇才能真正成为融产业功能、旅游功能、文化功能和社区生活功能为一体的甜蜜天堂。

（四）小镇居民的市民化程度需要提升

巧克力甜蜜小镇注意的生态、生产和生活"三生"融合，就是在特色小镇内部强化了产业、旅游、社区和文化功能的融合。大云镇同时又在拆迁、安置和养老等方面制订与实施相应政策，保障失地农民的生活，也已经提出了"农宅变花园，农业变景观"的思路，但还没有真正从"农民变市民"的高度来思考相应的政策。笔者认为需要进一步推进农村产权制度、现代农业经营体制，以及农村宅基地和农房置换制度改革，引导农民参与到新的发展实践中来，解决好农民的转产转业问题，使农民成为小镇的建设者、受益者，这是十分重要的。小镇建设也要体现、落实以人民为中心、共享发展的理念。这个问题解决好了，可以作为典型经验推广。

（五）文化传播的力度与多样性需要提升

目前而言，小镇举办的大量活动均由大云镇统一协调，由各个企业主导的营销活动，其中影响力最大的当属"甜蜜小镇文化旅游节"系列活动，但是以市场营销为目的的文化传播活动具有功利性的特点，因而经常无法在消费者心中形成一种具有可持续性的影响。一个地方要真正提升影响力，除了以促销为目的的市场推广活动之外，更重要的就是公益性的传播活动。对于以旅游为特色的巧克力甜蜜小镇而言，强化文化传播形式显得特别重要，主要是大都市区周围旅游景点的旅游形式已经从以往的观光游过渡到如今的休闲游和深度游。这个时候旅游景点除了优美的景色之外，还要更加注重文化氛围与配套服务。

从这个角度来审视巧克力甜蜜小镇的传播活动，我们认为首先就是营造有别于促销活动的文化观念，更加关注游客亲近自然、修身养性、陶冶心情等方面的心理需要；再则就是构建系统化的传播体系。就内部而言，把这种文化传播的理念与手段融入小镇的文化创意产业中，提升巧克力教学制作、婚庆活动、花艺园艺、温泉养生等文化活动的符号性与影响力；就外部而言，以纸质文本、视频、音频和演艺等多种媒介形式构建完整的文化传播体系，组织专业人士把小镇的故事、景观编制成书籍、宣传册、歌曲、诗歌，甚至可以以动画、节庆等呈现形式，从而提高小镇的知名度和社会影响力，使小镇成为真正的"甜蜜圣地"。

本章作者：江根源

附录一　相关政策汇编

国务院关于促进旅游业改革发展的若干意见

国发〔2014〕31 号

各省、自治区、直辖市人民政府，国务院各部委、各直属机构：

旅游业是现代服务业的重要组成部分，带动作用大。加快旅游业改革发展，是适应人民群众消费升级和产业结构调整的必然要求，对于扩就业、增收入，推动中西部发展和贫困地区脱贫致富，促进经济平稳增长和生态环境改善意义重大，对于提高人民生活质量、培育和践行社会主义核心价值观也具有重要作用。为进一步促进旅游业改革发展，现提出如下意见。

一、树立科学旅游观

（一）创新发展理念

全面贯彻落实党的十八大和十八届二中、三中全会精神，按照建设中国特色社会主义事业"五位一体"总体布局的要求，坚持深化改革、依法兴旅，处理好政府与市场的关系，推动形成政府依法监管、企业守法经营、游客文明旅游的发展格局；坚持融合发展，推动旅游业发展与新型工业化、信息化、城镇化和农业现代化相结合，实现经济效益、社会效益和生态效益相统一；坚持以人为本，积极营造良好的旅游环境，让广大游客游得放心、游得舒心、游得开心，在旅游过程中发现美、享受美、传播美。

（二）加快转变发展方式

以转型升级、提质增效为主线，推动旅游产品向观光、休闲、度假并重转变，满足多样化、多层次的旅游消费需求；推动旅游开发向集约型转变，更加注重资源能源节约和生态环境保护，更加注重文化传承创新，实现可持续发展；推动旅游服务向优质服务转变，实现标准化和个性化服务的有机统一。到2020年，境内旅游总消费额达到5.5万亿元，城乡居民年人均出游4.5次，旅游业增加值占国内生产总值的比重超过5%。

二、增强旅游发展动力

（三）深化旅游改革

加快政府职能转变，进一步简政放权，使市场在资源配置中起决定性作用。加快推进旅游领域政企分开、政事分开，切实发挥各类旅游行业协会作用，鼓励中介组织发展。建立公开透明的市场准入标准和运行规则，打破行业、地区壁垒，推动旅游市场向社会资本全面开放。各地要破除对旅行社跨省设分社、设门市的政策限制，鼓励品牌信誉度高的旅行社和旅游车船公司跨地区连锁经营。积极培育壮大市场主体，扶持特色旅游企业，鼓励发展专业旅游经营机构，推动优势旅游企业实施跨地区、跨行业、跨所有制兼并重组，打造跨界融合的产业集团和产业联盟，支持具有自主知识产权、民族品牌的旅游企业做大做强。稳步推进建立国家公园体制，实现对国家自然和文化遗产地更有效的保护和利用。抓紧建立景区门票预约制度，对景区游客进行最大承载量控制。统一国际国内旅游服务标准。完善旅游统计指标体系和调查方法，建立科学的旅游发展考核评价体系。取消边境旅游项目审批，将旅行社经营边境游资格审批和外商投资旅行社业务许可下放至省级旅游部门。

（四）推动区域旅游一体化

进一步深化对外合资合作，支持有条件的旅游企业"走出去"，积极开拓国际市场。完善国内国际区域旅游合作机制，建立互联互通的旅游交通、信息和服务网络，加强区域性客源互送，构建务实高效、互惠互利的区域旅游合作体。围绕丝绸之路经济带和21世纪海上丝绸之路建设，在东盟—湄公河流域开发合作、大湄公河次区域经济合作、中亚区域经济合作、图们江地区开发合作以及孟中印缅经济走廊、中巴经济走廊等区域次区域合作机制框架下，采取有利于边境旅游的出入境政策，推动中国同东南亚、南亚、中亚、东北亚、中东欧的区域旅游合作。积极推动中非旅游合作。加强旅游双边合作，办好与相关国家的旅游年活动。

（五）大力拓展入境旅游市场

完善国家旅游宣传推广体系，采取政府购买服务等方式，逐步实现国家旅游宣传促销专业化、市场化。建立多语种的国家旅游宣传推广网站，加强国家旅游形象宣传。研究促进外国人入境过境旅游签证便利化措施，推动符合规定条件的对外开放口岸开展外国人签证业务，逐步优化完善外国人72小时过境免签政策，推动外国人72小时过境免签城市数量适当、布局合理。统筹研究部分国家旅游团入境免签政策，优化邮轮出入境政策。为外国旅客提供签证和入出境便利，不断提高签证签发、边防检查等出入境服务水平。

三、拓展旅游发展空间

（六）积极发展休闲度假旅游

在城乡规划中要统筹考虑国民休闲度假需求。加强设施建设，完善服务功能，合理优化布局，营造居民休闲度假空间。积极推动体育旅游，加强竞赛表演、健身休闲与旅游活动的融合发展，支持和引导有条件的体育运动场所面向游客开展体育旅游服务。推进整形整容、内外科等优势医疗资源面向国内外提供医疗旅游服务。发挥中医药优势，形成一批中医药健康旅游服务产品。规范服务流程和服务标准，发展特色医疗、疗养康复、美容保健等医疗旅游。有条件的城市要加快建设慢行绿道。建立旅居全挂车营地和露营地建设标准，完善旅居全挂车上路通行的政策措施，推出具有市场吸引力的铁路旅游产品。积极发展森林旅游、海洋旅游。继续支持邮轮游艇、索道缆车、游乐设施等旅游装备制造国产化，积极发展邮轮游艇旅游、低空飞行旅游。

（七）大力发展乡村旅游

依托当地区位条件、资源特色和市场需求，挖掘文化内涵，发挥生态优势，突出乡村特点，开发一批形式多样、特色鲜明的乡村旅游产品。推动乡村旅游与新型城镇化有机结合，合理利用民族村寨、古村古镇，发展有历史记忆、地域特色、民族特点的旅游小镇，建设一批特色景观旅游名镇名村。加强规划引导，提高组织化程度，规范乡村旅游开发建设，保持传统乡村风貌。加强乡村旅游精准扶贫，扎实推进乡村旅游富民工程，带动贫困地区脱贫致富。统筹利用惠农资金加强卫生、环保、道路等基础设施建设，完善乡村旅游服务体系。加强乡村旅游从业人员培训，鼓励旅游专业毕业生、专业志愿者、艺术和科技工作者驻村帮扶，为乡村旅游发展提供智力支持。

（八）创新文化旅游产品

鼓励专业艺术院团与重点旅游目的地合作，打造特色鲜明、艺术水准高的专场剧目。大力发展红色旅游，加强革命传统教育，大力弘扬以爱国主义为核心的民族精神和以改革创新为核心的时代精神，积极培育和践行社会主义核心价值观。规范整合会展活动，发挥具有地方和民族特色的传统节庆品牌效应，组织开展群众参与性强的文化旅游活动。杜绝低水平的人造景观建设，规范发展主题公园。支持传统戏剧的排练演出场所、传统手工艺的传习场所和传统民俗活动场所建设。在文化旅游产品开发中，反对低俗、庸俗、媚俗内容，抵制封建迷信，严厉打击黄赌毒。

（九）积极开展研学旅行

按照全面实施素质教育的要求，将研学旅行、夏令营、冬令营等作为青少年爱国主义和革命传统教育、国情教育的重要载体，纳入中小学生日常德育、美育、体育教育范畴，增进学生对自然和社会的认识，培养其社会责任感和实践能力。按照教育为本、安全第一的原则，建立小学阶段以乡土乡情研学为主、初中阶段以县情市情研学为主、高中阶段以省情国情研学为主的研学旅行体系。加强对研学旅行的管理，规范中小学生集体出国旅行。支持各地依托自然和文化遗产资源、大型公共设施、知名院校、工矿企业、科研机构，建设一批研学旅行基地，逐步完善接待体系。鼓励对研学旅行给予价格优惠。

（十）大力发展老年旅游

结合养老服务业、健康服务业发展，积极开发多层次、多样化的老年人休闲养生度假产品。规划引导各类景区加强老年旅游服务设施建设，严格执行无障碍环境建设标准，适当配备老年人、残疾人出行辅助器具。鼓励地方和企业针对老年旅游推出经济实惠的旅游产品和优惠措施。抓紧制定老年旅游服务规范，推动形成专业化的老年旅游服务品牌。旅游景区门票针对老年人的优惠措施要打破户籍限制。

（十一）扩大旅游购物消费

实施中国旅游商品品牌建设工程，重视旅游纪念品创意设计，提升文化内涵和附加值，加强知识产权保护，培育体现地方特色的旅游商品品牌。传承和弘扬老字号品牌，加大对老字号纪念品的开发力度。整治规范旅游纪念品市场，大力发展具有地方特色的商业街区，鼓励发展特色餐饮、主题酒店。鼓励各地推出旅游商品推荐名单。在具备条件的口岸可按照规定设立出境免税店，优化商品品种，提高国内精品知名度。研究完善境外旅客购物离境退税政策，将实施范围扩大至全国符合条件的地区。在切实落实进出境游客行李物品监管的前提下，研究新增进境口岸免税店的可行性。鼓励特色商品购物区建设，提供金融、物流等便利服务，发展购物旅游。

四、优化旅游发展环境

（十二）完善旅游交通服务

高速公路、高速铁路和机场建设要统筹考虑旅游发展需要。完善加油站点和高速公路服务区的旅游服务功能，加快推进高速公路电子不停车收费系统（ETC）建设。将通往旅游区的标志纳入道路交通标志范围，完善指引、旅游符号等标志设置。推进旅游交通设施无障碍建设与改造。重点旅游景区要健全交通集散体系。增开旅游目的地与主要客源地之间的列车和旅游专列，完善火车站、高速列车、旅游专列的旅游服务功能，鼓励对旅游团队火车票价实行优惠政策。加强高铁车站与城市、景区的交通衔接。支持重点旅游城市开通和增加与主要客源地之间的航线，支持低成本航空和旅游支线航空发展，鼓励按规定开展国内旅游包机业务。规划引导沿江沿海公共旅游码头建设，增开国际、国内邮轮航线。制定旅游信息化标准，加快智慧景区、智慧旅游企业建设，完善旅游信息服务体系。

（十三）保障旅游安全

加强旅游道路特别是桥梁、隧道等交通安全和食品安全监督检查，对客运索道、大型游乐设施等旅游场所特种设备定期开展安全检测。完善旅游安全服务规范，旅游从业人员上岗前要进行安全风险防范及应急救助技能培训。旅行社、景区要对参与高风险旅游项目的旅游者进行风险提示，并开展安全培训。景区要加强安全防护和消防设施建设。按照属地管理原则，建立健全旅游景区突发事件、高峰期大客流应对处置机制和旅游安全预警信息发布制度，将其纳入当地统一的应急体系。重点景区要配备专业的医疗和救援队伍，有条件的可纳入国家应急救援基地统筹建设。

（十四）加强市场诚信建设

在社会诚信体系建设中，加快完善旅游相关企业和从业人员诚信记录。行业协会要完善行业自律规则和机制，引导会员企业诚信经营。建立严重违法企业"黑名单"制度，加大曝光力度，完善违法信息共享机制。加强旅游市场综合执法，依法严厉打击"黑导游"和诱导、欺骗、强迫游客消费等行为，依法严肃查处串通涨价、哄抬价格和价格欺诈的行为，积极营造诚实守信的消费环境，引导旅游者文明消费。充分发挥旅游者、社会公众及新闻媒体的监督和引导作用，推进旅游服务质量提升。推动景区景点进一步做好文明创建和文明旅游宣传引导工作，加大景区文明旅游执法，杜绝乱刻乱画、随地吐痰、乱丢垃圾等行为。

（十五）规范景区门票价格

利用风景名胜区、自然保护区、文物保护单位等公共资源建设的景区门票以及景区内另行收费的游览场所、交通工具等项目价格要实行政府定价或者政府指导价，体现公益性，严格控制价格上涨。景区应严格按照规定，对未成年人、在校学生、老人、军人、残疾人等实行门票费用减免。所有景区都要在醒目位置公示门票价格、另行收费项目的价格及团体收费价格。要进一步加强价格监管，坚决制止各类变相涨价行为。

五、完善旅游发展政策

（十六）切实落实职工带薪休假制度

强化全社会依法休假理念，将带薪年休假制度落实情况纳入各地政府议事日程，作为劳动监察和职工权益保障的重要内容，推动机关、企事业单位加快落实职工带薪年休假制度。鼓励职工结合个人需要和工作实际分段灵活安排带薪年休假。在教学时间总量不变的情况下，高等学校可结合实际调整寒、暑假时间，中小学可按有关规定安排放春假，为职工落实带薪年休假创造条件。

（十七）加强旅游基础设施建设

加强景区旅游道路、步行道、停车场、厕所、供水供电、应急救援、游客信息服务以及垃圾污水处理、安防消防等基础设施建设，围绕重点旅游区和旅游线路，进一步完善游客咨询、标志标牌等公共服务设施，集中力量开发建设一批新的自然生态环境良好、文化科普教育功能完善、在国内外具有较强吸引力的精品景区和特色旅游目的地。编制全国生态旅游发展规划，加强对国家重点旅游区域的指导，抓好集中连片特困地区旅游资源整体开发，引导生态旅游健康发展。各级政府要重视旅游基础设施建设。中央政府要加大对中西部地区重点景区、乡村旅游、红色旅游、集中连片特困地区生态旅游等旅游基础设施和生态环境保护设施建设的支持力度。

（十八）加大财政金融扶持

抓紧研究新形势下中央财政支持旅游业发展的相关政策，做好国家旅游宣传推广、规划编制、人才培养和旅游公共服务体系建设。国家支持服务业、中小企业、新农村建设、扶贫开发、节能减排等专项资金，要将符合条件的旅游企业和项目纳入支持范围。政府引导，推动设立旅游产业基金。支持符合条件的旅游企业上市，通过企业债、公司债、中小企业私募债、短期融资券、中期票据、中小企业集合票据等债务融资工具，加强债券市场对旅游企业的支持力度，发展旅游项目资产证券化产品。加大对小型微型旅游企业和乡村旅游的信贷支持。

（十九）优化土地利用政策

坚持节约集约用地，按照土地利用总体规划、城乡规划安排旅游用地的规模和布局，严格控制旅游设施建设占用耕地。改革完善旅游用地管理制度，推动土地差别化管理与引导旅游供给结构调整相结合。编制和调整土地利用总体规划、城乡规划和海洋功能区规划时，要充分考虑相关旅游项目、设施的空间布局和建设用地要求，规范用海及海岸线占用。年度土地供应要适当增加旅游业发展用地。进一步细化利用荒地、荒坡、荒滩、垃圾场、废弃矿山、边远海岛和石漠化土地开发旅游项目的支持措施。在符合规划和用途管制的前提下，鼓励农村集体经济组织依法以集体经营性建设用地使用权入股、联营等形式与其他单位、个人共同开办旅游企业，修建旅游设施涉及改变土地用途的，依法办理用地审批手续。

（二十）加强人才队伍建设

实施"人才强旅、科教兴旅"战略，编制全国旅游人才中长期发展规划，优化人才发展的体制机制。加强旅游学科体系建设，优化专业设置，深化专业教学改革，大力发展旅游职业教育。建立完善旅游人才评价制度，培育职业经理人市场。推动导游管理体制改革，建立健全导游评价制度，落实导游薪酬和社会保险制度，逐步建立导游职级、服务质量与报酬相一致的激励机制。加强与高等院校、企业合作，建立一批国家旅游人才教育培训基地，加强导游等旅游从业人员培训，不断提高素质和能力。鼓励专家学者和大学生等积极参加旅游志愿者活动。把符合条件的旅游服务从业人员纳入就业扶持范围，落实好相关扶持政策。支持旅游科研单位和旅游规划单位建设，加强旅游基础理论和应用研究。

各地区、各有关部门要高度重视促进旅游业改革发展工作，加强组织领导，确保各项任务措施落到实处。各地要结合本地区实际，制定具体实施意见，大胆探索，勇于创新，推动本地区旅游业改革发展不断迈上新台阶。各地要加强规划引导，重视对旅游资源和生态环境的保护，防止重复建设。各有关部门要抓紧制定相关政策措施的实施细则。要深入贯彻实施《中华人民共和国旅游法》，落实配套法规。国家发展改革委、国家旅游局要定期汇总各地区及有关部门对本意见的贯彻执行情况并开展督促检查。各级旅游行政管理及相关部门要充分发挥职能优势，加强协调配合，促进旅游业健康可持续发展。

国土资源部 住房和城乡建设部 国家旅游局关于支持旅游业发展用地政策的意见

国土资规〔2015〕10号

各省、自治区、直辖市和新疆生产建设兵团国土资源、住房和城乡建设、旅游主管部门：

为贯彻党的十八届五中全会精神，落实《国务院关于促进旅游业改革发展的若干意见》（国发〔2014〕31号）、《国务院办公厅关于进一步促进旅游投资和消费的若干意见》（国办发〔2015〕62号）相关部署，促进稳增长、调结构、扩就业，提高旅游业用地市场化配置和节约集约利用水平，现就相关用地问题提出以下意见。

一、积极保障旅游业发展用地供应

（一）有效落实旅游重点项目新增建设用地

按照资源和生态保护、文物安全、节约集约用地原则，在与土地利用总体规划、城乡规划、风景名胜区规划、环境保护规划等相关规划衔接的基础上，加快编制旅游发展规划。对符合相关规划的旅游项目，各地应按照项目建设时序，及时安排新增建设用地计划指标，依法办理土地转用、征收或收回手续，积极组织实施土地供应。加大旅游扶贫用地保障。

（二）支持使用未利用地、废弃地、边远海岛等土地建设旅游项目

在符合生态环境保护要求和相关规划的前提下，对使用荒山、荒地、荒滩及石漠化、边远海岛土地建设的旅游项目，优先安排新增建设用地计划指标，出让底价可按不低于土地取得成本、土地前期开发成本和按规定应收取相关费用之和的原则确定。对复垦利用垃圾场、废弃矿山等历史遗留损毁土地建设的旅游项目，各地可按照"谁投资、谁受益"的原则，制定支持政策，吸引社会投资，鼓励土地权利人自行复垦。政府收回和征收的历史遗留损毁土地用于旅游项目建设的，

可合并开展确定复垦投资主体和土地供应工作,但应通过招标拍卖挂牌方式进行。

（三）依法实行用地分类管理制度

旅游项目中,属于永久性设施建设用地的,依法按建设用地管理;属于自然景观用地及农牧渔业种植、养殖用地的,不征收（收回）、不转用,按现用途管理,由景区管理机构和经营主体与土地权利人依法协调种植、养殖、管护与旅游经营关系。

（四）多方式供应建设用地

旅游相关建设项目用地中,用途单一且符合法定划拨范围的,可以划拨方式供应;用途混合且包括经营性用途的,应当采取招标拍卖挂牌方式供应,其中影视城、仿古城等人造景观用地按《城市用地分类与规划建设用地标准》的"娱乐康体用地"办理规划手续,土地供应方式、价格、使用年限依法按旅游用地确定。景区内建设亭、台、栈道、厕所、步道、索道缆车等设施用地,可按《城市用地分类与规划建设用地标准》"其他建设用地"办理规划手续,参照公园用途办理土地供应手续。风景名胜区的规划、建设和管理,应当遵守有关法律、行政法规和国务院规定。鼓励以长期租赁、先租后让、租让结合方式供应旅游项目建设用地。

（五）加大旅游厕所用地保障力度

要高度重视旅游厕所在旅游业发展中的文明窗口地位和基本公共服务作用。新建、改建旅游厕所及相关粪便无害化处理设施需使用新增建设用地的,可在2018年前由旅游厕所建设单位集中申请,按照法定报批程序集中统一办理用地手续,各地专项安排新增建设用地计划指标。符合《划拨用地目录》的粪便处理设施,可以划拨方式供应。支持在其他项目中配套建设旅游厕所,可在供应其他项目建设用地时,将配建要求纳入土地使用条件,土地供应后,由相关权利人依法明确旅游厕所产权关系。

二、明确旅游新业态用地政策

（六）引导乡村旅游规范发展

在符合土地利用总体规划、县域乡村建设规划、乡和村庄规划、风景名胜区规划等相关规划的前提下,农村集体经济组织可以依法使用建设用地自办或以土地使用权入股、联营等方式与其他单位和个人共同举办住宿、餐饮、停车场等旅游接待服务企业。依据各省、自治区、直辖市制定的管理办法，城镇和乡村居民可以利用自有住宅或者其他条件依法从事旅游经营。农村集体经济组织以外的单位和个人，可依法通过承包经营流转的方式，使用农民集体所有的农用地、未利用地，从事与旅游相关的种植业、林业、畜牧业和渔业生产。支持通过开展城乡建设用地增减挂钩试点，优化农村建设用地布局，建设旅游设施。

（七）促进自驾车、房车营地旅游有序发展

按照"市场导向、科学布局、合理开发、绿色运营"原则，加快制定自驾车房车营地建设规划和建设标准。新建自驾车房车营地项目用地，应当满足符合相关规划、垃圾污水处理设施完备、建筑材料环保、建筑风格色彩与当地自然人文环境协调等条件。自驾车房车营地项目土地用途按旅馆用地管理，按旅游用地确定供应底价、供应方式和使用年限。

（八）支持邮轮、游艇旅游优化发展

新建邮轮、游艇码头用地实行有偿使用。有偿使用的邮轮、游艇码头用地可采取协议方式供应。现有码头增设邮轮、游艇停泊功能的，可保持现有土地权利类型不变；利用现有码头设施用地、房产增设住宿、餐饮、娱乐等商业服务设施的，经批准可以协议方式办理用地手续。

（九）促进文化、研学旅游发展

利用现有文化遗产、大型公共设施、知名院校、科研机构、工矿企业、大型农场开展文化、研学旅游活动，在符合规划、不改变土地用途的前提下，上述机构土地权利人利用现有房产兴办住宿、餐饮等旅游接待设施的，可保持原土地用途、权利类型不变；土地权利人申请办理用地手续的，经批准可以协议方式办理。历史文化街区建设控制地带内的新建建筑物、构筑物，应当符合保护规划确定的建设控制要求。

三、加强旅游业用地服务监管

（十）做好确权登记服务

各地要依据《不动产登记暂行条例》等法律法规规定，按照不动产统一登记制度体系要求，不断增强服务意识，坚持方便企业、方便群众，减少办证环节，提高办事效率，改进服务质量，积极做好旅游业发展用地等不动产登记发证工作，依法明晰产权、保护权益，为旅游业发展提供必要的产权保障和融资条件。

（十一）建立部门共同监管机制

风景名胜区、自然保护区、国家公园等旅游资源开发，建设项目用地供应和使用管理应同时符合土地利用总体规划、城乡规划、风景名胜区规划及其他相关区域保护发展建设等规划，不符合的，不得批准用地和供地。新供旅游项目用地，将环保设施建设、建筑材料使用、建筑风格协调等要求纳入土地供应前置条件的，提出条件的政府部门应与土地使用权取得者签订相关建设活动协议书，并依法履行监管职责。要及时总结旅游产业用地利用实践情况，积极开展旅游产业用地重大问题研究和探索创新。

（十二）严格旅游业用地供应和利用监管

严格旅游相关农用地、未利用地用途管制，未经依法批准，擅自改为建设用地的，依法追究责任。严禁以任何名义和方式出让或变相出让风景名胜区资源及其景区土地。规范土地供应行为，以协议方式供应土地的，出让金不得低于按国家规定所确定的最低价。严格旅游项目配套商品住宅管理，因旅游项目配套安排商品住宅要求修改土地利用总体规划、城乡规划的，不得批准。严格相关旅游设施用地改变用途管理，土地供应合同中应明确约定，整宗或部分改变用途，用于商品住宅等其他经营项目的，应由政府收回，重新依法供应。

本文件自下发之日起执行，有效期五年。

2015 年 11 月 25 日

浙江省人民政府关于加快特色小镇规划建设的指导意见

浙政发〔2015〕8号

各市、县（市、区）人民政府，省政府直属各单位：

特色小镇是相对独立于市区，具有明确产业定位、文化内涵、旅游和一定社区功能的发展空间平台，区别于行政区划单元和产业园区。加快规划建设一批特色小镇是省委、省政府从推动全省经济转型升级和城乡统筹发展大局出发做出的一项重大决策。为加快特色小镇规划建设，现提出如下意见：

一、总体要求

（一）重要意义

在全省规划建设一批特色小镇，有利于推动各地积极谋划项目，扩大有效投资，弘扬传统优秀文化；有利于集聚人才、技术、资本等高端要素，实现小空间大集聚、小平台大产业、小载体大创新；有利于推动资源整合、项目组合、产业融合，加快推进产业集聚、产业创新和产业升级，形成新的经济增长点。

（二）产业定位

特色小镇要聚焦信息经济、环保、健康、旅游、时尚、金融、高端装备制造等支撑我省未来发展的七大产业，兼顾茶叶、丝绸、黄酒、中药、青瓷、木雕、根雕、石雕、文房等历史经典产业，坚持产业、文化、旅游"三位一体"和生产、生活、生态融合发展。每个历史经典产业原则上只规划建设一个特色小镇。根据每个特色小镇功能定位实行分类指导。

（三）规划引领

特色小镇规划面积一般控制在3平方公里左右，建设面积一般控制在1平方公里左右。特色小镇原则上3年内要完成固定资产投资50亿元左右（不含住宅和商业综合体项目），金融、科技创新、旅游、历史经典产业类特色小镇投资额可适当放宽，淳安等26个加快发展县（市、区）可放宽到5年。所有特色小镇要建设成为 3A 级以上景区，旅游产业类特色小镇要按 AAAAA 级景区标准建设。支持各地以特色小镇理念改造提升产业集聚区和各类开发区（园区）的特色产业。

（四）运作方式

特色小镇建设要坚持政府引导、企业主体、市场化运作，既凸显企业主体地位，充分发挥市场在资源配置中的决定性作用，又加强政府引导和服务保障，在规划编制、基础设施配套、资源要素保障、文化内涵挖掘传承、生态环境保护等方面更好发挥作用。每个特色小镇要明确投资建设主体，由企业为主推进项目建设。

二、创建程序

按照深化投资体制改革要求，采用"宽进严定"的创建方式推进特色小镇规划建设。全省重点培育和规划建设 100 个左右特色小镇，分批筛选创建对象。力争通过 3 年的培育创建，规划建设一批产业特色鲜明、体制机制灵活、人文气息浓厚、生态环境优美、多种功能叠加的特色小镇。

（一）自愿申报

由县（市、区）政府向省特色小镇规划建设工作联席会议办公室报送创建特色小镇书面材料，制订创建方案，明确特色小镇的四至范围、产业定位、投资主体、投资规模、建设计划，并附概念性规划。

（二）分批审核

根据申报创建特色小镇的具体产业定位，坚持统分结合、分批审核，先分别由省级相关职能部门牵头进行初审，再由省特色小镇规划建设工作联席会议办公室组织联审、报省特色小镇规划建设工作联席会议审定后由省政府分批公布创建名单。对各地申报创建特色小镇不平均分配名额，凡符合特色小镇内涵和质量要求的，纳入省重点培育特色小镇创建名单。

（三）年度考核

对申报审定后纳入创建名单的省重点培育特色小镇，建立年度考核制度，考核合格的兑现扶持政策。考核结果纳入各市、县（市、区）政府和牵头部门目标考核体系，并在省级主流媒体公布。

（四）验收命名

制订《浙江省特色小镇创建导则》。通过 3 年左右创建，对实现规划建设目标、达到特色小镇标准要求的，由省特色小镇规划建设工作联席会议组织验收，通过验收的认定为省级特色小镇。

三、政策措施

（一）土地要素保障

各地要结合土地利用总体规划调整完善工作，将特色小镇建设用地纳入城镇建设用地扩展边界内。特色小镇建设要按照节约集约用地的要求，充分利用低丘缓坡、滩涂资源和存量建设用地。确需新增建设用地的，由各地先行办理农用地转用及供地手续，对如期完成年度规划目标任务的，省里按实际使用指标的 50%给予配套奖励，其中信息经济、环保、高端装备制造等产业类特色小镇按 60%给予配套奖励；对 3 年内未达到规划目标任务的，加倍倒扣省奖励的用地指标。

（二）财政支持

特色小镇在创建期间及验收命名后，其规划空间范围内的新增财政收入上交省财政部分，前 3 年全额返还、后 2 年返还一半给当地财政。

各地和省级有关部门要积极研究制订具体政策措施，整合优化政策资源，给予特色小镇规划建设强有力的政策支持。

四、组织领导

（一）建立协调机制

加强对特色小镇规划建设工作的组织领导和统筹协调，建立省特色小镇规划建设工作联席会议制度，常务副省长担任召集人，省政府秘书长担任副召集人，省委宣传部、省发改委、省经信委、省科技厅、省财政厅、省国土资源厅、省建设厅、省商务厅、省文化厅、省统计局、省旅游局、省政府研究室、省金融办等单位负责人为成员。联席会议办公室设在省发改委，承担联席会议日常工作。

（二）推进责任落实

各县（市、区）是特色小镇培育创建的责任主体，要建立实施推进工作机制，搞好规划建设，加强组织协调，确保各项工作按照时间节点和计划要求规范有序推进，不断取得实效。

（三）加强动态监测

各地要按季度向省特色小镇规划建设工作联席会议办公室报送纳入省重点培育名单的特色小镇创建工作进展和形象进度情况，省里在一定范围内进行通报。

浙江省人民政府

2015 年 4 月 22 日

关于印发浙江省特色小镇规划建设工作联席会议成员名单
及职责的通知

浙特镇办〔2015〕1 号

各市、县（市、区）人民政府，省政府直属各单位：

为认真落实《浙江省人民政府关于加快特色小镇规划建设的指导意见》（浙政发〔2015〕8 号）文件精神，扎实推进特色小镇规划建设工作，经特色小镇规划建设工作第一次联席会议（以下简称联席会议）审议通过，现将联席会议成员名单及工作职责通知如下：

一、联席会议成员名单

召 集 人：袁家军（常务副省长）

副召集人：李卫宁（省政府秘书长）

成　　员：夏海伟（省政府副秘书长）

　　　　　胡　坚（省委宣传部常务副部长）

　　　　　谢力群（省发改委主任）

　　　　　翁建荣（省发改委副主任）

　　　　　陈建忠（省经信委副主任）

　　　　　邱飞章（省科技厅副厅长）

　　　　　沈　磊（省财政厅副厅长）

　　　　　马　奇（省国土资源厅副厅长）

　　　　　顾　浩（省建设厅总规划师）

　　　　　徐高春（省商务厅副厅长）

　　　　　柳　河（省文化厅副厅长）

　　　　　沈　强（省地方统计调查局局长）

　　　　　傅　玮（省旅游局副局长）

陈东凌（省政府研究室副主任）

徐素荣（省金融办副主任）

联席会议下设办公室，办公室设在省发改委，谢力群兼任办公室主任，翁建荣任办公室常务副主任，胡坚、沈磊、马奇、顾浩、陈东凌任办公室副主任。

二、联席会议成员单位职责

（一）省委宣传部：承担联席会议办公室副主任工作职责。具体负责全省特色小镇的宣传工作，历史经典产业特色小镇文化内涵的挖掘，七大产业特色小镇文化内涵的打造。

（二）省发改委：承担联席会议办公室日常工作。负责全省特色小镇的规划布局，协调指导特色小镇列入省重点建设项目，具体负责指导环保和健康特色小镇的规划建设。整合本部门资源，支持特色小镇加快规划建设。

（三）省经信委：具体负责信息经济、时尚、高端装备制造业和部分历史经典产业特色小镇的规划建设工作。指导全省特色小镇的产业转型升级工作。整合本部门资源，支持特色小镇加快产业发展。

（四）省科技厅：负责指导全省特色小镇的科技创新工作。整合本部门资源，支持特色小镇加快科技创新。

（五）省财政厅：承担联席会议办公室副主任工作职责。负责做好享受财政扶持政策特色小镇的审核和兑现工作，引导各地安排资金支持特色小镇加快规划建设。

（六）省国土资源厅：承担联席会议办公室副主任工作职责。负责做好享受用地扶持政策特色小镇的审核和兑现工作，指导各地强化特色小镇用地保障，创新节约集约用地机制。

（七）省建设厅：承担联席会议办公室副主任工作职责。负责指导全省特色小镇的建设规划和功能完善，出台意见指导全省特色小镇加快完善建设发展规划。

（八）省商务厅：具体负责指导全省特色小镇电子商务的提升和涉外业务的指导，研究实施电子商务小镇的创建工作。

（九）省文化厅：具体负责历史经典产业特色小镇文化内涵的挖掘，七大产业特色小镇文化内涵的打造。整合本部门资源，支持特色小镇强化文化功能建设。

（十）省统计局：具体负责建立全省特色小镇创建工作的数据平台，收集汇总相关数据，研究提出季度通报、年度考核指标体系。

（十一）省旅游局：具体负责旅游特色小镇的规划建设和指导协调。出台加快特色小镇创建 AAA 至 AAAAA 级景区的指导意见。整合本部门资源，支持特色小镇强化旅游功能。

（十二）省政府研究室：承担联席会议办公室副主任工作职责。具体负责全省特色小镇规划建设工作的政策研究。

（十三）省金融办：具体负责全省金融特色小镇的规划建设和指导协调。负责创新全省特色小镇的投融资机制。整合本部门资源，支持金融特色小镇创建工作。

浙江省特色小镇规划建设工作联席会议办公室

2015 年 5 月 28 日

关于公布第一批省级特色小镇创建名单的通知

浙特镇办〔2015〕2 号

各市、县（市、区）人民政府，省政府直属各单位：

根据《浙江省人民政府关于加快特色小镇规划建设的指导意见》（浙政发〔2015〕8 号）文件精神，经省特色小镇规划建设工作联席会议审核通过，并经省政府同意，现公布第一批省级特色小镇创建名单。同时，按照"培育一批、创建一批、命名一批"的工作要求，建立梯度创建工作机制，在今后工作中分期分批公布省级特色小镇创建对象、省级特色小镇培育对象、市级特色小镇创建对象三个层次的名单，在全省形成梯度培育、上下联动、滚动推进的特色小镇创建格局。各地要加强组织领导，加快开展培育创建工作。省级有关部门要加强支持指导，推进培育创建工作取得实效。

附件：第一批省级特色小镇创建名单

浙江省特色小镇规划建设工作联席会议办公室

2015 年 6 月 1 日

附件：第一批省级特色小镇创建名单

杭州市：上城玉皇山南基金小镇、江干丁兰智慧小镇、西湖云栖小镇、西湖龙坞茶镇、余杭梦想小镇、余杭艺尚小镇、富阳硅谷小镇、桐庐健康小镇、临安云制造小镇。

宁波市：江北动力小镇、梅山海洋金融小镇、奉化滨海养生小镇。

温州市：瓯海时尚智造小镇、苍南台商小镇。

湖州市：湖州丝绸小镇、南浔善琏湖笔小镇、德清地理信息小镇。

嘉兴市：南湖基金小镇、嘉善巧克力甜蜜小镇、海盐核电小镇、海宁皮革时尚小镇、桐乡毛衫时尚小镇。

绍兴市：越城黄酒小镇、诸暨袜艺小镇。

金华市：义乌丝路金融小镇、武义温泉小镇、磐安江南药镇。

衢州市：龙游红木小镇、常山赏石小镇、开化根缘小镇。

台州市：黄岩智能模具小镇、路桥沃尔沃小镇、仙居神仙氧吧小镇。

丽水市：莲都古堰画乡小镇、龙泉青瓷小镇、青田石雕小镇、景宁畲乡小镇。

嘉兴市人民政府印发
关于加快市级特色小镇规划建设的指导意见的通知

嘉政发〔2015〕92号

各县（市、区）人民政府，市政府各部门、直属各单位：

《关于加快市级特色小镇规划建设的指导意见》已经七届市政府第49次常务会议审议通过，现印发给你们，请认真贯彻执行。

嘉兴市人民政府

2015年12月8日

关于加快市级特色小镇规划建设的指导意见

为深入贯彻落实省委、省政府关于推进特色小镇建设的决策部署，加快打造一批具有嘉兴特色、对区域发展有较强带动和支撑作用的特色小镇，根据《浙江省人民政府关于加快特色小镇规划建设的指导意见》（浙政发〔2015〕8号）精神，结合我市实际，现提出如下指导意见：

一、总体要求

按照省委、省政府总体部署，围绕我市新型城镇化建设目标，根据"梯度创建制"工作要求，采用"宽进严定"创建方式，实施分类指导管理，注重科学规划，力争通过3年时间创建和培育30个市级特色小镇。

（一）产业定位

聚焦信息经济、环保、健康、旅游、时尚、金融、高端装备制造等支撑未来发展的七大产业，兼顾我市传统优势产业和历史经典产业，坚持产业、文化、旅游"三位一体"和生产、生活、生态融合发展，同时根据特色小镇功能定位实施分类管理和指导。

（二）规划要求

市级特色小镇规划面积一般控制在 3 平方公里左右，建设面积一般控制在 1 平方公里左右。原则上每个市级特色小镇 3 年内要完成固定资产投资 30 亿元左右（不含住宅和商业综合体项目），金融、科技创新、旅游、历史经典产业类特色小镇投资可适当放宽。要按照 AAA 级以上景区标准进行建设，旅游产业类特色小镇要按照 AAAA 级景区标准建设。要注重特色小镇的规划设计，努力形成富有地方文化特色的建筑风格。支持以特色小镇理念改造提升产业集聚区和各类开发区（园区）的特色产业。

（三）运作方式

市级特色小镇建设要坚持"政府引导、企业主体、市场化运作"原则，以企业为主推进项目建设，充分发挥市场在资源配置中的决定性作用。同时，政府要加强扶持引导和服务保障，特别是在规划编制、基础设施配套、资源要素保障、文化内涵挖掘传承、生态环境保护等方面积极发挥作用。

二、创建程序

（一）自愿申报

各县（市、区）、嘉兴经济技术开发区（国际商务区）和嘉兴港区统一向市特色小镇规划建设领导小组办公室报送创建书面材料，制订创建方案，明确市级特色小镇的四至范围、产业定位、投资主体、投资规模、建设计划，并附概念性规划和投资协议等。

（二）组织审核

市特色小镇规划建设领导小组办公室根据申报情况，组织相关职能部门审核筛选，将其中符合条件的申报对象上报领导小组审核后，报市政府审定特色小镇创建名单，并统一纳入全市特色小镇数据库。

（三）年度考核

建立差异化的考核指标体系，对不同产业类型的市级特色小镇创建对象，在投资规模、经济效益等指标设置上区别对待，实行年度考核，经考核合格的兑现相应扶持政策。考核结果纳入市对各县（市、区）、嘉兴经济技术开发区（国际商务区）和嘉兴港区目标责任制考核。

（四）验收命名

通过 3 年时间的创建，对实现规划建设目标、达到市级特色小镇标准要求的，由市特色小镇规划建设领导小组办公室组织验收，经领导小组审核并报市政府审定通过后，认定为市级特色小镇。

三、政策措施

（一）土地要素保障

市级特色小镇规划建设要按照节约集约用地的要求，充分挖掘潜力，盘活存量用地。同时，结合"多规合一"、土地利用总体规划调整完善工作，将市级特色小镇建设用地纳入城镇建设用地扩展边界内。对列入市级特色小镇的，优先保障用地。

（二）财政政策支持

市级特色小镇在创建期间及验收命名后，其规划空间范围内的新增财政收入上交区、县（市）财政部分，5 年内按一定比例返还给所在镇（街道），具体由各区、县（市）政府自行确定。

各级要加大对市级特色小镇基础设施、公共服务配套建设和特色产业培育等方面的支持力度。要探索建立引导专项基金，推动各产业资金、可用的闲置资金、特色小镇规划范围内的可用国有资产等划入专项基金，支持市级特色小镇开发建设。探索引入政府和社会资本合作（PPP）模式。

（三）其他扶持措施

列入市级特色小镇的，优先推荐省级特色小镇，其范围内的项目优先申报省重大产业项目、省重点建设项目。

四、组织保障

（一）加强组织领导

成立由市长任组长，常务副市长和相关副市长任副组长，各相关部门（单位）主要负责人为成员的市特色小镇规划建设领导小组，负责对全市特色小镇规划建设工作的指导、推进和协调。领导小组下设办公室，办公室设在市发展改革委，负责日常事务的协调、督促和落实。各地可参照成立相应的领导小组及办公室。

（二）完善工作机制

各县（市、区）、嘉兴经济技术开发区（国际商务区）和嘉兴港区是市级特色小镇培育建设的责任主体，要因地制宜地建立工作推进机制和上下联动机制，明确培育任务，搞好规划建设，加强组织协调，确保各项工作按照时间节点和计划要求规范有序推进，确保取得实效。

（三）抓好工作落实

加强对全市市级特色小镇工作情况的动态监测，各地要每季度向市特色小镇规划建设领导小组办公室报送市级特色小镇规划建设工作进展及形象进度情况，领导小组办公室将定期予以通报。

嘉善县人民政府关于加快特色小镇规划建设的实施意见

善政发〔2015〕100 号

各镇人民政府（街道办事处），县府各部门、直属各单位：

加快规划建设一批特色小镇是省委、省政府从推动全省经济转型升级和城乡统筹发展大局出发做出的一项重大决策。为加快在全县建设特色小镇，推进资源整合、项目组合、产业融合，形成产业集聚、产业创新和产业升级的新的经济增长点，根据《浙江省人民政府关于加快特色小镇规划建设的指导意见》（浙政发〔2015〕8 号）精神和嘉兴市特色小镇规划建设要求，提出如下实施意见。

一、总体要求

（一）功能内涵

特色小镇是相对独立于城市和乡镇建成区中心，具有明确产业定位、文化内涵、一定的旅游和社区功能的发展空间平台，区别于行政区划单元和产业园区，是集聚高端要素、谋划优质项目、扩大有效投资、推动经济结构优化和产业创新升级的新载体。

（二）产业定位

聚焦支撑我省未来发展的七大产业，根据我县"十三五"期间产业发展定位，突出精密机械装备、电子信息、现代物流、旅游、健康产业，兼顾我县传统优势产业和历史经典产业，选择有比较优势的细分产业作为主攻方向，使之成为支撑未来发展的优势产业。以产业为核心，以项目为载体，推动规划区域内生产、生活、生态"三位一体"，产业、文化、旅游融合发展，促进小空间大集聚、小平台大产业、小载体大创新。

（三）规划标准

特色小镇规划面积一般控制在 3 平方公里左右，其中建设面积一般控制在 1 平方公里左右，旅游类可适当放宽。特色小镇原则上 3 年内要完成固定资产投资

（不含住宅和商业综合体项目）30 亿元左右，争创省级特色小镇的，3 年内完成固定资产投资 50 亿元左右，信息经济、金融、旅游和历史经典产业类特色小镇投资额可适当放宽。每个特色小镇要按 3A 级以上旅游景区标准进行建设，其中旅游产业类特色小镇要按 AAAAA 级旅游景区标准建设。

（四）运作方式

坚持政府引导、企业主体、市场化运作，既要明确特色小镇投资建设主体，以企业为主推进项目建设，充分发挥市场在资源配置中的决定性作用；又要强化政府引导和服务保障，在规划编制、基础设施配套、资源要素保障、文化内涵挖掘传承、生态环境保护等方面更好发挥作用。

二、发展目标

（一）争创省特色小镇

重点推荐产业特色鲜明、生态环境优美、人文气息浓郁、投资项目落实、示范效应显著的小镇列入省特色小镇创建名单，通过 3 到 5 年时间，实现产业转型升级有实质成效，有大量新增税收，新集聚一批创业就业人才，具有一定文化、旅游效益，争创 2 个以上省特色小镇。

（二）培育若干市级特色小镇

鼓励各镇（街道）按照"打造优势产业、引领特色发展"的要求，根据产业规划、项目引进情况培育特色小镇；鼓励以特色小镇理念改造提升各类产业平台，优化空间布局，谋划一批项目，集聚高端要素，带动产业创新和产业升级。通过 3 到 5 年时间，建成若干特色鲜明、布局合理、产业融合、功能集成、机制灵活的特色小镇，争取列入市级特色小镇，条件具备的推荐省特色小镇。

三、创建程序

（一）自愿申报

由各镇（街道）结合实际自愿申报，制定特色小镇创建方案，明确四至范围、产业定位、投资主体、投资项目计划、用地规模、投入产出分析等，报送县特色小镇工作领导小组办公室。

（二）组织审核

由县特色小镇工作领导小组办公室组织相关职能部门进行审核筛选，将符合条件、具有特色、有培育意愿和条件的对象上报县领导小组审定，并由县领导小组确定省或市级特色小镇培育建设对象。对暂时达不到省市创建要求的，由各镇（街道）自行创建，待条件成熟后再申报争创省市特色小镇。

（三）规划建设

明确建设特色小镇的，由各特色小镇实施主体根据产业定位选择合适规划单位编制概念性规划和建设计划，建立特色小镇项目库，并每年制定工作要点，严格按计划推进。

（四）年度考核

创建省、市特色小镇的，由省、市特色小镇创建工作联席会议办公室统一考核，年度考核合格的兑现省、市、县相应扶持政策，同时实行动态管理。

（五）验收命名

通过 3 年左右的创建，对实现建设目标，达到省、市特色小镇标准要求的，由省、市特色小镇领导小组办公室组织验收，通过验收的认定为省、市特色小镇。

四、政策措施

（一）用地支持

结合"多规合一"、土地利用总体规划调整完善工作，将特色小镇建设用地纳入城镇建设用地扩展边界内。凡列入特色小镇建设的，优先保障用地。

省特色小镇建设启动后，县里安排一定量的计划指标作为周转指标，完成特色小镇创建工作的，上级奖励指标扣除周转指标后全部返还，若特色小镇内仍需新增建设用地的，再按 50% 比例给予配套奖励；3 年内未达到特色小镇规划目标任务的，加倍倒扣省奖励用地指标和及时归还县特色小镇周转指标。

（二）资金支持

县政府对特色小镇创建主体给予融资支持，鼓励县内银行金融机构与特色小镇建立信贷合作关系，增加授信额度，降低贷款利率。各特色小镇创建主体编制概念性规划和建设计划，规划、计划审核通过后由县级财政给予编制费用 50%

补助。

对省特色小镇在创建期间及验收命名后，省财政对县财政的财政返还（规划空间范围内新增财政收入上交省财政部分，前3年全额返还、后2年返还一半）全额奖励，规划空间范围内新增财政收入县所得部分，前3年全额返还、后2年返还一半。

（三）项目支持

建立特色小镇产业项目统筹机制，全县招商引资、新建产业项目，符合特色小镇主导产业定位的，优先落户特色小镇，加快推进产业集聚。县产业引导基金优先和特色小镇的项目对接，鼓励特色小镇创建主体与县产业引导基金、投资主体、其他社会投资机构共同组建特色小镇发展子基金，加大对特色小镇相关项目的投入。对特色小镇基础设施建设项目（公共道路、桥梁、给排水等）给予优先立项，支持引入政府和社会资本合作（PPP）模式。特色小镇引进的各类人才享受县政府《关于积极推进大众创业若干政策意见》所规定的各项政策。

（四）改革支持

支持、指导特色小镇因地制宜开展土地管理制度改革、农村产权制度改革、审批制度改革、大众创业促进机制改革、投融资体制改革等试点，通过体制机制创新，加快完善基础设施，推进产业项目集聚，推动小镇居民创业创新。

（五）公共服务支持

优先支持特色小镇公共服务配套建设，根据需要开通公交专线、建设公共自行车服务系统、实现无线网络覆盖等。

对列入市级特色小镇创建名单的，将根据市特色小镇规划建设指导意见精神进一步明确支持政策。

五、组织保障

（一）加强组织领导

成立由县长任组长，常务副县长任常务副组长，相关副县长任副组长，各相关部门（单位）主要负责人为成员的嘉善县特色小镇工作领导小组，负责对全县特色小镇建设工作的指导、推进和协调。领导小组下设办公室，办公室设在县发改局，负责日常事务的协调、督促和落实。

（二）完善工作机制

各镇（街道）是特色小镇培育建设的责任主体，要因地制宜建立工作推进机制和上下联动机制，明确培育任务，搞好规划建设，确保各项工作按照时间节点和计划要求规范有序推进，确保取得实效。对列入省特色小镇创建的，县特色小镇工作领导小组组建推进组定期开展现场推进。

（三）抓好工作落实

加强对全县特色小镇工作情况的动态监测，各特色小镇要按季度向县特色小镇工作领导小组办公室报送特色小镇建设工作进展及形象进度情况，领导小组办公室加强定期督查和年度考核工作，并予以通报。

嘉善县人民政府
2015 年 10 月 30 日

关于成立嘉善巧克力甜蜜小镇创建工作领导小组的通知

云委〔2015〕33 号

各行政村、机关各部门：

为进一步凝聚全镇上下合力，有效推进嘉善巧克力甜蜜小镇各项创建工作任务落实，经镇党委、政府研究决定，成立嘉善巧克力甜蜜小镇创建工作领导小组，现将相关组成人员通知如下：

组　长：范国良　陆　芸

副组长：张宇光　匡平平　阮善林　赵一峰　王　强

组　员：钱　洁　顾秋英　陈　健　李　军　戴剑峰

　　　　钟　华　孙利荣　郁国峰　毛建军　王苗兴

　　　　唐新军　沈爱根　蒋爱珍　王传荣

领导小组下设八个工作推进组，具体组成人员如下：

一、规划建设组

组　长：毛建军

组　员：沈永良　单国强　吕菊林　俞新俭　丁法强　林祥明　王彩萍

二、资源保障组

组　长：郁国峰

组　员：俞新俭　高春喜　单国强　方杰明　丁法强　林祥明　王彩萍

三、项目融资组

组　长：王　强

副组长：沈　毅　唐新军

组　员：江金海　林　晨　沈永良　单国强　高春喜

　　　　方杰明　陶高峰　王四根　曹云山

四、征地拆迁组

组　长：阮善林

组　员：沈永良　　吕菊林　　张金观　　高春喜
　　　　俞新俭　　丁法强　　林祥明　　王彩萍

五、招商服务组

组　长：孙利荣

组　员：沈美玲　　陈钟毅　　邹东昉　　高春喜　　陶高峰
　　　　张金观　　俞新俭　　丁法强　　林祥明　　王彩萍

六、环境整治组

组　长：赵一峰

组　员：沈永良　　王四根　　黄金明　　方杰明　　叶元军
　　　　沈志良　　丁法强　　林祥明　　王彩萍

七、宣传文化组

组　长：李　军

组　员：顾冯娟　　陶高峰　　王　炜　　张顺芳

八、旅游推进组

组　长：匡平平

副组长：王　强

组　员：杜凌珍　　王　炜　　沈永良　　任志明　　黄明甫　　赵　强
　　　　叶元军　　陶高峰　　吕菊林　　王四根　　万　玥　　计元阳
　　　　丁法强　　林祥明　　王彩萍

九、项目实施监督组

组　长：钱　洁

组　员：江金海　　来燕朗

中共大云镇委员会

大云镇人民政府

2015 年 7 月 7 日

2016年度镇（街道）特色小镇工作考核办法

善特镇办〔2016〕2号

各镇（街道）：

为深入贯彻落实省市特色小镇创建工作精神，进一步支持和促进我县特色小镇建设，特制定本考核办法。

一、考核对象

各镇人民政府（街道办事处）。

二、考核内容

根据《嘉善县人民政府关于加快特色小镇规划建设的实施意见》（善政发〔2015〕100号）确定的总体要求和发展目标，按照梯度建设、特色发展、协调推进的原则，确定组织实施、培育谋划、申报创建等三个方面的考核内容，具体考核要求详见附件。

三、考核程序

1.总结自查。年底前，各镇（街道）对照考核内容和要求，做好年度工作的总结自查和考核的各项准备工作，并将总结报告等有关资料上报县特色小镇工作领导小组办公室。

2.县级核查。2016年12月份，县特色小镇工作领导小组办公室根据数据和材料逐项考核打分，并组织各成员单位集中测评。

3.汇总综合。2017年1月上旬，县特色小镇工作领导小组办公室汇总各成员单位对各镇（街道）的考核打分情况，提出初步考核意见，报特色小镇工作领导小组审核。

4.审定上报。2017年1月中旬，县特色小镇工作领导小组办公室将考核结果上报县督考办，经县督考委审核后报县委、县政府审定。

附件：2016 年度镇（街道）特色小镇工作考核评分表

嘉善县特色小镇工作领导小组办公室

2016 年 9 月 14 日

关于 2016 年度土地利用计划新增建设用地指标安排（预安排）的通知

善政办发〔2016〕129 号

各镇人民政府（街道办事处），县府各部门、直属各单位：

根据浙江省国土资源厅关于下达《2016 年浙江省土地利用计划》的通知（浙土资发〔2016〕14 号）、关于《同意预支嘉善县 2016 年度新增建设用地计划指标》的批复（浙土资厅函〔2016〕108 号）、《浙江省新增建设用地计划指标安排通知书》（浙土资规计〔2016〕019 号）、关于预下达《2016 年存量盘活挂钩新增建设用地计划》的通知（浙土资厅函〔2016〕273 号）、关于下达《省重大产业项目 2016 年度新增建设用地计划奖励指标 (第一批)》的通知（浙土资厅函〔2016〕392 号）嘉兴市国土资源局关于下达《省工业投资和"机器换人"技术改造考核 2016 年度新增建设用地计划奖励指标》的通知（浙土资厅函〔2016〕471 号）、关于下达《支持浙商创业创新促进浙江发展目标责任制考核奖励指标》的通知（嘉土资发〔2016〕17 号）等文件，以及上级有关精神，2016 年度新增建设用地计划指标安排，按照"突出重点、精准配置、保障民生、节约集约"原则，推进用地计划精准化、差别化、减量化管理，新增建设用地计划指标的使用实行项目化管理，重点支持"五水共治""特色小镇""示范点建设"等重大举措，着力改善民生，优先保障农民建房，统筹基础设施用地，一般性工业、商业服务业、商业住宅项目不再安排新增建设用地计划指标。同时继续推进土地要素保障创新行动，强化土地要素统筹保障，有效整合年度新增计划、增减挂钩、低效用地再开发及存量用地等各类用地。现将 2016 年度土地利用计划新增建设用地指标安排（预安排）如下：

一、指标总量

2016 年度省市下达我县新增建设用地计划指标 2502 亩，其中农用地 2206 亩、耕地 1973.7 亩（具体清单见附表 1）。

二、指标统筹

根据 2016 年度已安排用地指标项目报批情况，结合县领导集中下基层办公会议精神，2016 年度计划指标优先保障基础设施和社会民生用地，强村计划和小城市培育试点实行切块保障；重点支持"2+2+2"六大产业转型升级、省重大产业项目、生态环境保护工程、节能减排、循环经济、两创中心等重大项目建设；"两新工程"用地原则上通过农村土地综合整治项目统筹解决；确保农民建房用地不低于年度计划指标总量的 10%，且上级下达的农民建房专项指标专项用于农民建房。同时，要积极向上争取省重点基础设施项目和重大产业项目计划指标，继续按照"2+X"的模式，成立专门班子，按"一个项目、一套班子、一抓到底"的要求，切实将符合条件的项目尽快落地。

三、指标安排

2016 年上级下达我县存量盘活挂钩计划及实际可用新增建设用地计划指标 848 亩，其中农用地 717 亩、耕地 615 亩。按照农用地面积分配，具体分配方案为：农民建房 10%（72 亩）、姚庄省级小城市建设 20%（143 亩）、西塘市级小城市建设 5%（36 亩）、"强村计划" 50 亩、卫片执法检查整改工作先进奖励 50 亩，耕地保护考核奖励 50 亩，盘活存量挂钩 50 亩，剩余可安排指标 397 亩。

2016 年上级下达我县省重大产业项目新增建设用地计划奖励指标 694 亩，其中：农用地 624 亩、耕地 596 亩。按照《嘉善县新增建设用地指标管理办法（试行）》文件规定，省重大产业项目使用县先行安排用地指标的，按下达奖励指标的 20% 给予该镇（街道）奖励，利用存量建设用地或者自有指标保障重大产业项目用地的，下达奖励指标全额奖励该镇（街道）。因此，铠嘉电脑配件有限公司新建年产 7500 万件移动互联终端精密电子零部件项目奖励指标 544 亩全额由惠民街道（开发区）安排使用，但要优先安排民生项目。根据惠民街道（开发区）需求，本次安排 346 亩，剩余指标 198 亩由惠民街道（开发区）自行安排。嘉善跨境电商示范建设项目 150 亩全部用于高铁新城项目。

2016 年上级下达我县省重大基础设施项目新增建设用地计划指标 810 亩，其中农用地 737.2 亩、耕地 672.7 亩。指标优先用于平黎公路改扩建及环线项目，主线需求 478 亩，剩余 332 亩纳入 2016 年度下达的计划指标，优先安排相关配套道路等基础设施项目。

2016 年上级下达我县省工业投资和"机器换人"技术改造考核、浙商创业创新促进浙江发展目标责任制考核奖励指标合计 150 亩，由相应管理部门安排。

综上，本次计划指标具体落实到项目及切块指标实际安排 2269 亩（详见附表 2），开发区自行安排 198 亩，相应管理部门安排 150 亩，合计 2617 亩，主要考虑到个别项目有可能在年内不具备报批条件等实际情况，并备选了第二批保障项目，按照"先报先用，用完即停"的原则审批，故 2016 年度实际计划按不超过上级下达数执行。

四、组件报批

上述安排计划指标的项目相关主体，应落实专人，明确分管领导，抓紧组织报件。《2016 年度计划指标安排表》（附表 2）为第一批保障项目，必须在 10 月底前上报农转用及征收等相关材料，将先行报批，超过时间，所安排的指标转入《2016 年度计划指标预安排表》统筹，项目并入备选保障项目排队管理；《2016 年度计划指标预安排表》（附表 3）为第二批备选保障项目，必须在 11 月底前上报农转用及征收等相关材料，按照"先报先用，用完即停"的原则审批，上报材料时间按县国土局窗口受理并确认的时间为准，超过 11 月底未上报，指标仍有节余的，县里将全部收回已安排的计划指标，统筹调剂到土地储备等其他急需项目。所有安排计划指标的用地单位上报农转用及征收等相关材料必须齐全，且须足额缴纳征地四项补偿和用地指标费，否则不予报批。同时，各镇（街道）要高度重视农民建房用地的报批，及时办理农用地转用和供地等审批手续，于 11 月底前完成报批，并提供相应的户名及联系方式，以备各级抽查。

附表：1. 2016 年省市下达我县计划指标台账

2. 2016 年度计划指标安排表

3. 2016 年度计划指标预安排表

嘉善县人民政府办公室

2016 年 8 月 24 日

附录二 嘉善巧克力甜蜜小镇大事记

2001 年

潘菊明创办碧云花园生态农庄。

2007 年 5 月 18 日

"嘉热 2 号"井在浙江省国土资源厅主导,嘉善县政府、嘉兴市国土资源局联合指导下,在大云镇曹家村开钻。

2011 年 1 月

张虹带领团队创办云澜湾温泉景区;5 月 18 日,云澜湾项目举行奠基开工仪式。

2011 年

浙江恒丰包装有限公司董事长莫国平和儿子莫雪峰一起创办歌斐颂巧克力小镇集团有限公司。

2013 年 3 月 15 日

云澜湾温泉景区荣获 2012 年长三角地区最佳温泉度假综合体荣誉称号;10 月,云澜湾温泉景区获批浙江省重大产业项目。

2014 年 7 月 18 日

浙江省政府批复同意设立大云温泉省级旅游度假区。

2014 年 9 月 28 日

嘉善县设立嘉善大云温泉省级旅游度假区管理委员会,组建由分管旅游的副县长担任大云温泉生态管委会主任、县政府办公室副主任和大云镇镇长担任副主任的领导班子。

2014 年 10 月

歌斐颂巧克力小镇一期旅游项目正式对外开放。

2014 年 12 月

歌斐颂巧克力小镇被评为浙江省工业旅游示范基地。

2015 年

嘉善县成立了嘉善县特色小镇工作领导小组和嘉善巧克力甜蜜小镇工作推进组，领导小组由县长担任组长，常务副县长统筹全县特色小镇创建面上工作，组织部长、县人大常委会副主任、分管旅游的副县长等 3 名县领导具体协调甜蜜小镇推进过程中的困难和问题；同时成立大云镇特色小镇创建工作领导小组，大云镇政府班子成员任领导小组成员。

2015 年 6 月 1 日

入选浙江省第一批 37 个省级特色小镇创建名单。

2015 年 9 月 28 日

云澜湾温泉正式营业。

2015 年 9 月 24 日至 11 月 8 日

开展大云 2015 年"甜蜜小镇文化旅游节"系列活动，推介巧克力甜蜜小镇整体品牌。

2015 年 11 月 30 日

承办全省特色小镇"比学赶超"第一次现场推进会并做经验交流。

2016 年 5 月

获评省级示范特色小镇。

2016 年

云澜湾温泉景区荣获浙江省中医药文化养生云澜湾示范基地、全国青少年成长教育基地荣誉称号；同年获批国家 AAAA 级旅游景区。

2016 年 6 月 12 日

经浙江省特色小镇规划建设工作联席会议办公室组织考核，联席会议办公室讨论研究，省政府审定，嘉善巧克力甜蜜小镇被考核为浙江省首批 37 个省级特色小镇创建对象 2015 年度考核优秀小镇。

2016 年 8 月 18 日

总投资 52 亿元的天洋"梦幻嘉善"文创旅游项目正式签约落户。

2016 年 11 月 8 日

总投资 1.5 亿元的中德合资德国啤酒庄园工业旅游项目正式签约落户。

2017 年 1 月 7 日

全国首批文化旅游特色小镇及区域文化新经济示范点选址考察组一行，由文化部艺术发展中心副主任孔蓉带队，考察巧克力甜蜜小镇。

2017 年 12 月 29 日

歌斐颂巧克力小镇被评为国家 AAAA 级旅游景区。

附录三　嘉善巧克力甜蜜小镇入驻公司名录

序号	公司名称	法人代表	注册资金/万元	入驻时间/年
1	嘉善碧云花卉研究所	潘菊明	0.00	2001
2	嘉兴碧云花园有限公司	潘菊明	315.40	2001
3	嘉兴嘉德园艺有限公司	郭方珠	140.00	2005
4	嘉善云庐温泉休闲园有限公司	连　红	1000.00	2008
5	嘉善拳王休闲农庄有限公司	董志华	20.00	2008
6	嘉善绿田果蔬专业合作社	曹治萍	3.00	2010
7	嘉善县阿煜花卉专业合作社	赵德煜	3.00	2011
8	歌斐颂食品有限公司	莫国平	20918.37	2011
9	浙江云澜湾旅游发展有限公司	张　虹	13000.00	2011
10	嘉善县阿发蔬菜专业合作社	高志发	33.00	2012
11	歌斐颂巧克力小镇集团有限公司	莫国平	10000.00	2012
12	歌斐颂集团工业设计有限公司	莫国平	50.00	2012
13	歌斐颂集团文化旅游发展有限公司	莫国平	6000.00	2012
14	歌斐颂集团贸易有限公司	莫国平	100.00	2012
15	嘉善县大云镇碧云花园农村劳务专业合作社	潘菊明	1.60	2012
16	嘉善县美华水产养殖场	倪妹忠	10.00	2013
17	浙江云澜湾温泉文化有限公司	张　虹	1500.00	2014
18	浙江澜鑫商贸有限公司	钱仁中	1500.00	2014
19	嘉兴斯麦乐开心农场有限公司	张华珍	20.00	2014
20	嘉善建忠家庭农场	徐建忠	5.00	2014
21	嘉兴云澜湾餐饮有限公司	黄美美	100.00	2015
22	嘉善县笠歌生态科技有限公司	方　腾	100.00	2015
23	浙江江南摩尔物业经营有限公司大云分公司	肖　华	200.00	2016
24	梦东方（浙江）娱乐管理有限公司	杨　蕾	10000.00	2016
25	梦东方（浙江）文化投资有限公司	杨　蕾	10000.00	2016
26	梦东方（嘉兴）文化投资有限公司	杨　蕾	21000.00	2016
27	歌斐颂（嘉兴）信息科技有限公司	莫国平	0.20	2016
28	嘉善云溪旅行社有限公司	李晨阳	50.00	2017
29	嘉善甜蜜大云旅行社有限公司	王彩萍	30.00	2017

后记

坐在"世界马都"列克星敦市的出租房里，凝视着窗外几只戏耍爬树的小松鼠，想象着不远处的大草原正是隆冬，枯黄的草原显得萧索苍凉，然而一望无际的苍穹下，湛蓝的天空与枯黄的大地在天际边交汇，天际线的中间是黄的、白的、黑的牛马，闲庭信步，悠然自得。美国中部大草原的魅力无时无刻不在激发着我的灵感。在这样的遐想中，甜蜜小镇的研究也接近了尾声；在这样的思虑中，我慢慢地敲下本书的后记。

本书的起因要追溯到2016年的上半年，当时学院副院长朱永平教授和江全元教授组织各个分院的骨干教师探讨浙江省特色小镇的研究工作，希望能够挖掘浙江省特色小镇的理论机理与实践经验，借助特色小镇的研究来助推我们学校研究团队的成长。在领导的谋划下，我们积极申领了嘉善巧克力甜蜜小镇的个案研究工作，之后就是组建研究团队与实施研究。

特色小镇作为一项政府工程，已经在全国普遍开展，而浙江省当属其中的翘楚，一个关键的原因就是，浙江省的特色小镇属于非建制镇，即"非镇非区"，不是行政区划单元意义上的"镇"，也不同于产业园区、风景区的"区"，而是按照创新、协调、绿色、开放、共享发展理念，发展起来的"产、城、人、文"四位一体的重要功能平台。

我们按照浙江省特色小镇功能叠加的思路组建了我们的研究团队，也分配了相应工作。整个项目由季靖博士领衔，同时由她负责撰写探寻小镇甜蜜基因及小镇旅游功能研究的章节；顾杨丽博士负责小镇产业功能研究，同时负责与嘉善镇大云镇及各企业之间的信息联络与资料收集工作；王艳博士负责小镇文化功能，以及国外同类小镇的比较研究；江根源博士负责小镇社区功能，以及小镇经验总结研究。与此同时，各位责任人手下还配备了数量不等的学生作为研究助理，主要有王俞楠、杜诗轶、张帧曦、陈静等。应该说，这样的分工既体现了各位博士的研究专长，也符合浙江省特色小镇"特而强"的功能定位。

在一次次的实地调研、资料收集、头脑风暴，以及苦思冥想中，我们一遍又一遍地修改提纲，完善内容，润色修辞，最后才形成至今二十余万字的研究书稿。我们既研究了巧克力甜蜜小镇的"甜蜜"特色，也品尝了团队合作的"甜蜜"，无私帮助的"甜蜜"，外出调研的"甜蜜"……

项目研究过程中，我们得到了嘉善县大云镇和巧克力甜蜜小镇各企业负责人的大力支持，尤其要感谢的是大云镇党委书记陆芸、镇长王枕旦，以及盛韬、冯雷、王强、宋了了、毛建军等大云镇相关领导的大力支持。王强先生作为开发区主任全程对接了我们的研究工作。本研究也得到了张虹、潘菊明、莫国平、莫雪峰等小镇支柱企业负责人的鼎力支持，及钱磊、周晋、蔡海燕等各家企业高管的大力协助！

这里尤其要感谢浙江大学城市学院副院长朱永平教授、江全元教授的大力倡导，感谢科研部孙福轩副部长及相关工作人员的组织协调，还要感谢浙江大学商学院吴晓波教授、郑健壮教授，传媒学院卫军英教授的支持！

当然，还要感谢浙江大学出版社领导及责任编辑辛勤的编辑出版工作，在此一并致谢！

一次研究，就是一次探索，也是一次冒险；既有探索得到的成就感，更有能力、精力、知识等方面的不足所带来研究遗憾，在此也向未来的读者深表歉意，敬请批评指教！

对整个研究过程中难忘的事和难忘的人略作记录，是为后记！

2017 年 12 月

图书在版编目（CIP）数据

甜蜜的机理：走进嘉善巧克力甜蜜小镇 / 季靖等编
著. — 杭州：浙江大学出版社，2018.9
ISBN 978-7-308-18606-3

Ⅰ.①甜… Ⅱ.①季… Ⅲ.①城乡建设—经验—浙江
Ⅳ.①F299.275.5

中国版本图书馆CIP数据核字（2018）第208004号

甜蜜的机理：走进嘉善巧克力甜蜜小镇

季靖　顾杨丽　王艳　江根源　编著

策划编辑	徐　婵	
责任编辑	杨利军	
文字编辑	马一萍	
责任校对	仲亚萍	
封面设计	周　灵	
出版发行	浙江大学出版社	
	（杭州市天目山路148号　邮政编码310007）	
	（网址：http://www.zjupress.com）	
排　　版	杭州林智广告有限公司	
印　　刷	绍兴市越生彩印有限公司	
开　　本	710mm×1000mm　1/16	
印　　张	19	
字　　数	317千	
版 印 次	2018年9月第1版　2018年9月第1次印刷	
书　　号	ISBN 978-7-308-18606-3	
定　　价	45.00元	